Dieter Nothnagel
Thea Nothnagel

Kaltschalen, Suppen und Eintöpfe

PFANNEBERG

Bestell-Nr.: 05212

Autoren
Dieter Nothnagel, Neuenhagen bei Berlin
Thea Nothnagel, Neuenhagen bei Berlin

Verlagslektorat
Anke Vöpel

Fotos
Alias GmbH, Berlin

Das vorliegende Buch wurde auf der Grundlage der neuen amtlichen Rechtschreibregeln erstellt.

1. Auflage 2006
Druck 5 4 3 2 1

Alle Drucke derselben Auflage sind parallel einsetzbar, da sie bis auf die Behebung von Druckfehlern untereinander unverändert sind.

ISBN-3-8057-0521-2

http://www.pfanneberg.de

Umschlaggestaltung: Alias GmbH, 10961 Berlin
Satz und Layout: Ruhrstadt Medien AG, 44579 Castrop-Rauxel
Druck: Media Print Informationstechnik, 33100 Paderborn

Vorwort

Das vorliegende Fachbuch wurde von Profis für Profis und interessierte Laien geschrieben. Die Autoren Thea und Dieter Nothnagel – beide Küchenmeister – widmen sich seit Jahrzehnten mit Lust und Liebe dem Kochen. Thea Nothnagel bildet im Hotel Hilton in Berlin erfolgreich den Kochnachwuchs aus. Dieter Nothnagel arbeitete in der Spitzengastronomie und hat zahlreiche Auszeichnungen bei nationalen und internationalen Wettbewerben errungen.

Mit diesem umfassenden Werk präsentieren die Autoren den Lesern eine große Bandbreite an Rezepten. Mehr als 500 Zubereitungen haben die Autoren zusammengetragen.

Besonders hervorzuheben ist die Vielfalt, die durchs ganze Jahr hindurch Anregungen gibt. Bei der Zusammenstellung wurde der Schwerpunkt auf neue Rezepte gelegt, klassische wurden neu kombiniert. Ziel der Autoren ist es, den (Hobby-)Köchen die Lust am Kochen und die Liebe zum Detail zu vermitteln. Gerade weil in den Küchen immer mehr Technik Einzug hält, darf der Koch sein Fachwissen nicht aus den Augen verlieren. Er ist es, der durch die gekonnte Kombination von frischen, hochwertigen Zutaten und erlesenen Gewürzen einzigartige Geschmackserlebnisse schafft und den Gerichten seine persönliche Note verleiht.

Ein guter Koch wird die Zutaten und ihre Kombination nicht als Dogma sehen, sondern sein Fachwissen kreativ einsetzen und die Rezepturen variieren.

Beim Nachkochen der Rezepte sollten folgende Grundsätze beachtet werden:

- Es sollten nur frische, hochwertige Produkte von bester Qualität verarbeitet werden.
- Lebensmittel dienen der Erhaltung der Gesundheit. Die Verarbeitung der Produkte muss sachgemäß und schonend erfolgen.
- Der Kombination von Lebensmitteln sind keine Grenzen gesetzt – Kreativität ist erwünscht.
- Beim Salzen ist Vorsicht geboten: Das erste Würzen sollte sparsam dosiert sein, da Gewürze, Fleisch und Gemüse Salzteilchen enthalten, die sich beim Garvorgang entfalten. Deshalb besser nachwürzen.
- Heiße Suppen und Eintöpfe sind in vorgewärmtem Geschirr anzurichten.

Die Mengen sind, wenn nicht anders angegeben, für vier Portionen berechnet.

Spezielle Fachbegriffe werden zum besseren Verständnis im Anhang erklärt und erläutert.

Die Rezepte enthalten zusätzlich Hinweise zur Zubereitung, zur Variation und zum Anrichten der fertigen Gerichte.

Anhand von acht Piktogrammen (Erklärung siehe nächste Seite) kann der Leser auf einen Blick erkennen, ob die Zubereitung einer Rezeptur z. B. schnell, aufwändig, preiswert oder hochwertig ist.

Wir wünschen allen Lesern viel Freude und Erfolg beim Nachkochen der Rezepte. Für Hinweise, Anregungen und Kritik sind wir dankbar.

Winter 2005 Autoren und Verlag

Zeichenerklärung

Zeit

Schnell: Die Zubereitung dieser Rezepte ist besonders schnell und unkompliziert.

Aufwändig: Die Zubereitung so gekennzeichneter Rezepte ist relativ zeitaufwändig und schwierig.

Preis

Preiswert: Die Zutaten dieser Rezepte sind in der Zusammenstellung und im Einkauf besonders preiswert.

Hochwertig: Diese Rezepte sind durch hochwertige Zutaten, wie zum Beispiel Kaviar, Austern, Räucherlachs oder Blattgold, teurer. Jedoch ist auch der Genusswert wesentlich höher.

Zubereitung

Eintopf: Diese Suppen sind auch bestens als Eintopf geeignet.

Mikrowelle: Rezepte mit diesem Zeichen sind besonders für die Zubereitung in der Mikrowelle geeignet.

Convenience: Bei diesen Rezepten werden als Zutaten Fertigprodukte (Convenience-Produkte) verwendet. Dazu gehören Trockenerzeugnisse, Konserven und Tiefkühlkost, die mit frischen Kräutern, Butterflocken, Speck- und Zwiebelwürfeln für Suppen oder frischen Früchten für Kaltschalen geschmacklich aufgewertet werden.

Kostform

Vollwertküche: Die Zutaten dieser Rezepte sind vorrangig naturbelassen; beim Würzen dominieren frische Kräuter und grobes Meersalz.

Inhaltsverzeichnis

Kaltschalen

Ursprünglich ein russisches Dessert aus weingetränktem Obstsalat, ist die Kaltschale heute in der regionalen deutschen Küche eine Spezialität. Auch kalte Suppen werden den Kaltschalen zugeordnet. Eine bekannte internationale Variante ist das spanische Gazpacho: Diese kalte Suppe aus Tomaten, Gurken, Paprika, Zwiebeln und Knoblauch ist nicht nur im Sommer ein Hochgenuss.
Kaltschalen werden als Frucht- oder Milchkaltschale mit Zucker und auch mit Wein oder Bier hergestellt. Als Bindemittel wird Mais-, Kartoffel- oder Reisstärke bzw. Sago verwendet. Fruchtkaltschalen bestehen meist aus Joghurt, Kefir oder Buttermilch in Verbindung mit Früchten, Fruchtmark oder gehackten Nüssen.

Zubereitungstipps

- Der typische Fruchtgeschmack der Kaltschalen sollte unbedingt erhalten bleiben. Deshalb ist es erforderlich, bei gekochten Fruchtkaltschalen nach dem Erkalten zusätzlich einen rohen Anteil der verwendeten Frucht hinzuzufügen.
- Im Gegensatz zu warmen Speisen sollten Kaltschalten kräftiger gewürzt werden, da die Geschmacksnerven kalte Speisen weniger intensiv wahrnehmen.

Wer die Küche im wahrsten Sinne des Wortes „kalt“ lassen und schnell genießen möchte, kann industriell hergestellte Kaltschalen verwenden. Kaltschalen-Fertigprodukte werden mittlerweile in einer umfangreichen Auswahl angeboten, sodass für jeden Geschmack etwas Passendes dabei ist.

Serviertipps

- Da Kaltschalen appetitanregende und leichte Gerichte sind, eignen sie sich das ganze Jahr über hervorragend als Auftakt eines Menüs. Besonders in

Verbindung mit Makronen, Biskuits, Käseplätzchen und verschiedenen Brotsorten sind kalte Suppen oder Kaltschalen ein abwechslungsreicher Genuss für jeden Feinschmecker.

- Serviert in ausgehöhlten Früchten oder Gemüsen sind Kaltschalen auch für das Auge verführerisch: Dazu eignen sich vor allem Ananas, Melonen, Kokosnüsse, kleine Kürbisse, Avocados oder Kohlrabi.
- Grundsätzlich sollten Kaltschalen in gut gekühltem Geschirr angerichtet werden.

Im Gegensatz zu warmen Speisen müssen Kaltschalen und kalte Suppen kräftiger gewürzt werden, da die Geschmacksnerven kalte Speisen weniger intensiv wahrnehmen.

Zum leichteren Auffinden der Rezepturen haben die Autoren die „kalten Suppen", den sich im Aufwärtstrend befindenden Kaltschalen zugeordnet. Der küchenfachlichen Unterteilung der Suppen wurde in diesem Buch keine Bedeutung zuteil, da diese in den Lehrbüchern nachzulesen ist und für die zusammengestellten Rezepturempfehlungen nicht bedeutungsvoll ist.

Kaltschalen – süß

Ananaskaltschale

4	*Baby-Ananas*
4 cl	*Cointreau*
500 g	*Joghurt*
	Zucker
	Zitronensaft
4 TL	*Sahne, geschlagen*
4	*Belegkirschen*
	Minzeblätter
8	*Löffelbiskuits*

Die Blattkronen von den Früchten abschneiden. Das Fruchtfleisch aushöhlen, in Würfel schneiden, mit Cointreau mazerieren, mit Joghurt, Zucker und Zitronensaft verrühren und kalt stellen. Blattkronen und ausgehöhlte Fruchthälften zur Seite legen. Die gut gekühlte Kaltschale in die Früchte füllen und mit Sahne, Belegkirschen sowie frischer Minze garnieren. Die Blattkrone und Löffelbiskuits anlegen.

Als besonders attraktive Garnitur frische Ananasscheiben beidseitig mit Puderzucker bestreuen, bei etwa 80 °C trocknen und auf die Ananas geben.

Pikante Apfelkaltschale

800 g	*Äpfel*
125 ml	*Weißwein*
2–3 EL	*Zucker*
	Zimtpulver
1 EL	*Zitronensaft*
4 EL	*Sahne, geschlagen*
8–12	*Suppenmakronen*
	Würfelchen von rotem Fruchtgelee

Die Äpfel waschen, vierteln, Kerngehäuse entfernen und in Spalten schneiden. Die Apfelspalten mit Weißwein, Zucker, Zimtpulver und Zitronensaft zugedeckt weich dünsten. Dann fein pürieren, passieren und kalt stellen. Wenn erforderlich, abschmecken, in Tassen anrichten und mit Sahnetupfer, Suppenmakronen und Würfelchen von rotem Fruchtgelee garnieren.

Apfelkaltschale mit Rosinen

600 g	*säuerliche Äpfel*
	Zucker nach Belieben
1	*Prise Zimt*
1	*Gewürznelke*
125 ml	*Weißwein*
	Zitronensaft, Läuterzucker
60 g	*Rosinen, in Wasser geweicht*
4 TL	*Sahne, geschlagen*
4	*Minzeblätter*

Die Äpfel waschen, schälen, entkernen, in Scheiben schneiden und mit wenig Wasser, Zucker und den Gewürzen dünsten. Einige Apfelscheiben in Julienne schneiden, in Weißwein pochieren und erkalten lassen. Die restlichen, gedünsteten Apfelscheiben fein pürieren und kalt stellen. Die pürierten Apfelscheiben und die pochierten Apfeljulienne vermengen, mit Zitronensaft und Läuterzucker abschmecken, in Suppentassen verteilen, die Rosinen dazugeben, mit Sahne und Minzeblättern garnieren. Dazu passen Suppenmakrönchen oder Zwieback.

So wirkt die Kaltschale besonders attraktiv: Auf Tellern anrichten und zusätzlich Apfelsorbet hineingeben. Ebenso kann diese Kaltschale in große ausgehöhlte rote Äpfel gefüllt und auf gestoßenem Eis angerichtet werden.

Aprikosenkaltschale

600 g Aprikosen
500 ml Wasser
100 g Zucker
1 Prise Salz
2 EL Aprikosengelee
40 g Rosinen, in Wasser geweicht
1 EL Speisestärke
Sahne, frische Minze

Die Aprikosen waschen, je nach Belieben blanchieren und abschälen, halbieren, entkernen und vierteln. Das Wasser mit Zucker und einer Prise Salz aufkochen. Die Aprikosen, das Gelee und die Rosinen hineingeben, kurz aufkochen und zwei Minuten sacht weiterkochen lassen. Die Speisestärke mit etwas Wasser verrühren, in die Kaltschale geben, alles nochmals kurz aufkochen lassen und kalt stellen. In vorgekühlten Tassen anrichten und von geschlagener Sahne, mit einem Teelöffel, kleine Nocken auf die Kaltschale geben. Mit frischer Minze garnieren.

Kalte Bananensuppe

3–4 Bananen
1 EL Zitronensaft
1 TL Currypulver
Salz, weißer Pfeffer
Tabasco
750 ml Gemüsebrühe (Instant)
4 EL Sahne, geschlagen
4 TL Mandelblättchen, geröstet

Die Bananen schälen, im Mixer pürieren, Zitronensaft und Gewürze dazugeben und in der Gemüsebrühe zum Kochen bringen. Sofort in ein anderes Gefäß füllen und kalt stellen. Die Suppe sehr kalt anrichten, mit Sahne und Mandelblättchen garnieren.

Bierkaltschale mit Apfeljulienne

750 ml Malzbier
2 EL Zitronensaft
1 Prise Zimtpulver
1 TL Sojasauce
125 ml Sahne, halbsteif geschlagen
200 g säuerliche Apfeljulienne

Das Malzbier mit Zitronensaft, Zimt und Sojasauce würzen und gut kühlen. Die Sahne unter das Bier heben. Die Bierkaltschale in gut gekühlte Tassen füllen. Die Apfeljulienne darüber geben und sehr schnell servieren.

Birnenkaltschale mit Zimtsahne

600	g	Birnen
		Zucker nach Belieben
1	Prise	Nelkenpulver
750	ml	Milch
1	EL	Speisestärke
		Zimtpulver
		Zitronensaft
4	EL	Sahne, geschlagen

Die Birnen waschen, vierteln, entkernen, in Scheibchen schneiden und in etwas Wasser mit Zucker und Nelkenpulver dünsten. Die Milch aufkochen, mit Speisestärke binden, mit Zimt würzen und zwei Minuten sacht kochen.
Die Birnenstücke in die Milch geben und einige Minuten zusammen sacht köcheln lassen. Die Birnenkaltschale ggf. mit Zucker oder Zitronensaft abschmecken. Gut gekühlt auf Tellern oder in Tassen verteilen, mit jeweils einem Esslöffel Sahne garnieren, mit reichlich Zimt bestreuen und sofort servieren.

Bunte Fruchtkaltschale

400	g	gemischte Früchte
		Zucker
2	cl	Fruchtlikör
500	g	Joghurt
		Zitronensaft oder Läuterzucker

Alle Früchte, die zur Verfügung stehen, in gleich große Würfel oder Stücke schneiden, einzuckern und zum Durchziehen kalt stellen. Die gut gekühlten Früchte mit zu den Früchten passendem Fruchtlikör aromatisieren. Die Früchte und Joghurt vermengen und kalt stellen. Vor dem Anrichten mit Zitronensaft oder Läuterzucker abschmecken. Zu dieser bunten Fruchtkaltschale beispielsweise Makronen, Löffelbiskuit oder Zwieback reichen.

Buttermilchkaltschale mit Erdbeeren

400	g	Erdbeeren, frisch
2	EL	Puderzucker
750	ml	Buttermilch, sehr kalt
		Vanillezucker
2		Eiweiß
1	TL	Puderzucker
2	EL	Mandelstifte

Die Erdbeeren vorsichtig waschen und putzen, in eine Schüssel geben, einzuckern und zehn Minuten ziehen lassen. Inzwischen die Buttermilch mit Vanillezucker süßen. Eiweiß steif schlagen und mit Puderzucker süßen. Die Erdbeeren auf Suppentellern verteilen, die Buttermilch über die Erdbeeren gießen. Zuletzt mit einem Kaffeelöffel kleine Eischneenocken auf die Kaltschale geben und mit Mandelstiften bestreuen.

Buttermilchkaltschale ebenso mit Himbeeren, Johannisbeeren, entsteinten Kirschen oder Kiwischeiben zubereiten.

Erdbeerkaltschale

800 g Erdbeeren, gut gereift
200 g Erdbeergelee
Puderzucker nach Belieben
Weißwein
4 EL Schlagsahne, geschlagen
Minzeblätter zum Garnieren

Die Erdbeeren waschen und putzen. Einige besonders schöne Erdbeeren mit Stängelansatz zum Garnieren zurücklegen. Die anderen Erdbeeren im Mixer pürieren und durch ein Sieb streichen.

Erdbeerpüree und Erdbeergelee verrühren. Wenn erforderlich, mit Puderzucker nachsüßen und mit etwas Weißwein verdünnen. Die fertige Kaltschale anrichten und mit den zurückgehaltenen Beeren sowie Sahnerosetten und Minzeblätter garnieren.

Diese Kaltschale kann auch attraktiv mit Minzesahne angerichtet werden. Dazu geschlagene Sahne mit fein gehackter Minze aromatisieren und leicht süßen. Kleine Makronen extra dazu reichen.

Feigenkaltschale

600 g Feigen
125 ml Weißwein
1 EL Zucker
1 EL Zitronensaft
1 EL Ingwersirup
4 cl Orangenlikör
Puderzucker
Zitronensaft
4 EL Crème fraîche
4 Minzeblätter
2 EL rote Fruchtgeleewürfel

Die Feigen waschen, je nach Größe vierteln oder sechsteln. Den Weißwein mit etwas Wasser, Zucker, Zitronensaft und Ingwersirup aufkochen, die Feigen dazugeben und zehn Minuten sacht kochen. Die Masse im Mixer pürieren, durch ein Sieb streichen und kalt stellen. Die gut gekühlte Kaltschale mit Orangenlikör verfeinern, wenn erforderlich mit Puderzucker oder Zitronensaft abschmecken, in Tassen anrichten, mit eiskalter Crème fraîche garnieren und mit Minzeblättern und roten Fruchtgeleewürfeln garnieren. Sehr kalt servieren.

Hagebuttenkaltschale mit Makronen

250 g Hagebuttenmark, Konserve
150 ml Weißwein
80 g Zucker
je 1 Zitronenschale und Zimtstange
1 Prise Salz
1 EL Speisestärke
1 EL Zitronensaft
100 g Suppenmakronen

Das Hagebuttenmark in 500 ml heißes Wasser einrühren. Weißwein, Zucker, Zitronenschale, Zimtstange und Salz dazugeben und unter Rühren aufkochen. Dann mit Speisestärke binden und zwei Minuten köcheln lassen. Die Suppe mit Zitronensaft pikant abschmecken. Zimtstange und Zitronenschale aus der Suppe nehmen. Die Suppe in tiefen Tellern anrichten und mit Suppenmakronen garnieren.

Diese würzige Fruchtkaltschale kann ebenso als heiße Suppe angeboten werden.

Heidelbeerkaltschale I

80–100 g	Zucker, nach Belieben
400 g	Heidelbeeren, küchenfertig
1 EL	Speisestärke
4 EL	Sahne, geschlagen
	Suppenmakronen

500 ml Wasser mit dem Zucker zum Kochen bringen, die Heidelbeeren dazugeben und drei Minuten sacht kochen. Mit Speisestärke binden, kurz aufkochen und kalt stellen. Gelegentlich umrühren, damit sich keine Haut bildet. Die gut gekühlte Kaltschale auf Tellern verteilen, mit Sahne und Suppenmakronen garnieren.

Stehen frische Heidelbeeren zur Verfügung, beim Verlesen die größeren Beeren zurücklegen, zuckern und auf die Kaltschale geben.
Auf die gleiche Weise Heidelbeersuppe zubereiten. Zusätzlich 250 ml Wein einsetzen. Dafür weniger Wasser nehmen.
Kaltschalen und Suppen ebenso von anderem Beerenobst, wie Himbeeren, Brombeeren, Johannisbeeren oder Stachelbeeren zubereiten.

Heidelbeerkaltschale II

250 g	Heidelbeeren
1 EL	Puderzucker
400 g	Heidelbeergelee
125 ml	Weißwein
200 g	Crème fraîche

Die Heidelbeeren waschen, verlesen und einzuckern. Heidelbeergelee, Weißwein und Crème fraîche gut verrühren und zum Durchziehen kalt stellen. Die Kaltschale auf Tellern anrichten, die gezuckerten Heidelbeeren obenauf geben. Beispielsweise mit Sahnehäufchen oder Eischneeklößchen garnieren.

Himbeerkaltschale mit Mandelsahne

800 g	Himbeeren
120 g	Zucker
125 ml	leichten Weißwein oder Prosecco
	Zucker
	Saft von einer Zitrone
120 g	Sahne, geschlagen
2 EL	Mandeln, feinblättrige
4	Minzezweige

Die Himbeeren waschen und putzen. Die schönsten Beeren, etwa ein Viertel der Gesamtmenge, zum Garnieren auslesen und einzuckern. Die restlichen Beeren mit Weißwein, Zucker und Zitronensaft im Mixer fein pürieren und kalt stellen. Bei zu dicker Konsistenz etwas kaltes Mineralwasser dazugeben. Die Kaltschale auf Tellern verteilen, die Beeren darüber geben und mit Sahnerosetten garnieren. Zuletzt die Mandelblätter über die Sahne streuen und mit Minzezweigen garnieren.

Holunderkaltschale mit Sahnehaube

1 l	*Holundersuppe, kalt (siehe Rezept Seite 189 Holundersuppe mit Makronen)*
4 EL	*Sahne, geschlagen*

Die Holundersuppe in vorgekühlten Tellern anrichten, mit Sahne behäufen und sofort servieren.

So einfach ist diese besondere Kaltschale mit Holunderblüten zuzubereiten:
Frische Holunderblüten mit kochender Milch, Zucker, Zimt und Vanille übergießen, passieren, mit Eigelb binden und kalt stellen. Eiskalt mit Makronen oder Löffelbiskuits auftragen.
Stehen keine frischen Holunderbeeren zur Verfügung einfach Saft aus dem Reformhaus verwenden.

Joghurt-Erdbeer-Kaltschale mit Pistazien

500 g	*Erdbeeren*
2–3 EL	*Zucker*
500 g	*Joghurt*
	Zitronensaft
	Pistazien, geröstete

Die Erdbeeren waschen, putzen und einzuckern. Etwa 20 gleich große Beeren zum Garnieren zurücklegen. Die Erdbeeren nach etwa 30 Minuten fein pürieren, mit dem Joghurt verrühren, mit Zitronensaft abschmecken und zum Durchziehen kalt stellen. Dann auf Tellern anrichten, mit den zurückgestellten Erdbeeren garnieren und mit Pistazien überstreuen.

Bei einigen frischen Erdbeeren zum Garnieren den Stielsansatz nicht entfernen. Anstelle der Pistazien ebenso Pinienkerne oder Mandelblättchen verwenden.

Johannisbeerkaltschale

300 g	*Rote Johannisbeeren*
1–2 EL	*Zucker*
	Zimtpulver
250 ml	*Roter Johannisbeersaft*
250 g	*Johannisbeergelee*
100 ml	*Rotwein*
8	*Baiserzapfen*

Die Beeren waschen und einige schöne Rispen zum Garnieren zur Seite legen. Beeren zupfen, einzuckern, mit Zimt bestreuen und etwa 30 Minuten ziehen lassen. Johannisbeersaft, Johannisbeergelee und Rotwein verrühren. Die Beeren in Porzellanschalen verteilen und mit der Kaltschale übergießen. Die fertige Kaltschale mit Johannisbeerrispen und Baiserzapfen garnieren.

Kaltschale ebenso mit weißen oder schwarzen Johannisbeeren zubereiten. Zum Abmindern der Fruchtsäure anteilig Himbeeren verwenden.

Kaltschale auf Tellern anrichten und in die Mitte eine Kugel Vanilleeis geben.

Kirschkaltschale

400 g	*Süßkirschen*
400 g	*Schattenmorellen*
100 g	*Puderzucker*
	Zimtpulver
80 g	*Nüsse (z. B. geriebene Haselnusskerne, geröstete Mandelstifte oder gehackte Pistazien)*

Kirschen und Morellen waschen, entsteinen, vier Esslöffel der Früchte zur Einlage zurückhalten und die restlichen Früchte im Mixer pürieren. Den Zucker sowie das Zimtpulver dazugeben. Die Kaltschale anrichten, die zurückgehaltenen Kirschen dazugeben. Nach Belieben mit gehackten Nüssen bestreut servieren.

Sollte die Konsistenz der Kaltschale zu dickflüssig sein, ist sie mit Kirschsaft oder trockenem Rotwein zu verdünnen.

Als besonderen Clou, einige Süßkirschen mit Stiel in Bierteig tauchen, kurz frittieren und zur Kaltschale geben.

Kiwikaltschale I

4 cl	*Kiwilikör*
je 0,2 l	*Mineralwasser, Apfelsaft und trockener Sekt*
6–8	*frische, reife Kiwis (je nach Größe)*
4 TL	*Crème Double*
	geröstete Mandelstifte, Pinienkerne oder Pistazien

Kiwilikör mit Mineralwasser, Apfelsaft und Sekt verrühren und gut kühlen. Inzwischen die Kiwi hauchdünn schälen, in dünne Scheibchen oder Würfelchen schneiden und auf gut gekühlte Teller verteilen. Die Kiwikaltschale und Crème Double darüber geben und mit Mandelstiften, Pinienkernen oder Pistazien überstreuen.

Kiwikaltschale II

400 g	Kiwi, küchenfertig
100 g	Melonenfleisch
500 g	Joghurt
	Vanillezucker
4	Minzezweige

Einige sehr dünne Kiwischeiben zum Garnieren zurücklassen, die restlichen Kiwis und Melonenfleisch fein pürieren. Das Fruchtpüree mit Joghurt verrühren. Je nach Geschmack etwas Vanillezucker dazugeben. Die Kaltschale in Tassen anrichten und jeweils mit Kiwischeiben und einem Minzezweig garnieren.

Anstelle von Melone noch besser Stachelbeeren verwenden. Die Stachelbeeren unterstreichen das besondere Kiwi-Aroma.

Mango-Ananas-Kaltschale

je 500 g	Mango und Ananas
4 cl	Cointreau
200 g	Crème fraîche
	Puderzucker
	Zitronensaft

Die Früchte schälen. Das feste Fruchtfleisch in gleich große Würfel schneiden und mit Cointreau mazerieren. Das restliche Fruchtfleisch fein pürieren, mit Crème fraîche verrühren und 30 Minuten durchziehen lassen. Dann die mazerierten Früchte in die Kaltschale geben und etwa zehn Minuten zum Einziehen kalt stellen. Die Kaltschale mit Puderzucker oder Zitronensaft abschmecken (evtl. auch mit etwas Weißwein verflüssigen) und servieren. Dazu schmecken Mürbeteigplätzchen oder Makronen.

Melonenkaltschale

600 g	Melone
200 g	Pfirsich, Äpfel oder Birnen
	Zucker
200 g	Joghurt

Melonenfleisch entkernen und einige feine Melonenscheiben zur Seite stellen. Restliches Melonenfleisch im Verhältnis drei zu eins mit Pfirsichen, Äpfeln oder Birnen pürieren, etwas zuckern, und mit Joghurt zu einer nicht zu flüssigen Konsistenz verrühren. Gut kühlen, anrichten und mit sehr feinen Melonenscheiben garnieren.

Melonenkaltschale mit frischer Minze

je 200 g	Honig- und Wassermelone
1 EL	Puderzucker
4 cl	Portwein
1 EL	Limetten- oder Zitronensaft
600 g	Joghurt
4 EL	Sahne, geschlagen
	Minze, gehackte Zitronenmelisse
4	Rote Baisers

Aus dem Fruchtfleisch mit einem Pariser Löffel etwa 20 kleine Kügelchen ausstechen, einzuckern und mit Portwein mazerieren. Das restliche Fruchtfleisch fein pürieren, mit Joghurt, Zitronensaft verrühren und kalt stellen. Die Melonenkügelchen mit Fond dazugeben, alles vorsichtig verrühren und zum Durchziehen kalt stellen. Die Kaltschale auf Tellern anrichten, mit Sahnetupfer, gehackter Minze, Zitronenmelisse und rotem Baiser garnieren.

Milchkaltschale mit Früchten

750 ml Vollmilch
1–2 EL Zucker
1/2 Vanillestange, aufgeschnitten
3 Eigelb
frische, gefrorene oder konservierte Früchte, wie Erdbeeren, Brombeeren und Kiwi

Die Milch mit Zucker und Vanillestange aufkochen, vom Herd nehmen und ziehen lassen. Die Eigelbe mit etwas Milch verquirlen, in die Milch rühren und nochmals bis kurz vor dem Kochen erhitzen. Dann sofort vom Herd nehmen und erkalten lassen, dabei öfter umrühren. Die Kaltschale abdecken und völlig erkalten lassen. Die vorbereiteten Früchte auf gut gekühlten Tellern verteilen. Die Vanillestange herausnehmen und die Milchkaltschale auf die Früchte geben.

Milchkaltschalen auch mit Puddingpulver zubereiten. Auf einen Liter Milch eine Packung Vanillepuddingpulver verwenden. Die Vanillestange dann weglassen.

Orangen-Sago-Kaltschale

40 g Sago
600 g Orangen
125 ml Weißwein
60 g Puderzucker
2 cl Orangenlikör
1 Prise Zimtpulver
Minzezweige oder Zitronenmelisse

Den Sago in 500 ml kochendes Wasser geben, aufkochen, ausquellen lassen und kalt stellen. Von einer kleinen Orange Filets zum Garnieren schneiden, die restlichen Früchte auspressen. Orangensaft, Weißwein, Puderzucker, Orangenlikör und etwas Zimtpulver zum Sago geben, alles gut verrühren und 30 Minuten zum Durchziehen kalt stellen. Die Kaltschale anrichten, mit Orangenfilets und Minzzweig oder Zitronenmelisse garnieren.

Diese Fruchtsuppe schmeckt auch heiß sehr gut.

Anstelle von Zimtpulver ebenso Lebkuchengewürz verwenden. Die Orangenkaltschale bekommt einen besonderen Geschmack.
Statt Zucker Süßstoff, als Pulver oder flüssig verwenden, und die Kalorien werden reduziert.

Pfirsichkaltschale

500 g Pfirsiche
125 ml Weißwein
1 EL Zitronensaft
3–4 EL Zucker
1 EL Speisestärke
2 cl Pfirsichlikör
4 TL Sahne, geschlagen
8–12 kleine Suppenmakronen

Die Pfirsiche waschen, über Kreuz einschneiden, blanchieren und die Haut abziehen. Die Früchte halbieren und entkernen. Das Fruchtfleisch in feine Würfel schneiden. Weißwein, 250 ml Wasser, Zitronensaft und Zucker aufkochen, die Pfirsichwürfel dazugeben, kurz aufkochen, mit Speisestärke binden und kalt stellen. Die gut gekühlte Kaltschale mit Pfirsichlikör aromatisieren, in Tassen anrichten, mit Sahnehäufchen und Suppenmakronen garnieren.

Zur Geschmacksbildung einige, in einem Plastikbeutel zerdrückte, Pfirsichkerne mitkochen und bis zum Anrichten in der Kaltschale belassen.

Pflaumenkaltschale

500 g Pflaumen
125 ml Weißwein
2–3 EL Zucker
1 EL Zitronensaft
1 Prise Zimt
1 Prise Nelkenpulver
1 EL Speisestärke
4 TL Sahne, geschlagen
feine Streifchen von unbehandelter Zitronenschale

Die Pflaumen waschen, halbieren, entkernen und vierteln. Weißwein, 330 ml Wasser, Zucker, Zitronensaft und je eine Prise Zimt- und Nelkenpulver zum Kochen bringen. Die Früchte dazugeben und gar ziehen, aber nicht zu weich werden lassen. Früchte aus dem Fond nehmen und in Tassen verteilen. Den Fond mit Speisestärke binden, erkalten lassen, passieren und über die Pflaumen geben. Zuletzt Sahnehäufchen aufsetzen und sehr kalt servieren. Mit einem Ziselierer sehr feine Zitronenschalenstreifen schneiden und auf die Sahne geben. Zu dieser würzigen Kaltschale passen beispielsweise Crème fraîche oder Eischneeklößchen.

Gilt für alle Kaltschalen und kalte Suppen: Um eine Hautbildung zu vermeiden, während des Abkühlens öfters umrühren.

Preiselbeer-Kefir-Kaltschale

400 g Preiselbeeren (Konserve)
500 ml Kefir
2 EL Zucker, nach Belieben
je 1 Prise Zimt- und Gewürznelkenpulver
4 TL Crème Double
Minzeblätter

Preiselbeeren mit Kefir, Zucker sowie den Gewürzen vermengen und gut durchkühlen lassen. In Glasschalen anrichten, je einen Teelöffel Crème Double dazugeben und mit Minze garnieren.

Stehen frische Preiselbeeren zur Verfügung, diese waschen, verlesen, mit Zucker und etwas Wasser oder Weißwein dünsten und kalt stellen. Dann wie im Rezept beschrieben weiter verarbeiten.

Rhabarberkaltschale I

500 g Rhabarber, küchenfertig
2–3 EL Zucker
1 Prise Salz
2 Gewürznelken
1 Zimtstange
1 EL Speisestärke
Zimtsahne oder Suppenmakrönchen

Den Rhabarber in etwa 1,5 Zentimeter lange Stücke schneiden. 500 ml Wasser mit Zucker zum Kochen bringen. Rhabarber und Gewürze dazugeben und etwa fünf Minuten sacht kochen. Dann mit Speisestärke binden und weitere zwei Minuten kochen lassen. Der Rhabarber muss leicht bissfest bleiben. Die Kaltschale in ein anderes Gefäß gießen und kalt stellen. Nelken und Zimtstange herausnehmen. Die Kaltschale in Tassen anrichten und mit Zimtsahne oder Suppenmakrönchen servieren.

Kaltschale auf Tellern anrichten, in die Mitte kleine Vanillereis-Timbal geben und mit Zimtschnee und roten Fruchtgeleewürfelchen sowie einer Kapuziner-Blüte garnieren.

Die Suppe ebenso mit Milch und Vanillepudding zubereiten.

Rhabarberkaltschale II

500 g Rhabarber
150 g Zucker
2 Gewürznelken
1 Zimtstange
je 250 ml Apfelsaft und Wasser
100 ml Weißwein, trocken

Den Rhabarber waschen und schälen, die Schalen zur Seite stellen. Den Zucker in einem Topf mit Stahlboden leicht karamellisieren, die Rhabarberschalen, Gewürze und Wasser sowie Apfelsaft dazugeben und zusammen zehn Minuten kochen. Den entstandenen Fond in einem weiteren Topf passieren, den in etwa 1,5 Zentimeter lange Stücke schräg geschnittenen Rhabarber dazugeben und kurz aufkochen. Um bei dem Rhabarber einen leichten „Biss“ zu erhalten, alles sofort umgießen und kalt stellen. Zuletzt Weißwein dazugeben, abschmecken und in gut gekühlten Tassen oder Tellern anrichten. Dazu schmecken Löffelbiskuits, Makronen oder Baiser-Flocken.

Zum Aromatisieren dieser besonderen Kaltschale eignet sich Waldmeister. Waldmeisterstängel kurz mit aufkochen. Frische Waldmeisterblättchen auf die Kaltschale geben.

Sauerkirschkaltschale I

600 g reife Sauerkirschen
100 g Zucker
1 Zimtstange
1 Gewürznelke
1 geh. EL Speisestärke
4 EL Zimtsahne

Die Kirschen waschen, entkernen, mit 500 ml Wasser, Zucker und Gewürzen in eine geeignete Kasserolle geben und dünsten. Die Speisestärke mit etwas Wasser glatt rühren, in die Kirschen geben und zwei Minuten kochen lassen. Die Gewürze herausnehmen. Sehr kalt mit Zimtsahnehäufchen dekoriert servieren.

Sauerkirschkaltschale II

500 g Sauerkirschen
4 EL Zucker
125 ml Rotwein
Zitronenschale, gerieben
1 Prise Zimtpulver
1 EL Speisestärke
Puderzucker, nach Belieben
Suppenmakronen oder Löffelbiskuit

Die Sauerkirschen waschen, entkernen und einzuckern. Den anfallenden Saft mit Rotwein und 250 ml Wasser sowie Zitronenschale und Zimtpulver aufkochen, mit Speisestärke binden, über die Kirschen passieren und erkalten lassen. Die gut gekühlte Kaltschale evtl. mit Puderzucker abschmecken, in vorgekühlten Tassen anrichten und mit Suppenmakronen oder Löffelbiskuit garnieren.

Sanddornkaltschale

750 ml Sanddornsaft
125 ml Weißwein, trocken
2 EL Sanddornmarmelade oder -gelee
Zucker nach Belieben

1/2	TL	Zimtpulver
1	EL	Speisestärke
2	cl	Sanddornlikör
8–12		Suppenmakronen

Den Sanddornsaft mit Weißwein, Sanddornmarmelade oder -gelee aufkochen, würzen, mit Speisestärke binden und kalt stellen. Die Kaltschale abschmecken, Sanddornlikör dazugeben und mit Suppenmakronen anrichten.

Noch schneller ist diese pikante Kaltschale mit Joghurt und Sanddornsaft im Verhältnis 1:1 zuzubereiten. Zum Abschmecken Zucker, Honig, 2 cl Sanddornlikör und zwei Esslöffel Sanddornmarmelade verwenden.

Stachelbeerkaltschale

600	g	Stachelbeeren, rot oder gelb
150	g	Zucker
250	ml	Stachelbeer- oder Apfelsaft
125	ml	Weißwein
1	Prise	Zimtpulver
1/2	TL	Currypulver
		Zitronenmelisse oder Minze

Die Stachelbeeren waschen und putzen. Den Zucker halbbraun karamellisieren, die Stachelbeeren dazugeben, mit Fruchtsaft sowie Wein ablöschen. Die Gewürze dazugeben und etwa 15 Minuten köcheln lassen. Anschließend im Mixer pürieren und erkalten lassen. Die Kaltschale auf Tellern anrichten und mit gezupften Kräuterblättchen bestreuen.

Diese Kaltschale zusätzlich mit Suppenmakronen oder kleinen Baisers garnieren.

Stachelbeeren sind kalorienarm und leicht verdaulich. Durch den ausgeprägten Säuregehalt ist diese Kaltschale bestens als neutralisierende Speise vor dem Hauptgang in einem Menü geeignet.

Vanillekaltschale mit Blaubeeren

750	ml	Kefir oder Joghurt
		Vanillemark
		Zucker
200	g	frische Blaubeeren
		Minzeblätter
		Suppenmakronen

Den Kefir bzw. Joghurt mit Vanillemark und Zucker abschmecken und kalt stellen. Die Blaubeeren waschen, verlesen, einzuckern und 30 Minuten zum Durchziehen kalt stellen. Die Kaltschale auf Tellern anrichten, die Blaubeeren in die Mitte geben, mit Minzeblättern garnieren und gut gekühlt servieren. Suppenmakronen gesondert reichen.

Waldbeerenkaltschale

800 g	Waldbeeren (Himbeeren, Preiselbeeren und Heidelbeeren)
125 ml	Weißwein, lieblich
60 g	Zucker nach Belieben
1 Prise	Zimtpulver
125 ml	Schlagsahne
	Minzeblätter

Zum Garnieren einige schöne Beeren beiseite legen. Die anderen Beeren mit Weißwein, Zucker und Zimt sowie etwas Wasser kurz aufkochen und fünf Minuten köcheln lassen. Die so vorbereitete Kaltschale durch ein feines Sieb streichen und kalt stellen. Kaltschale auf Tellern anrichten, die Sahne leicht schlagen und mit Beeren und Minzeblätter garnieren.

Weinkaltschale mit Früchten

300 g	Früchte (z. B. Pfirsiche, Erdbeeren, Aprikosen, Weinbeeren, Himbeeren, Kiwi)
	Weinbrand
	Zitronensaft
je 350 ml	Weißwein und Wasser
30 g	Sago
1 EL	Zucker

Die Früchte klein schneiden, mit Weinbrand und Zitronensaft marinieren. Weißwein und Wasser in einer Edelstahlkasserolle erhitzen, Sago und Zucker einrühren und bei geringer Hitze 30 Minuten quellen lassen. Dabei öfters umrühren und anschließend kalt stellen. Die gut gekühlte Weinkaltschale in Tassen anrichten, die Früchte hineingeben und servieren. Dazu schmecken beispielsweise Makronen oder Baiser.

Makronen und Baiser am besten gesondert reichen, denn sie weichen sehr schnell auf.

Weißbierkaltschale mit Ananas

800 ml	Weißbier
2 EL	Zucker
	Zitronensaft
1 Prise	Salz
1	Zimtstange
1	Gewürznelke
	Ingwerpulver
1 EL	Speisestärke
200 g	Ananasstücke
	Sahnerosetten
	Minzeblätter
	Baiser
	Kiwischeiben

Das Weißbier mit Zucker, Zitronensaft, der Prise Salz und den Gewürzen aufkochen, mit Speisestärke binden, zwei Minuten kochen und kalt stellen. Die Kaltschale passieren, in Weißbiergläser füllen und die gekühlten Ananasstücke dazugeben und mit Sahnerosette, Minzeblätter und Baiser garnieren. Kurz vor dem Servieren Kiwischeiben auf den Glasrand stecken.

Zimt-Quitten-Kaltschale mit Erdbeeren

1	kg	*Quitten*
		Zucker nach Belieben
1/2	EL	*Zimtpulver*
200	g	*Erdbeeren*
4	TL	*Sahne, geschlagen*

Die Quitten waschen, mit Schale und Kerngehäuse klein schneiden, mit 500 ml Wasser, reichlich Zucker und Zimt kochen und erkalten lassen. Die Kaltschale mit Sahne verrühren und abschmecken. Zuletzt in geeigneten Suppenschalen mit halbierten Erdbeeren anrichten und mit Zimt bestreuen.

Zitronenkaltschale

3–4 EL	*Zucker*
	Saft von 2 Zitronen
	Zitronenschalen
1 geh. EL	*Speisestärke*
100 ml	*Weißwein*
	Früchte zur Dekoration (Stachelbeeren, Kiwi oder Weinbeeren)

750 ml Wasser mit Zucker und Zitronensaft sowie der Schale einer unbehandelten Zitrone zum Kochen bringen. Die Speisestärke mit dem Wein glatt rühren, das Ganze mit einem Schneebesen in die Kaltschale rühren und zwei Minuten kochen lassen. Die Zitronenschale herausnehmen. Die Kaltschale durch ein Sieb passieren und kalt stellen. Gut gekühlt mit Einlage von beispielsweise Stachelbeeren, Kiwischeiben oder Weinbeeren servieren.

Kaltschalen – herzhaft

Avocadokaltschale

600 g Avocado
2 EL Bienenhonig
Vanillemark
250 ml Orangensaft
125 ml Cidre
Zucker oder Zitronensaft
Tabasco

Die Avocados schälen, halbieren, Steine herausnehmen und aufbewahren. Das Fruchtfleisch in Stücke schneiden und mit Honig und Vanillemark im Mixer fein pürieren. Das Fruchtpüree mit Orangensaft und Cidre verrühren, wenn erforderlich mit etwas Zucker oder Zitronensaft und Tabasco abschmecken. Die Avocadosteine bis zum Servieren in die Kaltschale legen und alles zusammen kalt stellen. Die fertige Kaltschale beispielsweise mit einem Minze- oder Korianderzweig, Orangenspalten oder frischen Erdbeeren garnieren.

Die Verfärbung der Avocados wird durch das Verschließen mit Folie sowie durch Zugabe von Zitronensaft verhindert. Der Stein sollte bis zum Anrichten in der Kaltschale bleiben. Auch damit wird einer Verfärbung entgegengewirkt.

Kalte Avocadosuppe

2 Avocados
1 Knoblauchzehe mit Salz zerrieben
125 ml Sahne
1 EL Zitronensaft
2 EL Estragonessig
500 ml kalte Gemüse- oder Hühnerbrühe (Instant)
Salz, weißer Pfeffer, Tabasco
Schnittlauchröllchen oder Korianderblätter

Die Avocados halbieren, Steine und Schale entfernen. Zum Garnieren Würfel oder Fächer vom festen Fruchtfleisch zurückhalten. Das Fruchtfleisch mit Knoblauch, Sahne Zitronensaft und Essig im Mixer fein pürieren. Brühe und Gewürze dazugeben, gut verrühren und kalt stellen. Die Suppe abschmecken, anrichten und mit Avocadowürfeln oder -fächern sowie Schnittlauchröllchen oder Korianderblätter garnieren.

Die Avocadosuppe zum Kaltstellen mit Frischhaltefolie gut verschließen, damit eine Verfärbung durch Sauerstoffeinwirkung vermieden wird.

Zum Garnieren eignen sich besonders grüne oder rote Spargelspitzen, die mit Olivenöl, Salz, weißem Pfeffer und Champagneressig mariniert werden.

Kalte, weiße Bohnensuppe mit Ziegenkäse

250 g Weiße Bohnen (Konserve)
2 Schalotten, fein gehackt
1 EL Kräuter, gehackt (z. B. Petersilie, Thymian, Basilikum und Sellerieblättchen)
Salz, weißer Pfeffer
500 ml Rinderbrühe (Instant)
1 TL Estragonessig
1 Prise Zucker
100 g Crème fraîche
200 g Ziegenkäse
Basilikum
Radieschenscheiben

Die Bohnen mit den Schalotten, Kräutern, Salz und Pfeffer etwa fünf Minuten in der Rinderbrühe kochen, fein mixen, mit Essig und Zucker würzen und kalt stellen. Crème fraîche darunter rühren. Den Ziegenkäse mit Salz und Pfeffer kräftig würzen. Die Suppe auf Tellern anrichten, den Ziegenkäse darüber geben und mit Basilikumzweigen und Radieschenscheiben garnieren. Dazu schmeckt Roggenbaguette.

Pikante Buttermilchkaltschale

500 ml	*Buttermilch*
250 ml	*Joghurt*
je 100 g	*Radieschen und Salatgurken, geraspelt*
	Salz
	Kräuterzweig
1 Prise	*Zucker*
1 Prise	*Cayennepfeffer*
4	*Radieschen, in Scheiben geschnitten*
1 EL	*Schnittlauchröllchen*

Buttermilch, Joghurt, Radieschen und Salatgurke miteinander vermischen, pikant abschmecken und 30 Minuten zum Durchziehen kalt stellen. Dann in Tassen anrichten, mit Radieschenscheiben belegen und mit Schnittlauch überstreuen. Dazu schmeckt Pumpernickel oder Knäckebrot.

Kalte Edelfischsuppe

1–2 kg	*Fischabgänge, wie Köpfe, Gräten usw.*
1 l	*Fischbrühe oder Wasser*
125 ml	*Weißwein, trocken*
1	*Zwiebel*
1 Bund	*Suppengemüse*
1	*gemischtes Kräutersträußchen*
	Salz
1 Prise	*Safran*
	Tabasco

Einlage für jede Portion:

1 EL	*Tomatenfleischwürfel*
1 TL	*Gemüsestreifen (Lauch, Sellerie, Möhren), blanchiert*
30 g	*Steinbutt, ohne Gräten, pochiert*
30 g	*Seezungenfilet oder Edellachs, pochiert*
	Salz, weißer Pfeffer aus der Mühle
4	*Kräuterzweige*

Die Fischabgänge gut waschen und mit der Fischbrühe und den anderen Zutaten zum Kochen bringen. Dann die Temperatur reduzieren und 30 Minuten köcheln lassen. Während der Garzeit abschäumen. Die fertige Fischbrühe sorgfältig passieren, kräftig abschmecken und kalt stellen. Die Zutaten für die Einlage würzen, auf vorgekühlten Suppentellern arrangieren, die kalte, leicht gelierte Fischsuppe darüber geben, mit Kräuterzweigen garnieren. Dazu schmeckt frisch gerösteter Toast.

Kalte Fischsuppen sind in vielen Varianten zuzubereiten. Zu betonen ist, dass die Fischabgänge frisch und hochwertig sein müssen. Fischbouillon aus Heringsgräten wird nur schwer gelieren.

Einlagen müssen ebenfalls frisch und hochwertig sein. Der Grundsatz „Frische Küche – gute Küche" ist besonders bei der Zubereitung von Fisch zu beachten.

Kalte Erbsen-Cremesuppe

600 g junge Erbsen
500 ml Gemüsebrühe (Instant)
2 Eigelb
125 ml Sahne
Salz, weißer Pfeffer
Muskat
Tabasco
Majoranblättchen, frisch

Die Erbsen in der Gemüsebrühe butterweich dünsten und mit dem Mixstab fein pürieren. Das Eigelb mit der Sahne verrühren, in das heiße Püree einrühren, pikant würzen und kalt stellen. Die Suppe auf Tellern anrichten und mit gezupften Majoranblättchen überstreuen.

Von den gedünsteten Erbsen 4 EL zur Einlage zurückhalten. Die Suppe wird dadurch noch attraktiver.
Auf die gleiche Weise Suppe von Zuckerschoten bereiten.

Geeiste Geflügelkraftbrühe

800 ml Geflügelbrühe
Pistazienklößchen nach Belieben
2 EL Zuckerschoten
2 EL Möhrenstreifen, blanchiert
4 Kräuterzweige

Geflügelkraftbrühe entfetten, geeist mit Pistazienklößchen sowie Zuckerschoten und Möhrenstreifen servieren. Mit Kräuterzweig garnieren.

Kraftbrühen ebenso aus Kalbfleisch zubereiten. Geeiste Kraftbrühen nur leicht gelieren.

Für Gemüse-Liebhaber könnte folgende Variante interessant sein: „Geeiste Gemüsebrühe“: Kräftigen Gemüsefond mit entsprechendem Rindfleisch klären und sehr kalt stellen. Nach dem Abkühlen sollte die Gemüsebrühe leicht geeist und geliert sein. Allerlei blanchierte Gemüsestreifchen oder -scheibchen als Einlage verwenden und mit frischen Blätterteigstangen oder auch Vollkornbrot komplettieren.

Kalte Gurkencreme-suppe mit Borretsch

800 g junge Salatgurke
200 g Crème Double
1 EL Zwiebel, fein gehackt
1 EL Kräuteressig
Salz, weißer Pfeffer aus der Mühle
1 EL Borretschblätter, gehackt
4 Tomatenfleischkeile
Borretschblüten

Die Gurken waschen, schälen, grob raspeln. Die Gurkenraspeln mit Crème Double verrühren. Zwiebel, Essig, Salz, Pfeffer und Borretschblätter dazugeben. Alles gut vermengen und 30 Minuten zum Durchziehen kalt stellen. Dann pikant nachwürzen, auf Tellern anrichten mit Tomatenfleischkeilen und Borretschblüten garnieren. Dazu passen beispielsweise Pumpernickel, Knäckebrot und frisches Landbrot.

Kalte Gurkensuppe mit Räucherfisch

1 kg	*Salatgurke*
100 g	*Zwiebelwürfel*
3 EL	*Öl*
100 ml	*Weißwein*
	Salz, weißer Pfeffer aus der Mühle
	Essig
	Koriander, frisch gemahlen
1 Bund	*Dill, fein gehackt, 4 besonders attraktive Zweige zurücklegen*
	Grüner Pfeffer
100 g	*Crème Double*
100 g	*Räucherlachsscheiben zu Röschen geformt oder Filet von geräucherter Forelle, Heilbutt oder Rotbarsch mit zwei Gabeln leicht zerpflückt*

Die Gurken schälen und mit einem Pariser Löffel etwa 12 Kugeln ausstechen und beiseite stellen. Die Gurken längs halbieren, mit einem Teelöffel Kerne entfernen und Gurkenfleisch in Würfel schneiden. Die Zwiebelwürfel in heißem Öl glasig dünsten, Gurkenwürfel und Weißwein dazugeben, mit Salz, Pfeffer und Essig, Koriander, Dill und grünem Pfeffer würzen, zugedeckt etwa fünf Minuten garen. Dann mit dem Stabmixer pürieren, nochmals aufkochen, die Gurkenkugeln und Crème Double dazugeben, abschmecken und kalt stellen. Die Gurkensuppe auf gekühlten Tellern verteilen, mit Fisch und Dillzweigen garnieren.

Joghurtkaltschale mit Gurken

300 g	*Salatgurke*
800 g	*Joghurt*
	Salz, weißer Pfeffer aus der Mühle
1	*Knoblauchzehe, mit Salz zerrieben*
1 EL	*Dill, fein gehackt*
	Tomatenwürfel
	Gurkenstreifen
	schwarze Oliven
	Kräuterzweige

Die Salatgurke waschen, trockentupfen, in feine Würfel schneiden oder raspeln, in den Joghurt geben und mit Salz, Pfeffer und Knoblauch würzen. Den Dill dazugeben und gut verrühren. Die Kaltschale zugedeckt etwa 30 Minuten zum Durchziehen kalt stellen. Dann abschmecken, in gekühlten Tassen anrichten, mit Tomatenwürfeln, Gurkenstreifen, schwarzen Oliven sowie Kräuterzweigen garnieren und sofort servieren.

Kalte Joghurtsuppe mit Krabben und Dill

650 g	*Joghurt*
125 ml	*Sahne*
125 ml	*Kalbsfond*
	Salz, weißer Pfeffer
1 Bund	*Dill, fein gehackt*
	marinierte Krabben
4	*Tomatenröschen, Dillzweige*

Joghurt, Sahne und Kalbsfond verrühren, mit Salz, Pfeffer, Dill würzen und auf kalten Suppentellern verteilen. Jede Portion mit Krabben, Tomatenröschen und Dillzweigen garnieren.

Diese pikante Joghurtsuppe ebenso mit dünnen Gurkenscheiben behäuft mit Keta- oder Forellenkaviar zubereiten. Zum Abwandeln feine Würfel von Tomaten, roter Gemüsepaprika oder schwarzen Oliven dazugeben.

Kalte Joghurtsuppe mit Rucola

1	*Bund Rucola*
2	*Schalotten*
200 g	*Salatgurke oder Zucchini*
600 g	*Joghurt*
	Salz, weißer Pfeffer aus der Mühle
	Zitronensaft
1 EL	*Oliven- oder Sesamöl*

Rucola waschen, grob zerschneiden. Schalotten abziehen und vierteln. Gurke oder Zucchini waschen, in kleine Stücke schneiden. Die Zutaten mit dem Joghurt im Mixer pürieren, pikant abschmecken und kalt stellen.

Sollte die Konsistenz zu dickflüssig sein, mit etwas sehr kaltem Mineralwasser verdünnen.

Diese delikate Joghurtsuppe schmeckt besonders gut mit Räucherlachsstreifen, marinierten Garnelen oder Krabbenfleisch.

Kalte Kartoffelsuppe mit Kaviar

500 g	*geschälte Kartoffeln, mehlig kochend*
1	*Petersilienwurzel*
1	*Möhre*
500 ml	*Geflügelbrühe*
100 g	*Crème fraîche*
	Salz, weißer Pfeffer
	Tabasco
1 TL	*Balsamicoessig*
1 TL	*Zitronensaft*
1 EL	*Kräuter, gehackt (Kerbel, Estragon, Dill, Petersilie)*
4	*zarte, kleine Salatblätter*
	Kaviar nach Belieben

Die Kartoffeln in Würfel schneiden. Petersilienwurzel und Möhre putzen und ebenfalls in Würfel schneiden. Kartoffel- und Gemüsewürfel in der Geflügelbrühe etwa 30 Minuten gar köcheln, erkalten lassen. Crème fraîche dazugeben, alles fein pürieren, kräftig würzen und kalt stellen. Die kalte Suppe nachschmecken und auf Tellern anrichten. Jede Portion mit einem Salatblatt belegen und mit etwas Kaviar behäufen. Besonders attraktiv wirkt je zur Hälfte Lachs- und Lumpfischkaviar.

Geeiste Kraftbrühe mit Gemüseperlen

20	EL	*Gemüseperlen*
		Salz
800	ml	*Rinderkraftbrühe, geeist (siehe Rezept Seite 58)*
4		*Kräuterzweige*

Gemüseperlen mit einem kleinen Pariser Löffel aus Möhren, Sellerie, Zucchini, Kohlrabi, Gurken oder sonstigem Gemüse ausstechen und in Salzwasser blanchieren. Die geeiste Rinderkraftbrühe mit Gemüseperlen anrichten und mit je einem Kräuterzweig garnieren.

Kalte Lauchsuppe mit grünem Pfeffer

400	g	*Lauch, küchenfertig*
1	EL	*Zwiebelwürfel*
750	ml	*Hühnerbrühe*
		Salz, weißer Pfeffer
		Tabasco
		Zitronensaft
125	ml	*Sahne, geschlagen*
4		*Tomatenecken*
4		*Dillzweige*
1	TL	*Schnittlauchröllchen*
1	TL	*grüne Pfefferkörner*

Den Lauch längs halbieren, in Streifen schneiden und zusammen mit den Zwiebelwürfeln in der Hühnerbrühe aufkochen, würzen und zugedeckt 20 Minuten sacht kochen lassen. Anschließend im Mixer fein pürieren, mit Tabasco und Zitronensaft kräftig würzen und kalt stellen. Die kalte Lauchsuppe nochmals abschmecken, zuletzt die geschlagene Sahne darunter heben, die Suppe auf Tellern anrichten, mit Tomatenecken und Dillzweig garnieren sowie mit Schnittlauchröllchen und grünem Pfeffer bestreuen.

Kalte Mandelsuppe mit Cocktailtomaten

4		*Toastbrotscheiben ohne Rinde, in Wasser geweicht*
150	g	*Mandeln, gerieben*
2		*Knoblauchzehen, geschält*
4	EL	*Olivenöl, kaltgepresst*
600	ml	*kalte Gemüsebrühe (Instant)*
		Salz, weißer Pfeffer
		Weißweinessig
200	g	*Cocktailtomaten*
		gezupfte Kräuter (Basilikum, Dill, Estragon, Petersilie)

Das Toastbrot ausdrücken und mit den weiteren Zutaten zur Gemüsebrühe geben, im Mixer pürieren, pikant abschmecken und kalt stellen. Die Tomaten waschen, den Stielansatz entfernen, halbieren und in die Suppe geben. Nochmals zum Durchziehen kalt stellen. Vor dem Anrichten abschmecken, anrichten und mit Kräuterzweigen garnieren.

Kalte Mango-Suppe mit Garnelen

800	g	*Mangofrüchte, reif*
125	ml	*Weißwein*
1	EL	*Zitronensaft*
2	EL	*Tomatenketchup*
1	EL	*Salz*
1	EL	*Zucker*
		Tabascosauce
100	g	*Staudensellerie*
100	g	*Salatgurke*
		marinierte Garnelen nach Belieben
4		*Dillzweige*

Die Mangofrüchte waschen und schälen. Das Fruchtfleisch in Spalten zuerst vom Stein lösen, dann in Stücke schneiden und fein pürieren. Das Fruchtpüree mit Weißwein vermengen, Zitronensaft, Ketchup und Gewürze dazugeben, alles gut vermengen, pikant abschmecken und kalt stellen. Staudensellerie putzen und waschen, die Gurken schälen. Sellerie und Gurken in sehr feine Streifen schneiden, in die Suppe geben und etwa 20 Minuten darin ziehen lassen. Die Suppe auf Tellern anrichten. Marinierte Garnelen darüber streuen, mit Dillzweigen garnieren und sehr kalt servieren.

Von nicht allzu reifen Mangofrüchten 4 Spalten zum Garnieren zurücklassen. Sollte die Suppe zu dünnflüssig sein, Garnelen auf ein Salatbett arrangieren, damit sie nicht in der Suppe untergehen.

Melonenkaltschale mit Krabben

1,5	kg	*Melone*
100	ml	*Weißwein*
		Salz
		Zitronensaft
		Cayennepfeffer
100	g	*Krabben, mariniert*
4		*Zweige Minze oder Dill*

Die Melone rundum zackenförmig mit spitzem Messer einschneiden. Die so vorbereitete Melone halbieren. Mit einem Pariser Löffel etwa 20 Melonenkugeln ausstechen und beiseite legen. Das übrige Melonenfleisch mit einem Esslöffel aus den Melonenhälften ausstechen. Dabei die Kerne entfernen. Das Fleisch im Mixer pürieren. Das dünnflüssige Püree zusammen mit dem Weißwein in ein passendes Gefäß geben, pikant abschmecken und gut durchkühlen lassen. Die Kaltschale vor dem Anrichten nochmals abschmecken, in die Melonenhälfte einfüllen, die Krabben und Melonenkügelchen dazugeben und zuletzt mit frischer Minze oder Dillzweigen garnieren.

Melonenhälften unten gerade schneiden, damit sie richtig stehen. Zum Servieren die gezackte andere Melonenhälfte anlegen.

Kalter Radieschen-Tomaten-Schaum

4 Bund	Radieschen
125 ml	Weißwein
400 g	Tomatenpüree
125 ml	Crème fraîche
	Salz, Pfeffer
	Kräuteressig
	Kräuterzweige
1 TL	grüner Pfeffer

Die Radieschen putzen, waschen, vier gleich große Radieschen mit Blattgrün zum Garnieren zurücklegen. Restliche Radieschen in Scheiben schneiden und fein pürieren. Das Radieschenpüree mit Weißwein, Tomatenpüree und Crème fraîche mit dem Mixstab schaumig verrühren, pikant abschmecken und zum Durchziehen kalt stellen. Auf Tellern anrichten, mit Radieschenscheiben, Blattgrün oder Kräuterzweigen und grünem Pfeffer garnieren.

Kalte Sauermilchsuppe

700 ml	Sauermilch (Dickmilch)
200 g	Doppelrahm Frischkäse
1 EL	Zitronensaft
1 EL	Olivenöl, kalt gepresst
	Salz, weißer Pfeffer aus der Mühle
100 g	Tomatenfleischwürfel
	frische Dill- und Basilikumzweige

Sauermilch und Frischkäse mit dem Pürierstab schaumig schlagen. Zitronensaft, Öl, Salz und Pfeffer dazugeben, pikant abschmecken und kalt stellen. Die Kaltschale in Suppentassen anrichten, mit Tomatenfleischwürfeln und Kräuterzweigen garnieren.

Diese pikante Kaltschale ebenso mit Würfeln von Salatgurke oder roter Gemüsepaprika anrichten. Zur Verfeinerung eignen sich besonders kurz angeschwenkte Krabben.

Kalte Sellerie-Kräuter-Consommé

250 g	Sellerie, fein gewürfelt
750 ml	Rinderconsommé
1 EL	Kräuter, fein gehackte
	Salz, weißer Pfeffer
	Tabasco

Die Selleriewürfel in der Consommé kurz aufkochen, gar ziehen und erkalten lassen. Danach die Kräuter dazugeben und pikant abschmecken. Mit ofenfrischem Baguette servieren.

Bei kalten Suppen, Brühen oder Consommé ist unbedingt darauf zu achten, dass diese völlig entfettet sind. Im kalten Zustand einfach das Fett von der Oberfläche entfernen oder durch ein Etamin geben.

Kalte Spargelsuppe mit Tomaten

1 kg	*Kalbsfüße, zerteilt*
1 l	*Kalbfleischbrühe*
400 g	*Spargel*
	Salz, weißer Pfeffer
	Zitronensaft
4 EL	*Tomatenfleischwürfel*
4	*Dillzweige*
4	*Buttertoast*

Die Kalbsfüße waschen, säubern, in die Kalbfleischbrühe geben und etwa 1,5 Stunden köcheln lassen. Den Spargel waschen, schälen, Schalen beiseite stellen. Spargel im Salzwasser bissfest garen. Dann aus dem Fond nehmen und in Eiswasser abschrecken. Die Spargelschalen in den Fond geben und etwa 10 Minuten offen köcheln lassen. Die Kalbsbrühe abgießen, den Spargelfond dazugeben, einige Minuten köcheln lassen und kräftig würzen. Sollte die Spargelsuppe nicht völlig klar sein, wie üblich mit Klärfleisch, Gemüse und Eiweiß klären. Die Suppe kalt stellen. Den Spargel in gleich große Stücke schneiden und auf vorgekühlten Suppentellern verteilen. Die Tomatenwürfel dazugeben und mit der Suppe übergießen. Mit Dillzweigen garnieren und mit Buttertoast servieren.

Für Vegetarier ist folgende Rezeptvariante geeignet: „Kalte Spargelsuppe" einen wohlschmeckenden frischen Spargelfond mit etwas Gelatine binden, kühlen, leicht geliert mit Spargelstücken und gehackter Petersilie anrichten und mit Buttertoast servieren.

Tomatenkaltschale

600 ml	*Tomatensaft*
200 g	*Tomatenfleischwürfel*
100 g	*Apfelwürfel (Boskop)*
	Salz, weißer Pfeffer
1 EL	*Olivenöl, kaltgepresst*
1 cl	*Weinbrand*
	Zitronensaft
	Estragonessig
1 Prise	*Zucker*
	Worcestershiresauce
1 EL	*Rotweinessig*
4 TL	*Sahne, geschlagen*
8	*halbe paprikagefüllte Oliven*
1 TL	*Schnittlauchröllchen*
	Basilikumblätter
4	*Scheiben Knäckebrot*

Den Tomatensaft mit Tomatenfleisch- und Apfelwürfelchen sowie den Gewürzen, Olivenöl und Weinbrand vermengen und 30 Minuten zum Durchziehen kalt stellen. Die Kaltschale pikant abschmecken, in Porzellanschalen anrichten, je Portion mit einem Teelöffel Schlagsahne behäufen und mit zwei halben Oliven, mit der Schnittfläche nach oben, belegen. Anschließend mit Schnittlauch bestreuen, mit Basilikumblättern garnieren und mit Knäckebrot servieren. Diese pikante Kaltschale schmeckt auch mit grob geriebenem Schafskäse.

Tomatenkaltschale lässt sich vielfältig variieren: Mit Julienne von Salatgurken und Streifen von frischer Gemüsepaprika, mit geraspeltem Sellerie oder Zucchinistreifen, mit Ananas- oder Bananenwürfelchen usw.

Kalte Tomatensuppe mit Kräutersahne

600 g	*Suppentomaten*
1 EL	*Zwiebelwürfel*
500 ml	*Rinderkraftbrühe*
	Salz
200 g	*Tomatenfleischwürfel*
	weißer Pfeffer
	Zitronensaft
4 EL	*Sahne, geschlagen*
	Kräuter, grob gehackt
	Knoblauchsalz

Die Tomaten waschen, von den Stielansätzen befreien und vierteln. Tomatenstücke und Zwiebelwürfel in eine geeignete Kasserolle geben, die Rinderkraftbrühe dazugeben, salzen, zusammen aufkochen und fünf Minuten köcheln lassen. Die Tomaten im Mixer pürieren und durch ein Haarsieb in ein geeignetes Gefäß streichen. Die Tomatenfleischwürfel dazugeben, kräftig würzen und kalt stellen. Die kalte Tomatensuppe abschmecken und in gekühlten Tassen anrichten. Die Kräuter unter die Sahne rühren, mit Knoblauchsalz würzen und jeweils einen Esslöffel Kräutersahne auf die Suppe geben.

Die pikante Suppe ist eine vorzügliche Empfehlung für heiße Sommertage. Kalte Tomatensuppe ebenso mit Avocadokugeln, Gurkenstreifen, Melonenwürfeln oder Chiffonade variieren. Zum Aromatisieren Estragon, Oregano oder Dill verwenden. Anstelle der Kräutersahne kann ebenso Crème fraîche oder auch Knoblauch-Creme fraîche verwendet werden. Besonders pikant und exzellent schmeckt diese fruchtige Suppe mit Scampis oder Garnelen in Zitronenmarinade.

Bei kalten Suppen beachten, dass sich die Intensität der Gewürze und des Salzes beim Abkühlprozess verringert. Deshalb kräftig würzen oder nachwürzen.

Geeiste Tomatensuppe mit Käsestange

1 l	*Kalte Tomatensuppe (siehe Rezept Seite xx)*
4 TL	*Knoblauch-Crème-fraîche*
1 TL	*Kräuter, grob gehackt*
4	*Käsestangen*

Die Tomatensuppe stark kühlen, in sehr kalten Tassen anrichten, Crème fraîche dazugeben, mit Kräutern überstreuen und sofort mit Käsestangen servieren.

Kalte Tomaten-Orangen-Suppe mit Minze

500 g	*Suppentomaten, vollreif*
750 ml	*Geflügelbrühe*
	Salz
	Ingwerpulver
	Cayennepfeffer
2	*Orangen*
	Minzeblätter

Die Tomaten waschen, grob zerteilen, die Stielansätze herausschneiden. Die Tomaten in die Brühe geben, würzen, alles zum Kochen bringen und etwa fünf Minuten köcheln lassen. Dann durch ein

Haarsieb streichen und erkalten lassen. Eine Orange auspressen, den Saft in die Suppe geben. Die andere Orange wie einen Apfel schälen. Die weiße Haut dabei völlig entfernen. Die Orangenfilets mit einem scharfen Messer an den Trennhäuten herausschneiden und auf vier gut gekühlte Suppenteller verteilen. Die sehr kalte Suppe abschmecken, über die Orangenfilets gießen, mit Minzeblättern garnieren und schnell servieren.

Diese erfrischende Suppe ebenso mit Pampelmusen oder Zitronen kombinieren. Bei Tomaten-Zitronen-Suppe nur Saft verwenden. Eventuell mit einer geschälten und kernlosen Zitronenscheibe garnieren.

Kalte Tomatensuppe

600 ml Tomatensaft
Salz, weißer Pfeffer
je 1 TL Knoblauch- und Zwiebelsaft
1 EL Schnittlauchröllchen
1 EL Olivenöl
100 g Tomatenfleischwürfel
100 g Gurke oder Paprika, fein gewürfelt
4 Tomaten-Paprika-Spieße

Tomatensaft mit Salz, weißem Pfeffer, etwas Knoblauch- und Zwiebelsaft sowie Schnittlauch und Öl pikant abschmecken. Als Einlage Tomatenfleischwürfel und fein gewürfelte Gurken oder Paprika dazugeben, stark kühlen, anrichten, jeweils mit einem Tomaten-Paprikaspieß servieren.

Diese kalte Suppe schmeckt auch sehr gut mit zerbröckeltem Schafskäse und Basilikumblättern.

Suppen

Wissenswertes

Suppe (von lat.: suppa = eingetunkte Brotschnitte) war ursprünglich die Flüssigkeit, in der Fleisch oder Gemüse gekocht wurden und die mit einer Brot- oder Toastscheibe serviert wurde. Heute bilden Suppen in der Reihenfolge des Menüs den Auftakt, weil sie durch den hohen Gehalt an Eiweiß und ätherischen Ölen appetitanregend sind. Die Suppe gilt als sehr gesunde Mahlzeit, da ein wesentlicher Bestandteil der Brühe Gemüse ist.

Grundsätzlich werden klare und gebundene Suppen unterschieden. Die gebundenen Suppen können maßgeblich zur Sättigung beitragen und sind damit auch als vollwertige Mahlzeit zu empfehlen. Auf die Frische und Qualität der Zutaten sollte großer Wert gelegt werden, da dies ausschlaggebend für den guten Geschmack der Suppe ist.

Die Grundbrühe – Basis der Suppe

Die Grundlage der Herstellung von Suppen ist die Brühe – sie ist die Basis der Suppe auf das aufgebaut wird. Grundbrühen bestehen meist aus verschiedenen Fleischsorten wie Geflügel, Fisch oder Wild und den dazugehörenden Knochen, Karkassen und Häuten. Außerdem sind Gemüse, Kräuter und Wasser wichtige Bestandteile einer Grundbrühe. Je hochwertiger die Zutaten sind, desto kräftiger schmeckt die Brühe. Sie muss so lange vor sich hinköcheln, bis das Fleisch und die Knochen ihre wertvollen Inhaltsstoffe abgegeben haben.

Während des Kochens muss die Grundbrühe abgeschäumt und entfettet werden, damit sie klar bleibt.

Tipps

Die Eckpfeiler einer guten Brühe sind immer qualitativ hochwertige Zutaten, wie Knochen, Fleisch, Gemüse und Eiklar. Eine gute Brühe bedarf aber auch Geduld. Soll aus einer schlichten Brühe eine Kraftbrühe werden, muss diese geklärt werden. Die Brühe darf dabei keineswegs kochen, sondern sollte sacht köcheln zwei ziehen oder sanft simmern.

Ob aus Fleisch, Geflügel, Wild, Fisch, Gemüse oder anderen Rohstoffen gewonnen – die Brühe muss Kraft, Würze und arteigenes Aroma entfalten. Soll eine Kraftbrühe gelingen, muss sie mit Sorgfalt zubereitet werden.

Die Surrogate aus der Dose oder der Tüte sollen nur dann verwendet werden, wenn keine Möglichkeiten der individuellen Zubereitung gegeben sind.

Das Angebot an gekörnten und Instantbrühen umfasst qualitativ sehr hochwertige Erzeugnisse. Entscheidend ist, mit welcher Finesse das Endprodukt vollendet und zusammengestellt wird.

- Die Grundbrühe wird bei kleiner Hitze, aber lange gekocht. Eine Ausnahme ist der Fischfond, der bei zu langem Kochen einen leimartigen Geschmack entwickelt. Da die Zubereitung einer Grundbrühe sehr zeitaufwändig ist, ist es auch möglich hochwertige Instantbrühen zu verwenden.
- Bei Suppen gibt es beinahe unendliche Variationsmöglichkeiten. Der Kreativität eines jeden Kochs und einer jeder Köchin sind keine Grenzen gesetzt. Frisch gehackte Kräuter, Pilze, Gemüse, Croûtons, Crème fraîche und Sahne sind nur einige Beispiele für die Möglichkeiten einer individuellen Zubereitung.
- Suppe wird in kleinen Mengen, das heißt nicht mehr als $^1/_4$ Liter pro Person serviert. Durch geeignete Garnituren und schönes Geschirr lassen sich Suppen auch optisch zu einer Besonderheit gestalten.

Zu guter Letzt

Die Autoren haben die kalten Suppen und geeisten Kraftbrühen zur besseren Übersicht dem Kapitel Kaltschalen zugeordnet.

„Die Suppe ist für ein Menü das, was ein schönes Vestibül für ein Haus ist."

Suppen mit Fleisch und Innereien

Würzige Apfelsuppe

600 g säuerliche Äpfel, z. B. Boskop
120 g Bauchspeck
1 EL Zwiebelwürfel
750 ml Rinderbrühe
Salz, weißer Pfeffer
Wacholderbeeren, gemahlen
Nelkenpulver
Estragonessig
1 EL Speisestärke
4 cl Calvados
4 EL Crème double
1 TL grüner Pfeffer

Die Äpfel waschen, schälen, vierteln und das Kerngehäuse herausschneiden. Die Apfelviertel je nach Größe in Spalten oder Scheiben schneiden. Den Bauchspeck zuerst in Scheiben, dann in Streifen schneiden und in einem Suppentopf braten, bis er kross und das Fett ausgelassen ist. Die Speckstreifen aus dem Suppentopf nehmen und warm stellen. Die Zwiebelwürfel im Speckfett blondieren und mit Rinderbrühe ablöschen. Die Äpfel dazugeben, würzen, abgedeckt drei Minuten dünsten, mit Speisestärke binden und etwa 2 Minuten sacht kochen. Die Apfelstreifen dürfen nicht zerfallen, da sie bissfest bleiben sollen. Zuletzt Calvados dazugeben und pikant abschmecken. Die Suppe auf Tellern anrichten, die Speckstreifen darüber verteilen, auf jede Portion einen Esslöffel Crème double geben und grünen Pfeffer darüber streuen.

Anstelle der Speisestärke ebenso Kartoffelpüreepulver zum Binden von Suppen verwenden.

Apfelsuppe mit Pökelfleisch

250 g Pökelfleisch (Schwein oder Ente)
600 g säuerliche Äpfel, (z. B. Boskop)
700 ml Fleischbrühe
Salz, weißer Pfeffer aus der Mühle
Ingwer, gemahlener
4 EL Pistaziensahne

Gepökeltes Schweine- oder Entenfleisch so kochen, dass etwa 500 ml Brühe zurückbleiben. Das Fleisch herausnehmen. Die Äpfel waschen, vierteln, vom Kerngehäuse befreien, in die Brühe geben und zum Kochen bringen. Bei schwacher Hitze fertig garen. Wenn die Äpfel langsam zerfallen, sofort passieren, pikant abschmecken und nochmals erhitzen. Das Fleisch in feine Würfel oder Streifen schneiden und in die Suppe geben. Apfelsuppe in Suppentassen anrichten und mit Pistaziensahne garnieren.

Variante: Anstelle von Pökelfleisch können Apfel- und Schinkenstreifen darübergegeben werden. Für Pistaziensahne wird geschlagene Sahne mit geriebenen Pistazien vermengt.

Apfelsuppe einmal anders

4		*säuerliche Äpfel, geviertelt*
2		*rote Paprika*
200	g	*Salatgurke*
60	g	*Bauchspeckwürfel*
2		*Zwiebeln, in Würfel geschnitten*
500	ml	*Fleischbrühe*
		Salz, Pfeffer
		Knoblauch
		Tabasco

Äpfel, Paprika und Gurke in gleichgroße Würfel schneiden. Speck auslassen, Zwiebeln dazugeben und beides goldgelb anschwitzen. Apfel- und Gemüsewürfel dazugeben und anschmoren. Dann mit Fleischbrühe auffüllen, würzen, aufkochen und etwa zehn Minuten fertig dünsten. Zuletzt kräftig abschmecken und anrichten.

Auberginencremesuppe mit Schinkenstreifen

600	g	*Auberginen, küchenfertig*
1	EL	*Zwiebelwürfel*
60	ml	*Öl*
500	ml	*Fleischbrühe*
		Salz, weißer Pfeffer
1	Prise	*Cayennepfeffer*
1		*Knoblauchzehe, mit Salz zerrieben*
2	TL	*Estragonessig*
40	g	*Weißbrot, gerieben*
125	ml	*Weißwein*
125	ml	*Sahne*
1	EL	*Butter*
		Kochschinkenstreifen nach Belieben
4		*Kräuterzweige*

Die Auberginen schälen, in grobe Würfel schneiden, mit den Zwiebelwürfeln in heißem Öl anbraten, mit Fleischbrühe ablöschen, würzen und etwa zehn Minuten dünsten. Das geriebene Weißbrot dazugeben und weitere fünf Minuten dünsten. Anschließend im Mixer oder mit dem Mixstab fein pürieren, Weißwein und Sahne dazugeben, pikant abschmecken und nochmals erhitzen. Die Suppe in Tassen anrichten, leicht in Butter gebratene Schinkenstreifen darüber geben, mit Kräuterzweigen garnieren und sofort servieren.

Pikante Beuschelsuppe

(eine süddeutsche Spezialität aus Innereien)

700	g	*Beuschel*
1,5	l	*Fleischbrühe*
1	Bund	*Wurzelgemüse*
		Salz, Pfeffer aus der Mühle
1		*Knoblauchzehe*
1		*gespickte Zwiebel*

Suppe:

1	EL	*Zwiebelwürfel*
40	g	*Butter oder Margarine*
750	ml	*Brühe*
1	TL	*gehackte Kapern*
2		*Gewürzgurken, in Streifen geschnitten*
1		*große, geschälte Kartoffel, fein gerieben*
1–2	TL	*Kräuteressig*
1	Prise	*Zucker*
		Salz
1	EL	*Petersilie, gehackt*

Das Beuschel putzen, waschen und mit etwa 1,5 Liter Fleischbrühe zum Kochen bringen. Das Wurzelgemüse, Salz und Gewürze dazugeben und etwa 1,5 Stunden auf den Punkt garen. Das Beuschel herausnehmen und die verwertbaren Teile in feine Streifen schneiden. Die Zwiebelwürfel in heißem Fett anbraten, das Beuschel dazugeben und alles braten. Die Beuschelbrühe passieren und das Beuschel mit etwa 750 ml Brühe ablöschen, Kapern, Gurkenstreifen und die geriebene Kartoffel dazugeben. Die Suppe unter häufigem Rühren aufkochen, pikant abschmecken und fünf Minuten sacht fertig kochen. Nochmals abschmecken und mit gehackter Petersilie bestreut servieren.

Als Beuschel werden Innereien, wie Lunge, Herz und Pansen bezeichnet. Die Leber gehört nicht dazu.

Biersuppe mit Gemüse

100 g	*Bauchspeck*
100 g	*Zwiebeln, küchenfertig*
500 ml	*Bier*
200 g	*Tomaten, küchenfertig*
200 g	*Zucchini, küchenfertig*
	Salz, weißer Pfeffer
	Basilikum
	Knoblauch
1 EL	*geeignete Kräuter*

Den Bauchspeck in Streifen schneiden und in einem geeigneten Suppentopf auslassen. Die Zwiebeln in Scheiben schneiden, zu dem Speck geben, beides leicht blondieren und sofort mit Bier ablöschen. Die Tomaten und Zucchini in Scheiben schneiden, in die Suppe geben, würzen, aufkochen und abgedeckt acht Minuten fertig garen. Die Biersuppe pikant abschmecken, in Suppentassen anrichten und mit Kräutern bestreuen. Dazu schmeckt frisches Landbrot.

Blumenkohlsuppe mit Schinkenstreifen

1	*großer Blumenkohl*
	Salz
500 ml	*Milch*
	weißer Pfeffer
1 Prise	*Muskatnuss, frisch gerieben*
80 g	*Lachsschinken*
1 EL	*gemischte Kräuter, feingehackt*
4 EL	*Sahne, geschlagen*

Den Blumenkohl putzen, in Röschen zerteilen und 15 Minuten in Salzwasser legen. Inzwischen die Milch erhitzen, die Blumenkohlröschen hinzugeben, würzen und etwa 15 Minuten zugedeckt köcheln lassen. Zum Garnieren acht bis 12 gleichgroße Röschen beiseite legen. Den übrigen Blumenkohl mit der Garflüssigkeit im Mixer pürieren, zurück in den Topf geben, erneut erhitzen und pikant abschmecken. Den Lachsschinken in feine Streifen schneiden und leicht anbraten. Die gehackten Kräuter unter die Sahne mengen und dann leicht salzen. Die Suppe auf Tellern anrichten, mit den Schinkenstreifen überstreuen, je Portion einen Esslöffel Kräutersahne sowie die Blumenkohlröschen und in die Mitte geben sehr schnell servieren. Dazu schmeckt frisch geröstetes Roggenbrot.

Bohnensuppe einmal anders

100 g	*weiße Bohnen*
100 g	*schwarze Bohnen*
	Salz, weißer Pfeffer
	Essig
1 Prise	*Zucker*
500 ml	*Fleischbrühe*
80 g	*Speck, in feine Würfel geschnitten*
2 EL	*Tomatenfleischwürfel*
	grob gezupfte Kräuter

Die Bohnen 12 Stunden einweichen, mit dem Einweichwasser aufkochen, würzen, mit Fleischbrühe auffüllen und eine Stunde zugedeckt köcheln lassen. Zehn Minuten vor Ende der Garzeit die Speckwürfel goldgelb auslassen und zur Suppe geben, ebenso die Tomatenwürfel. Alles gut vermengen, pikant abschmecken und fertig köcheln lassen. Die Suppe auf Tellern anrichten und mit grob gezupften Kräutern bestreuen.

Wird die Suppe als Eintopf zubereitet, Kartoffelwürfel dazugeben und mit gebratenen Wurstscheiben oder Rauchfleischwürfeln vervollständigen.

Schwarze Bohnensuppe mit gebackenen Würstchen

150–200 g	schwarze Bohnenkerne
50 g	Speckwürfel
1 EL	Zwiebelwürfel
750 ml	Rinderbrühe (Instant)
	Salz, weißer Pfeffer
	Essig
1 Prise	Zucker
	Thymian
	Cayennepfeffer
1	rote Gemüsepaprika, in Würfel geschnitten
100 g	Maiskörner (Konserve)
8 oder 12	gebackene Würstchen, je etwa 25 g

Die Bohnen verlesen, waschen und über Nacht in Wasser einweichen. Die Speckwürfel auslassen, die Zwiebelwürfel dazugeben, alles leicht bräunen und sofort mit Rinderbrühe ablöschen. Bohnen abgießen, in die Brühe geben, würzen, zugedeckt zum Kochen bringen und je nach Frische der Bohnen ein bis zwei Stunden köcheln lassen. Kurz vor dem Ende der Garzeit Gemüsepaprikawürfel dazugeben. Nach etwa fünf Minuten Maiskörner und Würstchen in die Suppe geben, alles erneut erhitzen, pikant abschmecken und zwei Minuten köcheln lassen. Die Suppe mit den Würstchen anrichten und beispielsweise mit Kräuterzweigen garnieren. Dazu eignen sich besonders Minzeblätter und Zitronenmelisse. Die fertige Suppe mit ofenfrischem Baguette servieren.

Liebhaber sollten diese Suppenidee als Eintopf verwirklichen. Anstelle von Würstchen dann gepökeltes Eisbein, Kasselerrippchen oder gepökelte Rinderbrust einsetzen. Die Suppe erhält so einen noch intensiveren Geschmack. Auf gleiche Weise Suppe von weißen Bohnenkernen oder roten Linsen zubereiten. Bei letzteren grüne Gemüsepaprikawürfel verwenden.

Bei der Verwendung von konservierten Bohnen verringert sich der Zeitaufwand sehr stark.

Rote Bohnensuppe mit Speckstroh und Kresse

200 g	Bohnen, eingeweicht
750 ml	Rinderbrühe
200 g	Tomatenketchup
	Salz, weißer Pfeffer
	Gewürzpaprika, edelsüß
200 g	Speck
	Kresse zum Garnieren

Die Bohnen mit der Rinderbrühe aufkochen und bei schwacher Hitze fertig köcheln lassen. Nach etwa 45 Minuten den sich an der Oberfläche gebildeten Schaum mit einem Schaumlöffel entfernen, Tomatenketchup und Gewürze dazugeben und fertig garen. Den Speck in sehr feine Streifen schneiden (etwa streichholzgroß), in eine erhitzte Stielpfanne geben, unter häufigem Schwenken goldgelb auslassen und sofort in ein Drahtsieb gießen. Die Suppe abschmecken, in Tellern anrichten, mit dem Speckstroh behäufen und mit Kressesträußchen garnieren.

Wer es mag, kann das ausgelassene Speckfett unter die Suppe rühren oder für sonstige Speisen weiterverarbeiten.

Weiße-Bohnen-Suppe mit dreierlei Paprika

200 g	weiße Bohnen
100 g	Bauchspeck
1 EL	Zwiebelwürfel
500 ml	Fleischbrühe
200 g	Kartoffelwürfel, roh
1	gespickte Zwiebel
je 1	rote, gelbe und grüne Gemüsepaprika
	Salz
1 Prise	Zucker
	Tabasco
	Kräuteressig nach Belieben
	Kräuter, grob gehackt

Die Bohnen über Nacht quellen und dann im Einweichwasser $1^1/_4$ Stunden zugedeckt köcheln lassen. Den Speck in feine Würfel schneiden, in einem geeigneten Suppentopf auslassen, die Zwiebeln dazugeben und zusammen leicht bräunen. Anschließend mit Fleischbrühe ablöschen, Kartoffelwürfel und gespickte Zwiebel dazugeben und etwa zehn Minuten sacht kochen. Inzwischen die Gemüsepaprika waschen, vierteln, putzen und in Streifen schneiden. Die Bohnen in ein Sieb gießen und zusammen mit den Paprikastreifen zu den Kartoffelwürfeln geben. Alles gut vermengen, würzen, aufkochen und weitere zehn Minuten gar köcheln lassen. Die fertige Suppe pikant abschmecken. Je nach Belieben mit etwas Kräuteressig verfeinern. Die gespickte Zwiebel entfernen, auf Tellern anrichten und mit Kräutern bestreuen.

Diese Suppe eignet sich auch sehr gut als Eintopf. Dafür die Suppe mit heißen Würstchen, gebratenen Wurstscheiben, Kasseler oder Räucherschinken vervollständigen.

Anstelle der getrockneten, weißen Bohnen, Bohnen aus Konserven verwenden. Die Suppe benötigt dann nur 30 Minuten Zubereitungszeit.

Weiße-Bohnen-Tomaten-Suppe

200 g	weiße Bohnen
	Salz
2 El	Tomatenmark
100 g	Speck, fein gewürfelt
1 EL	Zwiebelwürfel
400 g	Tomatenfleischwürfel
500 ml	Fleischbrühe
$^1/_2$ TL	Senfkörner
	Paprikapulver edelsüß
1 Prise	Zucker
1 TL	Essig
je 1 Prise	Salbei und Liebstöckel
	Kräuter, grob gezupft

Die Bohnen mit 500 ml kaltem Wasser einweichen, nach 12 Stunden mit dem Einweichwasser aufkochen, salzen und 1,5 Stunden zugedeckt köcheln lassen.

Nach etwa einer Stunde das Tomatenmark zu den Bohnen geben. Die Speckwürfel auslassen, die Zwiebelwürfel dazugeben und zusammen hellbraun rösten. Dann die Tomatenfleischwürfel dazugeben, zwei Minuten darin anschwitzen und mit Fleischbrühe auffüllen. Die Tomatenfleischwürfel zu den gegarten Bohnen geben, kräftig würzen, gut verrühren und zusammen kurz aufkochen. Die fertige Suppe pikant abschmecken, anrichten, mit grob gehackten Kräutern bestreuen und mit warmem Buttertoast zu Tisch geben.

Mit Tomaten gefüllte Oliven quer halbieren und mit der Schnittfläche nach oben auf die Suppe legen. Die Suppe wirkt so dekorativer.
Weiße Bohnen aus der Dose verwenden. Die Zubereitungszeit reduziert sich auf etwa 30 Minuten.
Weiße Bohnen mit geräucherter Gänsebrust, Hammelfleisch oder Kasseler variieren. Der Versuch lohnt sich!

Klare Champignonsuppe

400 g	*mageres Rindfleisch*
	Salz
1	*gespickte Zwiebel*
400 g	*Champignons, geputzt, gewaschen*
2–3	*Eiklar*
	weißer Pfeffer

Das Fleisch grob würfeln und in einem Schmortopf mit verstärktem Boden anrösten. Sofort etwa 1,5 Liter kaltes Wasser dazugießen, mit Salz würzen und Zwiebel dazugeben. Dann etwa zwei Stunden offen köcheln lassen und somit auf einen Liter reduzieren. Zwischenzeitlich öfters abschäumen. Die Brühe passieren, kalt werden lassen und entfetten. Einige gleich große, für die Garnierung zu verwendende, Champignons zurücklassen, die restlichen mit der Küchenmaschine fein raspeln. Dann das Eiklar unter die Champignons mischen und in die kalte Brühe einrühren. Die Brühe zum Kochen bringen und etwa zehn Minuten köcheln lassen. Inzwischen ein Haarsieb mit einem Passiertuch auslegen und über einen breiten Topf geben. Die Brühe in das Sieb gießen und durchlaufen lassen. Dabei nicht rühren und drücken. Es könnten sonst Trübstoffe in die Brühe gelangen. Die Brühe nochmals erhitzen und abschmecken. Die restlichen Champignons einzeln in sehr feine Scheiben schneiden und jeweils auf einen heißen Teller geben. Sofort die sehr heiße Brühe darüber verteilen, mit Petersilie oder Dillzweigen garnieren und sofort mit frischem Butterbrot reichen.

Chinakohlsuppe mit Hackfleisch

600 g	*Chinakohl*
200 g	*Rinderhackfleisch, gewürzt*
40 ml	*Öl*
1 EL	*Zwiebelwürfel*
250 ml	*Fleischbouillon*
	Salz, Pfeffer
	Zucker
	Kräuteressig
1 Prise	*Thymian*
100 g	*Tomatenwürfel, frisch oder aus der Dose*
1 EL	*Schnittlauchröllchen*

Den Chinakohl putzen, waschen und in feine Streifen schneiden. Das Hackfleisch mit zwei Gabeln zerpflücken, in kleinen Portionen in das heiße Öl geben und anbraten. Die Zwiebelwürfel dazugeben und unter häufigem Rühren mit anbraten. Das Hackfleisch dabei weiter zerpflücken.

Dann den Chinakohl dazugeben und kurz anschwitzen. Die Fleischbrühe angießen, alles würzen und abgedeckt köcheln lassen. Nach etwa zehn Minuten die Tomatenfleischwürfel darunter mengen, nachwürzen und nochmals drei Minuten köcheln lassen. Die fertige Suppe pikant abschmecken, anrichten und mit Schnittlauchröllchen bestreuen.

Anstelle der Tomatenwürfel, Tomatenmark einsetzen. Die Suppe erhält eine noch kräftigere Farbe.

Curry-Gemüse-Rahmsuppe

200 g	*Kalbsfilet*
1 EL	*Zwiebelwürfel*
40 g	*Butter oder Margarine*
1–2 EL	*Curry*
750 ml	*Fleischbrühe (Instant)*
	Salz
1	*rote Gemüsepaprika*
100 g	*extra zarte Erbsen (Konserve)*
150 g	*Sahne*

Das Fleisch in feine Streifen schneiden und zusammen mit den Zwiebelwürfeln in heißem Fett hellbraun anbraten. Dann Currypulver drüberstreuen und kurz mit anbraten. Sofort mit Fleischbrühe ablöschen, würzen, zum Kochen bringen und zehn Minuten köcheln lassen. Die Gemüsepaprika waschen, vierteln, putzen, klein würfeln, in die Suppe geben und fünf Minuten köcheln lassen. Dann die Erbsen und Sahne dazugeben, die Suppe erneut erhitzen, abschmecken und auf vorgewärmte Teller verteilen. Diese Suppe bedarf keinerlei Garnitur. Als besonderen Clou etwas grünen Pfeffer darüber streuen. Dazu passt ofenfrisches Baguettebrot.

Erbsenrahmsuppe mit Speckkamm

150–200 g	*getrocknete, grüne Erbsen*
500 g	*Kasseler- oder Schinkenknochen*
1	*gespickte Zwiebel*
	Salz, weißer Pfeffer
	Majoran, getrocknet
1 Bund	*Suppengemüse, küchenfertig zerkleinert*
100 g	*Sahne*
4	*Bauchspeckscheiben*
4	*Kräuterzweige (z. B. Majoran)*

Die Erbsen waschen, verlesen und über Nacht mit kaltem Wasser bedeckt einweichen. Am nächsten Tag mit dem Einweichwasser, den Knochen, der Zwiebel und den Gewürzen zum Kochen bringen und weiter kochen lassen. Den sich an der Oberfläche bildenden Schaum mehrmals abschöpfen. Nach einer Stunde Garzeit das Suppengemüse dazugeben und mit garen. Nach weiteren 30 bis 45 Minuten ist der Garpunkt erreicht. Die Knochen und die gespickte Zwiebel aus der Suppe nehmen. Die Suppe mit dem Stabmixer fein pürieren oder durch ein Haarsieb passieren, mit der Sahne verrühren, abschmecken und nochmals erhitzen. Inzwischen die Speckscheiben an einer Seite kammförmig einschneiden und in einer flachen Pfanne auf beiden Seiten anbraten. Die Suppe in Tassen anrichten und mit Speckkamm und Kräuterzweig garnieren. Dazu eignet sich besonders frischer Majoran. Die würzige Suppe mit geröstetem Roggenbrot servieren.

Erbsenrahmsuppe einmal anders

1	l	*Erbsenrahmsuppe (siehe Rezept Seite 42)*
4	cl	*Sherry*
		Ingwer
		Curry
4	EL	*Sahne, geschlagen*
		Ingwerwurzel, gehackt

Die Suppe mit Sherry verrühren, kräftig mit Ingwer und Curry würzen und erhitzen. Die Suppe in vorgewärmten Tassen anrichten, mit jeweils einem Esslöffel Sahne behäufen und mit gehackter Ingwerwurzel überstreuen.

Anstelle der Ingwerwurzel ebenso Lachs-, Forellen- oder Karpfenklößchen dazugeben (aus dem jeweiligen Fisch feine Farce zubereiten und im Fischfond gar ziehen lassen). Die außergewöhnliche Kombination belohnt den Versuch.

Würzige Fleischsuppe

500	g	*Fleischabschnitte, gebraten oder gekocht*
40	g	*Butter oder Margarine*
1	EL	*Zwiebelwürfel*
1	EL	*Mehl*
500	ml	*Fleischbrühe*
2	EL	*Tomatenmark*
		Salz, Pfeffer aus der Mühle
1	EL	*Kräuteressig*

Die Fleischabschnitte in grobe Würfel schneiden, in heißem Fett mit den Zwiebelwürfeln anschwitzen, mit Mehl bestäuben und mit Fleischbrühe ablöschen. Dann Tomatenmark und Gewürze dazugeben, alles gut verrühren, aufkochen und abgedeckt etwa 15 Minuten sacht kochen. Die Suppe im Mixer fein pürieren, pikant abschmecken und auf Tellern mit Einlage servieren. Als Einlage eignen sich Julienne von Gewürzgurken, rote Gemüsepaprika und Kochschinken.

Geröstete Grießsuppe mit Schinkenstreifen

2	EL	*Grieß*
60	g	*geklärte Butter*
1	l	*Rinderkraftbrühe, s. Rezept S. 59*
		Salz
		Muskatnuss, frisch gemahlen
80	g	*Kochschinkenstreifen*
1	TL	*Schnittlauchröllchen*

Den Grieß in heißer Butter unter ständigem Rühren goldgelb rösten, sofort mit Rinderbrühe ablöschen, würzen, aufkochen und zehn Minuten köcheln lassen. Die Schinkenstreifen in einer trockenen Pfanne leicht anbraten. Die Grießsuppe abschmecken und anrichten. Unmittelbar vor dem Servieren Schinkenstreifen und Schnittlauchröllchen darüber verteilen.

Tipp für Ernährungsbewusste: Grieß in einer geeigneten Kasserolle ohne Butter rösten und unter häufigem Rühren Farbe annehmen lassen und ablöschen.

Hackfleischsuppe mit Glasnudeln und Gemüsestreifen

1		*Zwiebel, in feine Würfel geschnitten*
40	g	*Butter*
150–200	g	*Hackfleisch, gewürzt*
800	ml	*Rinderbrühe (Instant)*
		Salz, weißer Pfeffer
		Paprikapulver
60	g	*Glasnudeln*
je 60	g	*feine Möhren- und Lauchstreifen*

Die Zwiebelwürfel in der Butter anbraten, das Hackfleisch dazugeben, mit zwei Holzlöffeln zerpflücken und unter häufigem Umrühren anbraten. Wenn es leicht gebräunt ist, Rinderbrühe dazugeben, würzen und zum Kochen bringen. Die Glasnudeln mit kochendem Wasser überbrühen, in kleine Stücke schneiden und zusammen mit den Gemüsestreifen in die Suppe geben. Alles bei mittlerer Hitze 15 Minuten gar ziehen lassen. Die fertige Suppe pikant abschmecken und sehr heiß servieren.

Zur Verfeinerung Sojasauce und etwas Zitronensaft verwenden. Diese kräftige Suppe erhält dann einen asiatischen Beigeschmack. Zum Garnieren frische Kräuterblätter auflegen.

Hackfleischsuppe mit weißen Bohnen

1 EL	*Zwiebelwürfel*
60 ml	*Öl*
200 g	*gemischtes Hackfleisch*
500 ml	*Rinderkraftbrühe, s. Rezept S. 59*
300 g	*weiße Bohnen (Konserve)*
	Salz
	Paprikapulver edelsüß
je 1 Prise	*Knoblauchpulver und Chilipulver*
1 TL	*grüner Pfeffer*
	Kräuter, gehackt (Petersilie, Liebstöckel)

Die Zwiebelwürfel in heißem Öl anbraten, das Hackfleisch in Klößchen dazugeben, alles gut bräunen, würzen, mit Kraftbrühe ablöschen und fünf Minuten köcheln lassen. Dann die Bohnen dazugeben, fünf Minuten zusammen kochen lassen und zuletzt pikant abschmecken. Sehr heiß mit grob gehackten Kräutern anrichten. Dazu passt frisch geröstetes Baguette.

Hirncremesuppe mit Kapern

400 g	*Kalbshirn, küchenfertig*
1 EL	*Zwiebelwürfel*
40 g	*Butter oder Margarine*
600 ml	*Fleischbrühe*
40 g	*Mehlbutter*
	Salz, weißer Pfeffer
100 g	*Crème double*
1 EL	*Kapern, in Butter etwas erhitzt*
	Petersilie, gehackt

Das Kalbshirn blanchieren und grob zerhacken. Die Zwiebelwürfel in heißem Fett anschwitzen. Das Hirn dazugeben, kurz mit anschwitzen, mit Fleischbrühe auffüllen und fünf Minuten köcheln lassen. Dann mit Mehlbutter binden, würzen, zehn Minuten sacht weiter kochen und dabei öfter umrühren. Die Suppe durch ein Sieb streichen, die Crème double dazugeben und mit dem Mixstab kurz aufschlagen. Die cremige Suppe pikant abschmecken, anrichten und mit Kapern und Petersilienblättchen bestreuen.

Überbackenes Kalbsbries-Süppchen

400 g	*Kalbsbries*
	Salz
Je 100 g	*Julienne von Möhren, grünem Porree und Sellerie*
40 g	*Butter*
200 ml	*Weißwein*
750 ml	*Kalbsfond*
	weißer Pfeffer
	Petersilie
	Kerbel
	Blätterteigplatten
	Eigelb

Kalbsbries putzen, waschen, in Stücke zerteilen und in Salzwasser garen. Die Gemüsejulienne in Butter anschwitzen, das Kalbsbries dazugeben und leicht anbraten. Dann mit Weißwein ablöschen, mit Kalbsfond auffüllen, würzen, einige Minuten aufkochen und erkalten lassen. Die kalte Suppe in Keramik- oder Sintolantassen geben. Dabei Kalbsbries und Gemüsejulienne gleichmäßig aufteilen. Petersilie und Kerbelblättchen dazugeben. Die äußeren Tassenränder mit verquirltem Eigelb bestreichen. Die Tassen zuletzt mit ausgestochenen Blätterteigplatten verschließen, mit Eigelb überstreichen und in der Röhre oder im Grill backen.

Grundsätzlich kalte Suppe zum Überbacken verwenden. Heiße Suppe bewirkt das Zerlaufen des Blätterteigs. Das Überbacken erhält der Suppe das besondere Aroma.

Kalbfleischsuppe Frühlingsart

800 ml	legierte Kalbfleischsuppe (s. Rezept Seite 46)
200 g	Frühlingsgemüse, wie Möhren, Kohlrabi, Lauch, Erbsen, Blumenkohl- oder Brokkoliröschen
	Butter
	Salz, Pfeffer

Die zur Verfügung stehenden Gemüse in kleine gleichmäßige Würfel und Streifen schneiden. Blumenkohl oder Brokkoli in sehr kleine Röschen teilen. Die Gemüsesorten in etwas Butter bissfest dünsten, in die Kalbfleischsuppe geben, die Suppe kurz erhitzen und abschmecken.

Die Gemüsesorten in eine gut schließende Kasserolle mit etwas zerlassener Butter geben. Kasserolle gut abdecken. Die Zugabe von Wasser ist dann nicht erforderlich, da das Gemüse ausreichend Dünstflüssigkeit zieht.
Legierte Suppen werden nicht mit gehackten Kräutern bestreut. Als Garnierung Kräuterzweige anlegen.

Kalbfleischsuppe Gärtnerinnenart

400 g	Kalbfleisch
20 g	Butter
	Salz, weißer Pfeffer
	Weißwein
60 g	Mehlbutter
2	Eigelb mit Sahne verquirlt
250 g	gedünstetes Gemüse, wie Möhren, Zuckerschoten, grüner Spargel, Tomatenfilets, Blumenkohl

Das Kalbfleisch in einen halben Zentimeter große Würfel schneiden und in zerlassener Butter etwa fünf Minuten sautieren, ohne dass es Farbe bekommt. Dann mit 500 ml Wasser auffüllen, würzen und zum Kochen bringen. Die Heizstufe herunterschalten und köcheln lassen, bis das Fleisch gar ist, mit Mehlbutter binden und mit Eigelb legieren. Die Suppe auf Tellern verteilen und mit der Gemüsemischung garnieren.

Die Kalbfleischwürfel in ein Sieb geben und den Fond binden. Die Gefahr, dass das Fleisch beim Rühren zerfallen könnte, wird dann ausgeschaltet. Weiterhin kann es zu gleichen Teilen zur Suppe gegeben werden.

Legierte Kalbfleischsuppe

300 g	Kalbfleisch
80 g	Butter
1 l	Kalbsfond
	Salz
1 EL	Mehl
100 g	Sahne
1	Eigelb
5 cl	Weißwein
	weißer Pfeffer aus der Mühle
	Zitronensaft

Das Kalbfleisch in etwas Butter hellbraun anbraten. Mit etwa einem Liter Kalbsfond auffüllen, salzen, aufkochen und sacht weich köcheln. Das Fleisch herausnehmen, abkühlen lassen und in kleine Würfel schneiden. Das Mehl in der Butter anschwitzen. Die Kalbfleischbrühe passieren, die Mehlschwitze damit ablöschen, auffüllen und glatt rühren. Die Suppe zehn Minuten köcheln lassen, zuvor abschmecken. Die Fleischwürfel dazugeben und darin erhitzen. Die Sahne mit Eigelb und Weißwein gut verrühren, dann die Suppe damit legieren, vom Herd nehmen, abschmecken und anrichten. Je nach Möglichkeit mit Champignonscheiben oder Spargelspitzen verfeinern, mit etwas Hummer- oder Tomatenbutter beträufeln und mit einem Kräuterzweig garnieren.

Auf die Zugabe von Wurzelgemüse oder einer gespickten Zwiebel kann bei dieser Suppe verzichtet werden. Dem Kalbfleisch soll sein arteigener, typischer Geschmack erhalten bleiben. Kalbfleisch deshalb abgedeckt garen.

Weiße Kalbfleischsuppe ist mit mannigfaltigen Zutaten zu kombinieren. Nachfolgend einige Anregungen:

- *mit Orangensaft und Orangenfleischwürfelchen*
- *mit frischen Kräutern, dazu eignen sich besonders Kerbel, Estragon, Dill, Petersilie*
- *mit Apfelstreifen und grünem Pfeffer*
- *mit Kalbsbries oder Kalbshirn*
- *mit Tomatenconcassée und gehacktem Dill*
- *mit gerösteten Mandeln, Pistazien oder Walnüssen*

Legierte Suppe vom Kalbsschwanz ebenso zubereiten. Der Geschmack ist typischer und kräftiger. Dann mit Einlage von Pumpernickeltalern servieren.

Kräftiges Süppchen vom Kalbsfuß mit frischen Champignons

4	gespaltene Kalbsfüße, küchenfertig
200 g	Kalbfleischabschnitte (Sehnen und Häute)
60 ml	Öl
400 g	Wurzelgemüse, wie Zwiebeln, Möhren, Sellerie
	Petersilie
1	Knoblauchzehe
1	Lorbeerblatt
1	Thymianzweig
1	Nelke
	Salz, Pfefferkörner zerdrückt
200 ml	Weißwein
200 g	frische Champignons, in sehr dünne Scheiben geschnitten
	Kräuterblättchen

Kalbsfüße und Kalbfleischabschnitte in heißem Öl hell anbraten, das Gemüse dazugeben und ebenfalls leicht rösten. Dann sofort mit 1,5 Liter kaltem Wasser ablöschen, Kräuter, Gewürze, Salz und Wein dazugeben, alles zum Kochen bringen und etwa 2,5 Stunden köcheln lassen. Die Suppe passieren, entfetten, abschmecken und erneut zum Kochen bringen. Die hauchdünnen Champignonscheiben auf vorgewärmte Teller verteilen, die kochende Suppe darüber geben, mit Kräuterblättchen garnieren und sofort servieren.

Die Kalbsfüße entbeinen und für rustikalen Salat verwenden oder erkaltet, gepresst und paniert als kurzgebratene Speise zubereiten.

Kartoffelcremesuppe mit geräuchertem Rindsfilet

500 g	geschälte Kartoffeln, in Würfel geschnitten
1 TL	Zwiebelwürfel
500 ml	Rinderbrühe
200 g	Crème fraîche
	Salz, weißer Pfeffer
	geräuchertes Rinderfilet, hauchdünn aufgeschnitten
	Kräuterblättchen
	grüne Pfefferkörner

Die Kartoffel- und Zwiebelwürfel mit der Rinderbrühe auffüllen und zugedeckt garen. Dann Crème fraîche dazugeben, mit dem Mixstab fein pürieren, abschmecken, nochmals erhitzen, auf vorgewärmten Tellern anrichten, mit geräuchertem Rindsfilet sowie Kräuterblättchen belegen. Zuletzt etwas Pfeffer, frisch aus der Mühle, auf das Fleisch mahlen und grünen Pfeffer drüberstreuen.

Bei dieser Zubereitungsart bleibt der arteigene Kartoffelgeschmack erhalten. Anstelle Rinderfilet ebenso geräuchertes Schweinefilet oder Wildschinken, hauchdünn geschnitten, verwenden.

Kartoffel-Kressesuppe mit gebratenen Wurstscheiben

400 g	geschälte Kartoffeln
	Salz
1	große Zwiebel
20 g	Butter
1	Kästchen Kresse
500 ml	Rinderbrühe
	Pfeffer aus der Mühle
80 g	Sahne, geschlagen
8–12	gebratene Scheiben von Jagdwurst, Knackwurst oder auch Bockwurst
	Kresseblättchen
	Tomatenfiletstreifen

Etwa ein Viertel der Kartoffeln in kleine, gleichmäßige Würfel schneiden, in Salzwasser blanchieren und warm stellen. Die anderen Kartoffeln in Salzwasser kochen und durch ein Haarsieb streichen. Die Zwiebelwürfel in heißer Butter blondieren, die entstielten und gut gewaschenen Kresseblättchen dazugeben, mit der Rinderbrühe auffüllen und alles etwa 15 Minuten köcheln lassen. Dann im Mixer pürieren, passieren, die Kartoffelwürfel dazugeben, mit Salz und Pfeffer abschmecken, nochmals erhitzen und die geschlagene Sahne unterheben. Die fertige Suppe sofort in Suppenteller gießen, die Wurstscheiben auf die Suppe geben und dekorativ mit Kresseblättchen und Tomatenfiletstreifen garnieren.

Kartoffelrahmsuppe mit Speck-Zwiebel-Tomaten-Panaché

500 g	Kartoffeln, geschält
1/2 Bund	Suppengemüse, in Würfel geschnitten
1/3 Bund	Petersilie, gewaschen, gezupft
750 ml	Rinderbrühe
100 g	Crème double
	Salz, weißer Pfeffer

Panaché:

60 g	Speck
60 g	Zwiebelwürfel
60 g	Tomatenfleischwürfel
4 Stängel	Petersilie

Die Kartoffeln grob würfeln und zusammen mit den Gemüsewürfeln, Petersilie in der Rinderbrühe gar ziehen lassen. Dann im Mixer fein pürieren, zurück in den Topf geben, mit Crème double verrühren, pikant abschmecken und heiß stellen. Für das Panaché die Zutaten in kleine Würfel schneiden. Zuerst den Speck auslassen, die Zwiebelwürfel dazugeben und zusammen goldbraun braten. Dann sofort die Tomatenwürfel dazugeben und die Pfanne vom Herd nehmen. Die Kartoffelsuppe in Tassen anrichten, das Panaché darübergeben, mit Petersilienzweigen garnieren und sehr heiß servieren.

Kartoffelsuppe mit Knackwurst im Brot

400 g	rohe Kartoffelwürfel
je 100 g	Sellerie- und Möhrenwürfel
100 g	Lauchstreifen
500 ml	Rinderkraftbrühe, s. Rezept S. 59
	Salz, weißer Pfeffer
4	Roggenbrote, ausgehöhlt
200 g	Knackwurst, in Scheiben gebraten
	Kräuter, grob gehackt (Petersilie, Majoran)

Kartoffeln und Gemüse separat in Salzwasser kochen. Das Gemüse muss noch „Biss" haben. Kartoffeln und Gemüse ohne Fond in die Brühe geben, zusammen kurz aufkochen, pikant abschmecken und in ausgehöhlten runden kleinen Roggenbroten anrichten. Zuletzt die Knackwurstscheiben sowie die Kräuter dazugeben, den Brotdeckel und Kräuterbouquet anlegen und sehr schnell zu Tisch geben.

Käsecremesuppe mit Schinkeneierstich

1		*fein gehackte Zwiebel*
1	EL	*Mehl*
40	g	*Margarine oder Butter*
750	ml	*Fleischbrühe*
		Salz, weißer Pfeffer
150	g	*Sahneschmelzkäse*
2	EL	*Sahne*
		frische Kräuterzweige

Schinkeneierstich:

		Verquirltes Ei und Vollmilch im Verhältnis 1:1
20	g	*Butter oder Margarine*
1	EL	*Schinkenwürfel*

Die Zwiebelwürfel zusammen mit dem Mehl in Butter anschwitzen. Dann mit kalter Fleischbrühe auffüllen, unter häufigem Rühren zum Kochen bringen, abschmecken und zehn Minuten köcheln. Den Sahneschmelzkäse in kleinen Stücken dazugeben und langsam zergehen lassen.
Für den Eierstich die Zutaten fein mixen, in ein ausgebuttertes Gefäß füllen und im Wasserbad pochieren. Den erkalteten Eierstich stürzen und in Würfel oder Scheiben schneiden.
Der Käsesuppe zuletzt Sahne zugeben und mit dem Stabmixer kurz aufschlagen. Die cremige Suppe auf Tellern anrichten, den Eierstich darüber geben und mit frischen Kräuterzweigen garnieren.

Mehl sollte etwa 10 Minuten auskochen, damit der typische Mehlgeschmack völlig vermieden wird. Wird zur Bindung Speisestärke verwendet, reichen einige Minuten. Kartoffelmehl darf nur einmal aufkochen, sonst verringert sich die Bindung.
Neben Kochschinken eignen sich ebenso zarter Lachsschinken, als besondere Spezialität aber auch Parmaschinken.

Kerbelsuppe mit Kalbsbries und Sellerieperlen

1	EL	*Zwiebelwürfel*
40	g	*Butter*
750	ml	*Fleischbrühe*
200	g	*Kartoffelwürfel, roh*
		Salz, weißer Pfeffer
		Kerbel
100	ml	*Sahne*
8		*dünne Scheiben Kalbsbries*
		Mehl
		Öl zum Braten
1	EL	*Sellerieperlen*
		gezupfte Kerbelblättchen

Die Zwiebelwürfel in Butter anschwitzen, Fleischbrühe und Kartoffelwürfel dazugeben, würzen, aufkochen und etwa 15 Minuten köcheln lassen. Inzwischen Kerbel waschen, putzen, trocken schwenken und fein schneiden. Einige Blättchen zum Garnieren zurücklegen. Kerbel und Sahne zur Suppe geben und alles im Mixer fein pürieren. Die Kalbsbriesscheiben salzen und pfeffern, mehlieren und in heißem Öl auf beiden Seiten anbraten.
Sellerieperlen in Salzwasser blanchieren.
Die Suppe in tiefen Tellern anrichten, jeweils mit zwei Briesscheiben, Sellerieperlen und Kerbelblättchen garnieren.

Besonders gut schmeckt die Suppe, wenn die Briesscheiben mit etwas Paprika- oder Hummerbutter beträufelt werden.

Altberliner Knoblauchsuppe

100	g	*Bauchspeck*
200	g	*Zwiebeln, küchenfertig*
500	ml	*Rinderbrühe*
4–5		*Knoblauchzehen, mit Salz zerrieben*
200	g	*Lauchstreifen*

200	g	*Möhrenjulienne*
		Salz, weißer Pfeffer
1	TL	*Knoblauchessig*
1	EL	*Petersilie, grob gehackt*
4	EL	*Croûtons*

Den Bauchspeck in dünne Streifen schneiden und in einem Suppentopf auslassen. Die Zwiebeln ebenfalls in Streifen schneiden, zu dem Speck geben und zusammen hellgelb rösten. Dann mit Rinderbrühe ablöschen, Knoblauch und Gemüsestreifen dazugeben, würzen, aufkochen und zehn Minuten abgedeckt sacht kochen lassen. Die Suppe zuletzt pikant abschmecken, in Suppentassen anrichten, mit gehackter Petersilie bestreuen und sehr heiß servieren. Frisch geröstete Croûtons drübergeben.

Deftige, bunte Kohlrabisuppe

2–4		*Kohlrabiknollen, je nach Größe*
100	g	*Bauchspeck, gewürfelt*
2	EL	*Zwiebelwürfel*
500	ml	*Rinderbouillon*
100	g	*Erbsenschoten*
100	g	*frische Möhrenwürfel*
		Salz, weißer Pfeffer
1		*Salatherz*
		frische Kräuter, grob gezupft
		schwarzer Pfeffer

Die Kohlrabiknollen schälen und waschen. Kohlrabigrün zurücklegen. Die Knollen in maximal einen Zentimeter große Würfel schneiden. Den Speck in einem geeigneten Suppentopf auslassen, die Zwiebelwürfel dazugeben, alles leicht blondieren und mit Bouillon ablöschen. Erbsenschoten, Kohlrabi- und Möhrenwürfel in die Bouillon geben, würzen, aufkochen und bei mittlerer Hitze 12 Minuten abgedeckt köcheln lassen. Die fertige Suppe mit Salz und Pfeffer abschmecken, auf Tellern oder in einer geeigneten Terrine anrichten, mit den Herzblättern und gezupften Kräutern bestreuen und zuletzt etwas schwarzen Pfeffer, frisch aus der Mühle, darüber mahlen. Zu dieser deftigen Gemüsesuppe schmeckt geröstetes Roggen- oder ofenfrisches Bauernbrot.

Jeder Topf hat seinen Deckel und deshalb sollte das Gargut weitgehendst abgedeckt werden. Die Aromastoffe sollen in den Rohstoffen erhalten bleiben und nicht als aromatische Düfte durch die Belüftungsanlage entweichen.

Kuttelsuppe mit Gemüse und Parmesan

800	g	*Kalbskutteln, vorgekocht*
		Salz
je 100	g	*Sellerie-, Möhren- und Lauchstreifen*
1	EL	*Zwiebelwürfel*
1		*Knoblauchzehe, mit Salz zerdrückt*
		weißer Pfeffer
1	EL	*Paprikapulver, edelsüß*
100	ml	*Weißwein*
		Parmesankäse
		Butterflöckchen
1	EL	*Kräuter, gehackt (Rosmarin, Salbei und Basilikum)*

Die Kutteln in etwa 1,5 Liter Wasser geben, salzen und etwa 60 Minuten fertig garen. Dann aus der Brühe nehmen und abtropfen lassen. Die Brühe in einen Suppentopf passieren. Die Gemüsestreifen, Zwiebelwürfel, Gewürze und Weißwein dazugeben und etwa zehn Minuten sacht kochen. Die verwertbaren Kuttelteile in feine Streifen schneiden und zur Suppe geben. Die Suppe gut verrühren, pikant abschmecken und weitere fünf Minuten simmern lassen. Die fertige Suppe auf Tellern anrichten, mit Parmesankäse bestreuen, Butterflöckchen darüber verteilen, Kräuter dazugeben und schnell servieren. Dazu schmeckt frisches Baguette.

Kutteln, auch Kuttelflecke oder Flek, sind Gerichte, die aus dem Magen und Pansen von jungen Rindern oder Kälbern zubereitet werden. Die Verarbeitung ist sehr zeitaufwändig. Kutteln enthalten wichtige Aufbaustoffe für den menschlichen Organismus. Richtig zubereitet schmecken sie hervorragend.

Lammsuppe mit Gemüse und Parmesancroûtons

400 g	*Lammfleisch, zart, ohne Knochen*
1 EL	*Zwiebelwürfel*
40 ml	*Öl*
500 ml	*Fleischbrühe*
	Salz, weißer Pfeffer
	Knoblauchpulver
1 Prise	*Rosmarinpulver*
100 g	*Möhrenwürfel*
100 g	*Selleriewürfel*
100 g	*Erbsen (Konserve)*

Parmesancroûtons:

60 g	*Parmesankäse*
1	*Eigelb*
20 g	*Butter*
8	*dünne Scheiben Baguette*

Das Lammfleisch in kleine, gleich große Würfel schneiden. Die Zwiebelwürfel in heißem Öl blondieren und die Fleischwürfel dazugeben. Unter häufigem Umrühren auf allen Seiten anbraten und mit Fleischbrühe ablöschen. Das Fleisch würzen, aufkochen und abgedeckt 20 Minuten sacht kochen. Die Gemüsewürfel dazugeben und alles weitere zehn Minuten köcheln lassen. Zuletzt die Erbsen in die Suppe geben und darin erhitzen.
Für die Parmesancroûtons geriebenen Parmesankäse mit Eigelb und Butter zu einer geschmeidigen Masse verarbeiten, dann Baguette mit Parmesankäsemasse bestreichen und gratinieren.
Die fertige Suppe pikant abschmecken und mit Parmesancroûtons servieren.

Das würzige Lammfleisch schmeckt mit vielerlei Gemüsesorten. Es eigenen sich besonders Zucchini, Auberginen, Artischocken, Patisson und grüne Bohnen.

Lebersuppe mit Gemüsestreifen und Paprikasahne

je 100 g	*Möhren-, Sellerie- und grüne Lauchstreifen*
1 EL	*Zwiebelwürfel*
20 g	*Butter*
	Salz, weißer Pfeffer
750 ml	*Rinderbrühe*
200 g	*Geflügel- oder Kaninchenleber, küchenfertig*
1 EL	*Öl*
4 EL	*Sahne*
	Paprikapulver edelsüß
	Petersilie, grob gezupft

Die Gemüsestreifen und Zwiebelwürfel in heißer Butter anbraten, würzen, mit Rinderbrühe auffüllen und zehn Minuten köcheln lassen. Die Leber in längliche

Stücke schneiden, mit Küchenkrepp trockentupfen und in sehr heißem Öl rasch auf allen Seiten braten. Dabei eine sehr große Stielpfanne verwenden. Die Leberstücke dürfen nicht zusammenliegen. Die Hitzeeinwirkung muss rundum erfolgen. Die Suppe abschmecken, auf Teller verteilen, die Leberstücke darüber geben, leicht salzen und mit frischem Pfeffer, direkt aus der Mühle, überstreuen. Für die Paprikasahne geschlagene Sahne mit Paprikapulver paprizieren. Dann die Sahne und Petersilienblätter über die Suppe geben und sofort servieren. Dazu schmeckt frischer Toast.

Die Leberstücke müssen schnell auf allen Seiten gebraten werden. So bleiben sie innen saftig und außen knusprig. Grundsätzlich erst nach dem Braten salzen.

Lebersuppe mit Koriandercroûtons

400 g Parüren von Rind- oder Kalbsleber
200 g Mirepoix in feinen Würfeln
60 ml Öl
1 EL Mehl
500 ml Rinderbrühe
125 ml Weißwein
Salz, weißer Pfeffer
Petersilie, gehackt

Koriandercroûtons:
4 EL Weißbrotwürfel
Butter zum Rösten
Salz
gemahlener Koriander

Die Leber und Mirepoix in heißem Öl stark anbraten, mit Mehl bestäuben, das Mehl leicht bräunen, sofort mit Rinderbrühe und Weißwein auffüllen, würzen und aufkochen. Alles 15 Minuten sacht kochen, im Mixer fein pürieren, pikant abschmecken,

Weißbrotwürfel in Butter rösten, leicht salzen und mit gemahlenem Koriander würzen. Die Suppe anrichten und mit Koriandercroûtons bestreuen.

Linsensuppe mit gebackenen Blutwürstchen

150–200 g Linsen
80 g Speckwürfel
1 EL Zwiebelwürfel
500 ml Fleischbrühe
Salz, Pfeffer
Zucker, Weinessig
Knoblauch
200 g Kartoffelwürfel
100 g Möhrenwürfel
50 g Lauchwürfel
4 Blutwürstchen (à 80 g)
Ei und Semmelmehl zum Panieren
Öl zum Ausbacken
1 EL gehackte Kräuter wie Petersilie und Liebstöckel

Die Linsen 12 Stunden einweichen. Den Speck auslassen, die Zwiebelwürfel dazugeben und zusammen leicht bräunen. Die Linsen und Fleischbrühe dazugeben, würzen, aufkochen und abgedeckt etwa 40 Minuten köcheln. Die Garzeit richtet sich nach der Linsenart und dem Frischegrad. Dann die Kartoffel- und Gemüsewürfel dazugeben und weitere 20 Minuten köcheln lassen.

Inzwischen die Blutwürstchen häuten, sorgfältig panieren und in heißem Öl knusprig backen. Die Linsensuppe pikant abschmecken und auf Tellern anrichten. Die Würstchen längs halbieren, an die Suppe legen, mit einem Kräuterzweig und gehackten Kräutern garnieren und schnell servieren.

Linsensuppen allgemein süß-sauer abschmecken. Sie werden meist mit Rauchfleisch zubereitet. Linsensuppen in Verbindung mit Backpflaumen oder getrockneten Aprikosen erhalten einen besonders aromatischen Geschmack.

Linsenrahmsuppe mit Schinkenklößchen

150	g	Minilinsen
50	g	Zwiebelwürfel
40	g	Butter
800	ml	Rinderbrühe
		Salz, Pfeffer
		Essig
1	Prise	Zucker
2–3		Eigelb
100	ml	Sahne
		Liebstöckel- oder Petersilienstängel

Schinkenklößchen:

100	g	rohen Schinken
1–2		Eigelb
		etwas Paniermehl

Die Linsen einweichen, blanchieren und abgießen. Die Zwiebelwürfel in Butter blondieren, die Linsen dazugeben, mit Rinderbrühe auffüllen und würzen.
Die Zutaten für die Schinkenklößchen fein wolfen. Dann die fertige Masse mit einem Löffel in die Linsensuppe abstreichen und garen. Suppe zuletzt mit Eigelb und Sahne legieren, sofort in Suppentellern anrichten und mit Liebstöckel- oder Petersilienstängel garnieren.

Für eine gute Suppe ist eine gute Brühe erforderlich. Eine kräftige Rinderbrühe muss deshalb immer mit Rindfleisch gekocht werden.

Rote Linsensuppe

100	g	Schinkenspeck
1	EL	Zwiebelwürfel
750	ml	Rinderbrühe
1	Prise	Zucker
		Salz, Pfeffer
		Estragonessig
200	g	rote Linsen
je 100	g	Möhren-, Sellerie- und rote Gemüsepaprikawürfel
2	EL	Tomatenmark
4	EL	Crème fraîche
4		Kerbelzweige

Den Schinkenspeck in feine Würfel schneiden und in einem Suppentopf auslassen. Die Zwiebelwürfel dazugeben und zusammen blondieren. Sofort mit Rinderbrühe auffüllen, würzen, die roten Linsen dazugeben, aufkochen und 1 Stunde bei mittlerer Hitze köcheln lassen. Zehn Minuten vor dem Ende der Garzeit die Gemüsewürfel und Tomatenmark dazugeben. Die fertige Suppe pikant abschmecken, auf Tellern anrichten, Crème fraîche und einen Kerbelzweig auf die Suppe geben und sehr heiß servieren.

Rote Linsensuppe mit geräuchertem Eisbein

150–200	g	rote Linsen
1	EL	Zwiebelwürfel
40	g	Butter oder Margarine
750	ml	Rindsbouillon

200 g	geräuchertes Eisbein, in Würfel geschnitten
	Salz
	Essig
	Zucker
je 1 Prise	Ingwer- und Korianderpulver
4	Kräuterzweige

Die Linsen verlesen und waschen. Die Zwiebelwürfel in heißem Fett blondieren, mit Rindsbouillon ablöschen, Linsen und Eisbein dazugeben und alles zum Kochen bringen. Die Suppe dann würzen und bei schwacher Hitze etwa 40 Minuten köcheln lassen. Den sich an der Oberfläche bildenden Schaum mit einem Schaumlöffel mehrmals abschöpfen. Die Garzeit richtet sich nach der Frische der Linsen. Die fertige Suppe pikant abschmecken, auf Tellern anrichten, mit einem Kräuterzweig garnieren (dazu eignet sich besonders Zitronenmelisse) und mit ofenfrischen Kräuterhörnchen servieren.

Maiscremesuppe mit Rauchsalami

1 EL	Zwiebelwürfel
40 ml	Öl
400 g	Maiskörner (Konserve)
750 ml	Rindsbouillon (Instant)
	Salz, weißer Pfeffer
	Tabasco
125 ml	Sahne
12–20	dünne Scheiben Rauchsalami, in Streifen geschnitten
1 TL	Schnittlauchröllchen

Die Zwiebelwürfel in heißem Öl anschwitzen, die Maiskörner dazugeben, Rinderbrühe angießen und würzen. Den Mais etwa 15 Minuten abgedeckt köcheln lassen, zum Garnieren zwei Esslöffel Maiskörner beiseite legen. Den restlichen Mais dann im Mixer fein pürieren. Die Suppe in den Topf zurückgeben, mit Sahne verrühren, pikant abschmecken und nochmals heiß stellen.
Inzwischen die Salamistreifen in einer trockenen Pfanne auf beiden Seiten anbraten. Die Suppe auf Tellern anrichten, die Wurststreifen und die zurückgestellten Maiskörner auf der Suppe verteilen und mit Schnittlauchröllchen bestreuen.

Schnelles Meerrettichsüppchen mit Pökelzunge

750 ml	Rinderbrühe
80 g	Paniermehl
	Meerrettich, gerieben
2 EL	Apfelmus
	Salz, weißer Pfeffer aus der Mühle
100 g	Crème double
100 g	Pökelzungenstreifen
1 TL	Röllchen von Frühlingszwiebellauch oder Schnittlauch

Die Rinderbrühe erhitzen, mit Paniermehl binden und fünf Minuten sacht auskochen. Meerrettich, Apfelmus und Gewürze dazugeben und fünf Minuten sacht köcheln lassen. Zuletzt Crème double darunter rühren, pikant abschmecken und nochmals erhitzen. Die würzige Suppe auf Tellern anrichten und mit Pökelzungenstreifen sowie Lauchröllchen bestreuen.

Diese Suppe kann ebenso mit Kartoffelpüree-Pulver gebunden werden.

Möhrensuppe mit gebratenen Wurstscheiben und getrockneten Tomaten

600 g	*Möhren, geschält*
1 TL	*Zwiebelwürfel*
40 g	*Butter*
750 ml	*Fleischbrühe*
	Salz, weißer Pfeffer
1 Prise	*Zucker und Ingwerpulver*
150 g	*gebratene Wurstscheiben von Bockwurst, Jagdwurst oder Wiener Würstchen*
10 g	*getrocknete Tomaten, in feine Streifen geschnitten*
	Petersilie, grob gehackt

Die Möhren in feine Würfel oder Scheiben schneiden, zusammen mit den Zwiebelwürfeln in Butter andünsten, mit Fleischbrühe auffüllen, würzen und bei mäßiger Hitze abgedeckt garen. Dann mit dem Stabmixer fein pürieren, abschmecken, auf Tellern verteilen und mit Wurstscheiben, Tomatenstreifen und grob gehackter Petersilie überstreuen.

Zur Verfeinerung jeweils einen Esslöffel erhitzte Crème fraîche darüber geben. Bei dieser Zubereitungsart bleibt der typische Möhrengeschmack erhalten. Besonders eignen sich Möhren, aber auch Teltower Rübchen für die gleiche Zubereitungsart.

Ochsenschwanzbrühe mit Markklößchen

800 g	*Ochsenschwanz, in Stücke geschnitten*
	Mirepoix
40 ml	*Öl*
1 l	*Rinderbrühe*
	Salz, Pfefferkörner
1 Stängel	*Thymian*
200 ml	*Rotwein*
	Markklößchen nach Belieben (Rezept siehe Rinderkraftbrühe mit Markklößchen, S. 61)

Ochsenschwanzstücke und Mirepoix in heißem Öl kräftig anbraten, das Öl abgießen, die Rinderbrühe angießen, Gewürze dazugeben, alles aufkochen und zwei bis drei Stunden köcheln lassen. Den sich an der Oberfläche bildenden Schaum mehrmals abschöpfen. Die Brühe darf nicht kochen, da starkes Kochen die Brühe trüb macht. Die fertige Brühe passieren, kurz mit dem Rotwein verkochen und kräftig abschmecken. Das Ochsenschwanzfleisch in feine Würfel schneiden und in die Suppe geben. Die Suppe auf Tellern verteilen, Markklößchen dazugeben und sofort servieren.

Paprikacremesuppe mit Salamistreifen

700–800 g	*Gemüsepaprika (rot, gelb und grün)*
2	*Zwiebeln, in feine Würfel geschnitten*
60 g	*Butter*
500 ml	*Rindsbouillon*
2	*Knoblauchzehen, geschält, mit Salz zerrieben*
	Salz, weißer Pfeffer
	Kräuteressig
1 Prise	*Chilipulver*

150 g	*Crème fraîche*
	frische Kräuterblättchen zum Garnieren
	Salamistreifen nach Belieben

Gemüsepaprika waschen und abtropfen lassen. Dann vierteln, Stielansätze, Kerne und Rispen entfernen und in feine Würfel oder Streifen schneiden. Von jeder Paprikafarbe einige Stücke zurücklegen. Die Zwiebelwürfel in der Butter glasig schwitzen, die geschnittenen Paprika dazugeben und einige Minuten unter häufigem Umrühren anbraten. Dann die Rindsbouillon angießen, Knoblauch und Gewürze dazugeben und alles zugedeckt zehn Minuten köcheln lassen. Inzwischen die zurückgehaltenen Gemüsepaprikas in gleiche Würfel schneiden. Die gegarten Gemüsepaprikas im Mixer pürieren und erneut erhitzen. Crème fraîche dazugeben und pikant abschmecken. Die Suppe in vorgewärmten Tassen oder Tellern anrichten, mit den Gemüsepaprikawürfelchen, Kräuterblättchen und gebratenen Salamistreifen garnieren. Dazu schmeckt beispielsweise ofenfrisches Baguette mit kalter Butter.

Die Suppe zusätzlich mit pochiertem Ei anrichten. Sehr frische und gut gekühlte Eier in siedendes Essigwasser gleiten lassen und die Eier behutsam wenden, wenn das Eiklar zu stocken beginnt. Die Eier nach etwa 6 Minuten mit einem Schaumlöffel aus dem Wasser nehmen und kurz in kaltes Salzwasser tauchen. Das abstehende Eiklar vor dem Anrichten entfernen.

Paprikarahmsuppe mit Parmaschinken

800 g	*rote Gemüsepaprika*
1 EL	*Zwiebelwürfel*
40 g	*Butter oder Margarine*
1 EL	*Mehl*
1 EL	*Paprikapulver, edelsüß*
500 ml	*Rinderbrühe*
1 TL	*Estragonessig*
	Salz
1 Prise	*Zucker*
125 g	*Crème double*
100 g	*Parmaschinken*
1 TL	*Schnittlauchröllchen*

Die Gemüsepaprikas waschen, halbieren, vierteln und sorgfältig putzen, also entstielen, entkernen und Trennwände herausschneiden. Die Gemüsepaprikas in Streifen schneiden. Die Zwiebelwürfel in heißem Fett glasig dünsten, die Gemüsepaprika dazugeben, mit Mehl und Gewürzpaprika bestäuben und alles einige Minuten anschwitzen. Dann sofort mit Rinderbrühe auffüllen, würzen, aufkochen und zehn Minuten zugedeckt sacht weiterkochen. Die Suppe im Mixer pürieren, durch ein Haarsieb streichen, wieder erhitzen, die Crème double dazugeben und mit dem Stabmixer darunter schlagen. Die fertige Suppe pikant abschmecken. Den Parmaschinken ohne Schwarte und Fett zuerst in hauchdünne Scheiben und dann in sehr feine Streifen schneiden. Die Suppe auf Tellern anrichten, die Schinkenstreifen und Schnittlauchröllchen darüber geben.

Die Suppe ebenso, z. B. mit Putenschinken, Kasselerbroiler oder geräuchertem Schweinefilet kombinieren.

Braune Nierensuppe

500 g	Schweinenieren, küchenfertig
60 ml	Öl
2 EL	Zwiebelwürfel
50 g	Mehl
500 ml	Fleischbrühe
	Salz, Pfeffer aus der Mühle
	Estragonessig
1 Prise	Zucker
	Fleischglace oder Fleischextrakt
100 ml	Sherry
60 g	Gewürzgurken in sehr feine Streifen geschnitten
	Pfeffer

Von den Nieren etwa 20 sehr zarte Scheibchen zurücklegen. Die restlichen Nieren in Scheiben schneiden, in sehr heißem Öl stark anbraten, die Zwiebelwürfel dazugeben, mit Mehl bestäuben und zusammen bräunen. Dann sofort mit Fleischbrühe auffüllen, verrühren, würzen, aufkochen und zugedeckt 40 Minuten garen. Die Nierensuppe dann im Mixer pürieren, zurück in den Topf geben, Fleischglace und Sherry dazugeben, nochmals erhitzen, pikant abschmecken und einige Minuten köcheln lassen.

Inzwischen die zurückgelegten Nierenscheiben auf beiden Seiten anbraten. Die Suppe auf Tellern anrichten, die Nieren leicht salzen und zusammen mit den Gurkenstreifen auf die Suppe geben. Zuletzt etwas Pfeffer aus der Mühle drüberstreuen.

Klare Ochsenschwanzsuppe mit Gemüse

800 g	Ochsenschwanzstücke
50 ml	Öl
100 ml	Rotwein
1 l	Rindsbouillon
	Salz, weißer Pfeffer
1	gespickte Zwiebel
je 100 g	Knollensellerie, Möhren, grüner Lauch

Die Ochsenschwanzstücke waschen, trockentupfen und in heißem Öl auf allen Seiten kräftig anbraten. Dann mit Rotwein und Rindsbouillon ablöschen, salzen, die gespickte Zwiebel dazugeben und zwei Stunden schwach kochen lassen. Sellerie und Möhren putzen, waschen und in feine Würfel schneiden. Den Lauch putzen, wachen, längs zerteilen und in kleine Stücke schneiden. Die Gemüsesorten in einen Suppentopf geben, die Suppe darüber passieren, zum Kochen bringen und 15 Minuten köcheln lassen.

Inzwischen das Fleisch von den Ochsenschwanzstücken lösen, in kleine Würfel schneiden, in die Suppe geben und aufkochen. Zuletzt abschmecken und anrichten. Zu dieser deftigen Suppe schmeckt frisches Roggenbrot.

Auf gleiche Weise Suppe von Kalbsschwänzchen zubereiten. Der sich beim Garprozess an der Oberfläche bildende Schaum ist abzuschöpfen. Die Zubereitung ist aufwändig, wird aber durch den typischen Geschmack ausgeglichen. Als Einlage eignen sich besonders: Kräuternocken, Kalbfleischklößchen, bunte Paprikawürfel (rot, grün, gelb), Maisnocken, Haselnussklößchen, Wachteleier, aber auch Muscheln oder Lachsklößchen.

Gelbes Paprikasüppchen mit geräuchertem Lammfilet

Diese pikante Suppe ebenso von grüner oder roter Gemüsepaprika zubereiten. Anstelle von geräuchertem Lammfilet eignen sich ebenso Kalbsfilet, Lachsschinken, geräuchertes Schweinefilet oder auch geräucherte Gänsebrust. Wichtig ist: Das Fleisch in hauchdünne Scheiben schneiden. Dazu das Fleisch kurze Zeit in die Gefriertruhe legen und ansteifen. Es lässt sich dann leichter schneiden.

600 g	gelbe Gemüsepaprika
40 g	Butter oder Margarine
1 TL	Zucker
1 EL	Zwiebelwürfel
500 ml	Geflügelfond
	Salz, Pfeffer aus der Mühle
	Thymian
	Safran
	Zitronensaft
100 ml	Sahne
100 g	Lammfilet, geräuchert
	frische Kräuter (Petersilie, Liebstöckel, Estragon oder Kerbel)

Die Gemüsepaprika waschen, putzen und in grobe Stücke schneiden. Das Fett erhitzen, Zucker dazugeben und leicht karamellisieren lassen. Zwiebelwürfel und Paprika hinzufügen, kurz darin anschwitzen, mit Geflügelfond ablöschen, würzen und etwa 15 Minuten sacht kochen. Dann im Mixer fein pürieren, die Sahne dazugeben, die Suppe nochmals erhitzen und pikant abschmecken.

Das Lammfilet in hauchdünne Scheiben schneiden, auf vorgewärmte Suppenteller verteilen, mit Pfeffer frisch aus der Mühle würzen, mit der heißen Suppe übergießen und mit frischen Kräuterzweigen garniert sofort servieren.

Petersilienrahmsuppe mit Kalbfleischklößchen

300–400 g	Petersilienwurzeln
1 EL	Schalotten oder Zwiebeln, gehackt
80 g	Butter oder Margarine
750 ml	Hühnerbouillon
	Salz, weißer Pfeffer
1 Prise	Muskatnuss, frisch gerieben
	Zitronensaft
200 ml	Sahne, halbsteif geschlagen
1 EL	Petersilie, grob gehackte

Klößchen:

100 g	Kalbfleisch
1	Ei
2 EL	Sahne
1 EL	Paniermehl, sehr fein gemahlen
	Salz, weißer Pfeffer

Die Petersilienwurzeln schälen, waschen, in dünne Scheiben schneiden und mit den Zwiebelwürfeln in heißem Fett leicht andünsten. Dann mit Hühnerbouillon auffüllen, würzen, aufkochen, 15 Minuten köcheln lassen und mit dem Mixstab fein pürieren. Für die Klößchen die Zutaten zu einer geschmeidigen Masse verarbeiten. Erscheint die Masse zu weich, einfach den Anteil Paniermehl erhöhen. Mit einem Teelöffel abstechen, mit dem Finger in kochendes Salzwasser streifen und darin acht bis zehn Minuten gar ziehen lassen. Zuletzt die halbsteif geschlagene Sahne unter die Suppe heben, nochmals erhitzen, pikant abschmecken, auf Tellern anrichten und mit gehackter Petersilie bestreuen. Die Fleischklößchen auf einem Schaumlöffel abtropfen lassen und zur Suppe geben. Sofort servieren.

Die Klößchen dürfen nicht kochen. Zur Geschmacksverbesserung eine kleine gespickte Zwiebel und einen Kräuterzweig in das Salzwasser geben.
Auf die gleiche Weise kann Rahmsuppe von Schwarzwurzeln zubereitet werden.

Rustikale Porreesuppe mit Croûtons

400 g Porree, möglichst dünne Stangen
100 g Speck
500 ml Rinderbrühe
Salz, Pfeffer
Muskatnuss, frisch gerieben
1 Prise Thymian
200 g Kartoffeln, klein gewürfelt
2 EL Weißbrotwürfel
Butter zum Rösten

Den Porree putzen, waschen, in 1 cm breite Ringe schneiden und in einem Durchschlag nochmals abbrausen. Die Speckwürfel auslassen und leicht bräunen. Den vorbereiteten Porree dazugeben, kurz anschwitzen, sofort mit Rinderbrühe auffüllen, würzen und zugedeckt etwa fünf Minuten sacht kochen. Dann die Kartoffelwürfel dazugeben, abschmecken und weitere 15 Minuten köcheln lassen. Den Garpunkt mit einem Fingerdruck feststellen. Porree und Kartoffeln sollen leicht bissfest bleiben. Zum Abschmecken die Suppe vom Herd nehmen, beispielsweise mit Kräutern sowie getrockneten Tomatenstücken bestreuen und sofort servieren. Die Croûtons frisch rösten und gesondert reichen. Anstelle von Croûtons ebenso Tacco-Chips verwenden.

Grundrezept für etwa 1 Liter Kraftbrühe

800–1000 g Rinderknochen
1 Bund Suppengemüse
1 Zwiebel
1 Piment
1 Lorbeerblatt
Salz, Pfefferkörner

Die Knochen waschen, mit etwa zwei Liter kaltem Wasser aufsetzen, aufkochen und abschäumen. Die Knochen etwa zwei bis drei Stunden auskochen. Nach etwa 90 Minuten Kochzeit Gemüse und Gewürze dazugeben. Die fertige Brühe durch ein feines Sieb oder Tuch gießen und erkalten lassen. Das Fett, das sich auf der kalten Brühe abgesetzt hat, abschöpfen.

Zum Klären:

200–300 g	*Rinderhesse*
je 50 g	*Sellerie, Möhren und Lauch, in feine Würfel geschnitten*
4	*Eiklar*
1/2 Bund	*Petersilie*
	Eiswürfel
	Salz

Das Fleisch grob wolfen, die Gemüsewürfel, Eiklar, Petersilie und Eiswürfel dazugeben, alles gut vermengen und in die kalte Brühe geben. Alles in einem geeigneten Suppentopf unter häufigem leichten Rühren aufkochen oder in ein sehr heißes Wasserbad stellen, damit das Risiko des Anbrennens dabei vermieden wird. Die Brühe darf nur noch sanft köcheln oder ziehen. Die Brühe nach etwa 45 Minuten mit Salz abschmecken und durch ein sehr feines Haarsieb passieren. Je nach Weiterverwendung mit einem Küchenkrepp das Oberflächenfett entfernen.

„Indes wird man durch einen noch so künstlichen Zusatz je die Fehler einer schlechten Fleischbrühe gut machen können"
Karl Friedrich von Rumohr
(1785–1843)

In der klassischen französischen Küche wird die Rinderkraftbrühe als Consommé bezeichnet. Besonders in Feinschmeckerlokalen wird diese Bezeichnung häufig verwendet.
Die Einlagen für Rinderkraftbrühe sind vielseitig und fast unbegrenzt. Einige Beispiele:
- *Backerbsen mit Kräutern*
- *pochierte Eier und Gemüsestreifen*
- *Eierkuchenstreifen mit Kräutern*
- *gefüllte Ravioli*
- *Rote-Bete-Nudeln (Nudelteig aus Mehl, Ei, Rote-Bete-Saft, Salz und Muskat bereiten)*
- *Reis und Gemüsestreifen*
- *Gemüseperlen und Schaumnocken*

Rinderkraftbrühe mit Butternocken

800 ml	*Rinderkraftbrühe (siehe Grundrezept Seite 59)*
	Petersilie, gehackt

Klößchen:

60 g	*Butter*
1–2	*Eier, je nach Größe*
	Salz
	Muskatnuss, frisch gerieben
1 EL	*Schnittlauchröllchen*
2 EL	*Mehl*

Die Butter weich werden lassen und mit den Eiern verrühren. Salz, Muskatnuss und Schnittlauch dazugeben. Zuletzt das Mehl unterrühren. Den Teig etwa eine Stunde ruhen lassen. Die Brühe erhitzen, mit einem Teelöffel kleine Nocken vom Teig abstechen, mit den Fingern in die Brühe schieben und darin etwa acht Minuten ziehen lassen. Die Suppe anrichten und mit Petersilie bestreuen.

Rinderkraftbrühe mit Gemüseperlen

200 g	*küchenfertige Karotten, Zucchini, gelbe Rübchen und Sellerieknollen*
	Salz
800 ml	*Rinderkraftbrühe (siehe Grundrezept Seite 59)*

Mit einem sehr kleinen Ausstecher (Pariser Löffel) aus dem Gemüse Kügelchen ausstechen. Diese Gemüseperlen in kochendem Salzwasser knackig blanchieren, in Eiswasser abschrecken, als Einlage in die Kraftbrühe geben und darin erhitzen. Die Kraftbrühe in Tassen anrichten und beispielsweise mit einem Kräuterzweig oder grobgehackten Kräutern servieren.

Rinderkraftbrühe mit Hirnklößchen

120 g Hirn, gewässert, abgezogen
1–2 Eier
60 g Paniermehl
Salz, weißer Pfeffer aus der Mühle
1 TL Petersilie, gehackt
800 ml Rinderkraftbrühe (s. Rezept S. 59)

Das Hirn im Mixer pürieren oder durch ein Sieb streichen. Das Hirnpüree mit Ei, Paniermehl und den Gewürzen zu einer dicken Masse verrühren. Sollte die Masse zu dünnflüssig werden, den Anteil Paniermehl erhöhen. Aus der Masse kleine Klößchen formen, in siedendes Salzwasser geben und gar ziehen lassen. Der Garpunkt ist erreicht, wenn die Klößchen an der Oberfläche schwimmen. Die Klößchen abtropfen lassen, mit heißer Rinderbrühe anrichten und mit Petersilie bestreuen.

Rinderkraftbrühe mit Kalbsfilet und Blattspinat

100 g Kalbsfilet
80 g Blattspinat
800 ml Rinderkraftbrühe (s. Rezept S. 59)
Salz, weißer Pfeffer, frisch aus der Mühle

Das Kalbsfilet leicht frosten und in hauchdünne Scheiben schneiden. Den Spinat putzen, waschen, entstielen und fein zerpflücken. Filetscheibchen und Spinat in die kochende Brühe geben und einige Minuten ziehen lassen. Zuletzt abschmecken, anrichten und schnell servieren.

Diese pikante Kraftbrühe zusätzlich mit Ochsenmarkperlen aufwerten.

Rinderkraftbrühe mit Käsecroûtons

1 l Rinderkraftbrühe (s. Rezept Seite 59)

Für die Croûtons:
8 dünne Scheiben Baguette
120 g Schnittkäse, gerieben
1 Ei
20 g weiche Butter
Worcestershiresauce
Tomatenketchup
Kräuter, grob gezupft

Das Baguette quer schneiden, damit die Scheiben nicht zu groß werden. Den Reibekäse mit Ei und Butter zu einer dicklichen Käsemasse verkneten, mit etwas Worcestershiresauce würzen, auf die Baguettescheiben verteilen und glatt streichen. Die Käsecroûtons werden dann im vorgeheizten Grill überbacken. Die Kraftbrühe auf heiße Suppenteller geben. Je Portion zwei Käsecroûtons dazugeben und mit einigen Ketchuptupfern und grob gezupften Kräuterblättchen garnieren.

Rinderkraftbrühe mit Markklößchen

1 l Rinderkraftbrühe (s. Rezept S. 59)
2 Scheiben frisches entrindetes Toastbrot
1–2 Eier, je nach Güteklasse
1 EL Petersilie, gehackt
Salz, weißer Pfeffer
1 Prise Muskatnuss, frisch gerieben
100 g Rindermark, küchenfertig
Kräuter, grob gezupft

Das Toastbrot in kleine Würfel schneiden und mit Eiern, Petersilie und Gewürzen gut vermischen. Das Rindermark klein würfeln oder hacken und mit der Brot-Ei-Mischung zu einer dicken Masse vermengen. Ist die Konsistenz zu weich, etwas Paniermehl dazugeben. Die fertige Masse zu einer etwa zwei Zentimeter dicken Rolle formen und in etwa zwei Zentimeter große Stücke schneiden. Die Stücke mit nassen Händen zu Klößchen formen, in kochendes Salzwasser legen und zehn Minuten darin ziehen, keinesfalls kochen lassen. Die fertigen Klößchen in einem Durchschlag abtropfen lassen, in Suppentassen verteilen und mit sehr heißer Rinderkraftbrühe übergießen. Grob gezupfte Kräuter darüber geben und servieren.

Für Markklößchen gibt es viele Zubereitungsmöglichkeiten. Zum Beispiel kann man das Mark leicht schmelzen lassen und mit Reibesemmel und Ei, Petersilie und Gewürzen weiterverarbeiten. Viele Köche schwören auf ihr Rezept. Wichtiger ist vor allem, dass die Klößchenmasse die richtige Konsistenz hat und nicht zu dick, aber auch nicht zu weich ist. Nachzuhelfen ist immer, je nach Konsistenz mit etwas Sahne oder Paniermehl. Markklößchen sind außerdem eine beliebte Einlage für Geflügel- und Hühnerbrühen und eignen sich vortrefflich als Zugabe für einfache Gemüseeintöpfe.

Rinderkraftbrühe mit Schwemmklößchen

250 ml	*Milch*
30 g	*Butter*
	Salz
125 g	*Mehl*
1 Prise	*Muskatnuss, gerieben*
2	*Eier*
800 ml	*Rinderkraftbrühe (s. Rezept S. 59)*
	Petersilie, gehackt

Die Milch mit Butter und Salz aufkochen. Das Mehl einrühren und bei mittlerer Hitze solange rühren, bis sich der Teig vom Topfboden löst. Dann mit Muskat würzen und ein Ei hinzufügen. Den Topf vom Herd nehmen und etwas abkühlen lassen. Das zweite Ei einrühren. Von dem Teig mit einem Teelöffel kleine Klößchen in die kochende Rinderbrühe abstechen und zehn Minuten darin gar ziehen lassen. Die Kraftbrühe mit dem Schwemmklößchen in Suppentassen einfüllen und mit gehackter Petersilie bestreuen.

Rinderkraftbrühe mit Streifen von Buchweizen-Pfannkuchen

60 g	*Buchweizenmehl*
1	*Ei*
100 ml	*Vollmilch*
	Salz, geriebene Muskatnuss
	feingehackte Petersilie
	Öl zum Ausbacken
1 l	*Rinderkraftbrühe (s. Rezept Seite 59)*

Aus den Zutaten und Gewürzen einen dünnen Teig herstellen und in wenig Öl dünne Pfannkuchen backen. Die Pfannkuchen abkühlen lassen und in feine Streifen schneiden. Die Rinderkraftbrühe in Tassen füllen, die Eierkuchenstreifen dazugeben und schnell servieren.

Rinderkraftbrühe mit Ingwer und Spinatpfannkuchen

Wie Rinderkraftbrühe mit Buchweizen-Pfannkuchen (Rezepte s. S. 61) zubereiten. Anstelle der feingehackten Kräuter feingehackten Spinat verwenden und die Rinderkraftbrühe mit reichlich Ingwer würzen. Rinderkraftbrühe mit Vollkornravioli, Ochsenmarkperlen, Kräuterklößchen o. Ä. anrichten.

Rinderkraftbrühe mit Steinpilzen

300–400 g	*Steinpilze*
20 g	*geklärte Butter*
	Salz, weißer Pfeffer aus der Mühle
800 ml	*Rinderkraftbrühe (s. Rezept Seite 59)*
	Petersilie, grob gezupft

Die Steinpilze putzen, waschen und in sehr dünne Scheiben schneiden. Die Pilzscheiben in heißer Butter anschwitzen, würzen und auf vorgewärmte Suppenteller verteilen. Sofort mit sehr heißer Brühe übergießen, mit Petersilie bestreuen und schnell servieren. Dazu schmecken ofenfrische Kräuterhörnchen oder Buttertoast.

Diese würzige Suppe ebenso mit Maronen, Austernsaitlingen oder auch weißen Trüffeln zubereiten. Die Garzeit richtet sich nach der Pilzsorte. Kombinationen mit sehr dünnen Filetscheiben, pochierter Geflügelleber oder mit Gemüsespezialitäten sind keinerlei Einschränkungen unterworfen. Die Kreativität wird sprichwörtlich herausgefordert.

Rindfleischsüppchen „Gold und Silber"

200–300 g	*schieres Rindfleisch*
100 g	*weiße Bohnen (12 Stunden eingeweicht)*
1	*gespickte Zwiebel*
	Salz, Pfeffer
	Zucker
	Essig
200 g	*Möhrenwürfel*
4	*Kräuterzweige*

Das Rindfleisch in kleine Würfel schneiden. Die Bohnen im Quellwasser mit der gespickten Zwiebel zum Kochen ansetzen. Die Rindfleischwürfel dazugeben, würzen, aufkochen lassen, abdecken und weiter köcheln lassen. Nach etwa einer Stunde Garzeit die Möhrenwürfel dazugeben und zehn Minuten weiter garen. Die fertige Suppe pikant abschmecken, auf Tellern anrichten und mit einem Kräuterzweig garnieren.

Die Kombination von Möhren (Gold) und weißen Bohnen (Silber) ist so gut, dass sie mit Gold und Silber ausgezeichnet werden können.

Rindsconsommé mit Kalbsfilet, Champignons und Kresse

100 g	*Kalbsfilet, roh, in hauchdünne Scheiben geschnitten*
100 g	*Champignons, roh, in dünne Scheiben geschnitten*
	Meersalz, weißer Pfeffer aus der Mühle
800 ml	*Rindsconsommé*
1	*Kästchen Kresse, küchenfertig*

Die Kalbsfilet- und Champignonscheiben auf vorgewärmten Suppentellern verteilen, salzen und pfeffern und mit kochender Rindsconsommé übergießen. Dann mit Kresse garnieren und schnell servieren. Beispielsweise frisch geröstetes Baguette dazu reichen.

Legierte Rindfleischsuppe mit weißem Burgunder

250 g Rindfleisch, in Scheiben geschnitten
1 l Rinderbrühe
1 Bouquet garni
40 g Butter oder Margarine
1 EL Mehl
125 ml weißer Burgunder
2 Eigelb, mit Sahne verquirlt
Salz, weißer Pfeffer
4 Petersilienzweige

Das Rindfleisch in Rinderbrühe mit Bouquet garni eine Stunde sacht kochen. Das Fleisch aus der Brühe nehmen, erkalten lassen, in feine Würfel schneiden und warm stellen. Aus Fett und Mehl eine Schwitze bereiten, die Rinderbrühe passieren, die Mehlschwitze damit ablöschen und glatt rühren. Den Wein dazugeben, die Suppe aufkochen und zehn Minuten sacht weiterkochen lassen. Dann vom Herd nehmen, legieren, kräftig abschmecken, mit dem Fleisch als Einlage in Suppentassen anrichten und mit einem Petersilienzweig garnieren.

Sauerampfersuppe mit Räucherzungenstreifen

300 g Sauerampfer
40 g Butter
750 ml weiße Grundsuppe (s. Rezept Seite 118)
2–3 Eigelb, mit Sahne verquirlt
Salz, weißer Pfeffer
Räucherzunge nach Belieben

Den Sauerampfer sorgfältig putzen und waschen. Die Stängel entfernen. Die Blätter aufeinander legen und quer in sehr feine Streifen schneiden. Anschließend in einem geeigneten Topf in Butter anschwitzen und zugedeckt etwa fünf Minuten dünsten. Dann die Grundsuppe dazugeben und alles einige Minuten köcheln lassen. Zuletzt die Eigelbe unterrühren. Die Suppe darf jetzt nicht mehr zum Siedepunkt kommen, da sonst die Eigelbe gerinnen. Die Suppe abschmecken, in Tassen oder auf Tellern anrichten und mit feinen, in Fleischbrühe erhitzten Streifen von Räucherzunge bestreuen. Besonders gut schmecken dazu geröstete Kürbiskerne.

Sauerkrautsuppe mit Blutwurstnocken

Blutwurstnocken:
100 g Blutwurst
50 g mageres Schweinefleisch, gewürfelt
1 Scheibe Weißbrot, ohne Rinde, in 2 EL Sahne geweicht
1 Ei
Salz, Pfeffer aus der Mühle
Majoran
Rinderbrühe

Sauerkrautsuppe:
1 EL Zwiebelwürfelchen
50 g Butter
1 l Rinderbrühe
250 g frisches Sauerkraut (feingehackt)
150 g kleine Kartoffelwürfel
Salz, Pfeffer aus der Mühle
Essig
1 Lorbeerblatt
1 Prise Kümmel, gemahlen
Schnittlauch, fein geschnitten

Für die Nocken die Zutaten im Mixer gut vermischen und würzen. Mit einem Esslöffel kleine Nocken formen und in der Rinderbrühe etwa zehn Minuten gar ziehen lassen.
Für die Suppe Zwiebelwürfel in Butter anschwitzen, mit Rinderbrühe auffüllen, Sauerkraut, Kartoffeln und Gewürze dazugeben und alles abgedeckt garen. Die fertige Suppe gut abschmecken, Lorbeerblatt entfernen, im Suppentöpfchen anrichten, die Blutwurstnocken obenauf verteilen und mit Schnittlauch überstreuen. Sehr heiß servieren.

Das Lorbeerblatt vor dem Anrichten entfernen. Diese kräftige Suppe wird noch attraktiver: kurz vor dem Ende der Garzeit einige sehr feine Möhren- und Lauchjulienne dazugeben.

Legierte Sauerkrautsuppe mit geräuchertem Schweinefilet

250 g	*Sauerkraut, ausgedrückt, fein gehackt*
750 ml	*Fleischbrühe*
je 100 g	*Möhren, Sellerie und Porreegrün, in Streifen geschnitten*
2	*Eigelb, mit Sahne verquirlt*
	Salz, Pfeffer
8–12	*dünne Scheiben Schweinefilet, geräuchert*
	Kresse

Das Sauerkraut in Fleischbrühe zum Kochen ansetzen und etwa zehn Minuten köcheln lassen. Dann die Gemüse dazugeben und weitere zehn Minuten köcheln lassen. Zuletzt die Suppe legieren, pikant abschmecken, auf Tellern verteilen, mit Schweinefilet dekorativ belegen und mit Kressesträußchen garnieren.

Diese pikante Suppe schmeckt sehr gut mit Knoblauchklößchen: Feingewolftes Hackfleisch mit Ei, Semmelmehl und Knoblauchsalz zu einer festen Masse verkneten. Mit einem Löffel Klößchen in kochendes Salzwasser abstechen und gar ziehen lassen.
Sauerkraut sollte immer kurzgeschnitten werden. Es ist eine Unsitte, wenn Sauerkraut oder Gemüsejulienne beim Essen über den Löffel hängen.

Sauerkrautsuppe Pußtamädchen

200 g	*Bauchspeck*
2	*Zwiebeln*
500 ml	*Fleischbrühe*
400 g	*Sauerkraut, feingeschnitten*
	Salz, Pfeffer
1 Prise	*Zucker*
	Knoblauch
1 EL	*Paprikapulver edelsüß*
1 EL	*Paprikamark*
200 g	*Kartoffelwürfel*
4 TL	*Crème fraîche*
4	*Kräuterzweige*

Speck in feine Würfel schneiden und auslassen. Inzwischen die Zwiebel ebenso fein schneiden, zum Speck geben und alles leicht bräunen. Dann sofort mit

Fleischbrühe ablöschen, Sauerkraut, Gewürze und Kartoffelwürfel dazugeben, aufkochen lassen und etwa 15 Minuten fertig köcheln. Zuletzt pikant abschmecken und mit Crème fraîche sowie Kräuterzweigen anrichten.

Zum Garnieren beispielsweise vier Bauchspeckscheiben an einer Seite einschneiden und von beiden Seiten kurz anbraten. Durch die Hitzeeinwirkung entstehen so genannte Speckkämme. Die Speckkämme auf die Suppe geben, zur Hälfte mit Crème fraîche überziehen und mit feingehackten Kräutern bestreuen.

Cremesuppe von Schwarzwurzeln mit Schinken

500 g	*Schwarzwurzel, geschält*
60 g	*Butter oder Margarine*
750 ml	*Geflügelbrühe (Instant)*
	Salz
	Muskatnuss, frisch gerieben
1 Prise	*Cayennepfeffer*
1 EL	*Zitronensaft*
150 ml	*Sahne*
60 g	*Kochschinkenstreifen*
1 EL	*Pumpernickel, gehackt*
4	*Petersilienblättchen*

Die Schwarzwurzeln in Scheiben schneiden, in heißem Fett anschwitzen, mit Geflügelbrühe gerade bedecken, würzen, aufkochen und etwa 15 Minuten zugedeckt garen. Dann mit dem Mixer pürieren, zurück in den Topf geben, die Sahne dazugeben und mit dem Mixstab kurz darunter schlagen. Die Suppe nochmals erhitzen, pikant abschmecken, auf heißen Tellern anrichten, die Schinkenstreifen, den Pumpernickel und jeweils ein Petersilienblättchen auf die Suppe geben.

Schinkencremesuppe

200 g	*Schinkenabschnitte*
40 g	*Butter oder Margarine*
1 EL	*Mehl*
750 ml	*Fleischbrühe (Instant)*
	Salz, weißer Pfeffer
	Paprikapulver edelsüß
2	*Eigelb, in Sahne verquirlt*
100 g	*Kochschinkenstreifen*
	Butter zum Erhitzen
1/2 EL	*Schnittlauchröllchen*

Die Abschnitte von Koch- oder rohem Schinken in feine Würfel schneiden, in heißem Fett anbraten, Mehl dazugeben und anschwitzen. Nach etwa drei Minuten mit Fleischbrühe ablöschen, würzen und sacht kochen. Die Garzeit richtet sich nach der Schinkenart. Kochschinken benötigt etwa zehn Minuten. Die Suppe im Mixer fein pürieren, nochmals aufkochen, legieren, vom Herd nehmen und pikant abschmecken. Die Kochschinkenstreifen in Butter erhitzen. Die Suppe in Tassen anrichten, die Schinkenstreifen und Schnittlauchröllchen auf die Suppe geben und mit frischem Landbrot servieren.

Schlachtfestsuppe mit Schwarzbrotcroûtons

200 g	*Schweinebauch*
750 ml	*Wurstbrühe*
150 g	*Leberwurst*
150 g	*Blutwurst*
1	*Zwiebel, fein gerieben*
	Salz, weißer Pfeffer
	Majoran

Schwarzbrotcroûtons:

2	*Scheiben Schwarzbrot*
	Butter
1/2 EL	*grob gehackte Kräuter*

Den Schweinebauch in der Wurstbrühe eine Stunde garen, aus der Brühe nehmen, abkühlen lassen und in feine Streifen schneiden. Die Leber- und Blutwurst aufschneiden, die Wurstmasse zusammen mit der geriebenen Zwiebel in die Brühe geben, kräftig würzen und zehn Minuten köcheln lassen. Zuletzt die Schweinebauchstreifen dazugeben. Für die Schwarzbrotcroûtons das Schwarzbrot in einen Zentimeter große Würfel schneiden und in heißer Butter rösten. Die fertige Suppe abschmecken, anrichten, die Croûtons und Kräuter darüber streuen und sofort servieren.

Für Schlachtfest-, Metzger- oder auch Metzelsuppe gibt es vielerlei Zubereitungsmöglichkeiten. Jeder schwört auf sein Rezept. Grundstock sollte die Wurst- oder Kesselbrühe sein, die am Schlachttag anfällt. Es ist die Brühe, in der das Fleisch für die frischen Würste und diese selbst darin gekocht werden. Bestandteile sind meist Schweinebauch, Leber-, Blut- und Griebenwurst. Die Zugabe von restlichen Innereien wird ebenso praktiziert.
Die Beigabe von Gemüsestreifen erhöht den Wohlgeschmack. Die Lauchstreifen und Möhrenjulienne sind durchaus mitzuverwenden. Ebenso ist die Zugabe von Fadennudeln, Glasnudeln oder sonstigen Teigwaren verbreitet. Ob mit Gemüse oder Teigwaren, die Anteile müssen gut dosiert werden. Der typische, frische Fleisch- und Wurstgeschmack muss der Suppe erhalten bleiben.

Legierte Selleriesuppe mit Schinkenstreifen

1		*Sellerieknolle (etwa 400 g)*
1	EL	*Zitronensaft*
1	EL	*Zwiebelwürfel*
40	g	*Butter oder Margarine*
1	EL	*Mehl*
500	ml	*Fleischbrühe*
		Salz, weißer Pfeffer, Muskatnuss, frisch gerieben
2		*Eigelb*
100	ml	*Sahne*
100	g	*Kochschinken*
		Butter zum Erhitzen
4		*Zweige Selleriegrün oder Petersilie*
2	EL	*gedünstete Stücke von Staudensellerie*

Den Sellerie waschen, schälen, fein reiben und mit Zitronensaft vermengen, damit er sich nicht verfärbt. Die Zwiebelwürfel in heißem Fett anschwitzen, den geriebenen Sellerie dazugeben, mit Mehl bestäuben, gut verrühren, mit Fleischbrühe auffüllen, würzen und zehn Minuten sanft kochen lassen. Die Suppe dann vom Herd nehmen, mit Eier-Sahne legieren und abschmecken.

Den Schinken in Julienne schneiden und in Butter erhitzen. Die Suppe auf Tellern verteilen, mit Schinkenjulienne und Selleriestücken bestreuen und mit frischem Selleriegrün oder Petersilie garnieren. Dazu schmecken frisch geröstetes Roggenbrot bzw. Croûtons und herber Weißwein.

Schmorgurkensuppe mit Fleischbällchen

Fleischbällchen:

150 g		*Gemischtes Hackfleisch*
1		*Ei*
2 EL		*Sahne*
		Salz, Pfeffer
		Paniermehl

Suppe:

800 g		*Schmorgurken*
2		*Möhren, küchenfertig*
1/2		*Lauchstange*
80 g		*Bauchspeckwürfel*
1 EL		*Zwiebelwürfel*
500 ml		*Rinderbrühe*
je 1 Zweig		*frischer Majoran, Liebstöckel*
		Salz, weißer Pfeffer
		Senfkörner, zerdrückt
1/2 EL		*Petersilie, grob gehackt*

Die Zutaten für die Fleischbällchen zu einem Fleischteig verarbeiten und daraus kleine, runde Fleischklößchen abdrehen. Die Gurken schälen und halbieren. Mit einem Esslöffel die Kerne herausnehmen und die Gurkenhälften in 0,5 Zentimeter starke Scheiben schneiden. Möhren und Lauch ebenfalls in dünne Scheiben schneiden. Die Bauchspeckwürfel in einem Suppentopf auslassen, die Zwiebelwürfel dazugeben und zusammen leicht bräunen. Dann sofort mit Rinderbrühe ablöschen, die Kräuterzweige und Gemüse dazugeben, würzen, aufkochen und zugedeckt zehn Minuten köcheln lassen. Dann die Fleischklößchen dazugeben und nochmals zehn Minuten sacht kochen. Die würzige Suppe pikant abschmecken, mit den Fleischklößchen auf Tellern anrichten und mit Petersilie bestreuen. Die Kräuterzweige vorher herausnehmen.

Legierte Spargelsuppe mit Schinkenstreifen

1 kg	*Spargelschalen*
50 g	*Butter*
1 EL	*Mehl*
	Salz, weißer Pfeffer
2	*Eigelb*
100 ml	*Sahne*
60 g	*Schinkenstreifen*

Die Spargelschalen waschen, abtropfen lassen, in Butter andünsten, mit Mehl bestäuben und unter häufigem Rühren farblos anschwitzen. Dann mit einem Liter Wasser auffüllen, aufkochen und etwa 20 Minuten köcheln lassen. Die Suppe passieren, aufkochen, abschmecken und mit Eier-Sahne legieren. Die Suppe darf nicht mehr kochen, da sonst das Eigelb gerinnt und Flockenbildung eintritt. Suppe sofort anrichten und mit Streifen von gekochtem Schinken überstreuen. Zur Garnitur Dillzweige anlegen.

Anstelle von Spargelschalen ebenso Spargelfond (vom Spargelkochen) verwenden. Als Einlage eignen sich weiterhin Spargelstücke, die beim Zubereiten von Stangenspargel anfallen.

Klare Steinpilzsuppe mit Markklößchen

1 kg	Rindsknochen, küchenfertig
1 Bund	Suppengemüse
	Salz,
	Pfeffer aus der Mühle
2	Lorbeerblätter
1 EL	gekörnte Geflügelbrühe
4 EL	getrocknete Steinpilze
	Kräuterblättchen
	Markklößchen

Die Rindsknochen in 1,5 Liter kaltem Wasser, mit dem zerteilten Suppengemüse, Gewürzen, Salz, Geflügelbrühe, getrockneten und frischen Steinpilzen ansetzen, zum Kochen bringen und bei mittlerer Hitze etwa 1 Stunde offen köcheln lassen. Zwischenzeitlich den sich an der Oberfläche bildenden Schaum mit einem Schaumlöffel vorsichtig abschöpfen. Die Brühe passieren, erneut zum Kochen bringen und maximal fünf Minuten fertig köcheln. Die Steinpilze aus der Suppe nehmen. Die Suppe abschmecken, anrichten, mit Kräuterblättern garnieren und mit Markklößchen servieren.

Klare Steinpilzsuppe mit Ochsenschwanz

800 g	Ochsenschwanz, in Stücke zerteilt
20 ml	Öl
1 Bund	Suppengemüse
1	gespickte Zwiebel
5 g	Steinpilze, getrocknet
	Salz, Pfeffer aus der Mühle
1 EL	sehr feine Zwiebelwürfel
40 g	Butter
400 g	Steinpilzscheiben
1 EL	Schnittlauchröllchen

Den Ochsenschwanz in etwas Öl auf allen Seiten leicht anbraten, mit etwa 1,5 Liter Wasser ablöschen, das Suppengemüse, die Zwiebel, die getrockneten Steinpilze und die Gewürze dazugeben, alles zum Kochen bringen und etwa zwei Stunden sacht fertig kochen. Den sich an der Oberfläche bildenden Schaum mit einem Schaumlöffel mehrmals entfernen. Die Zwiebelwürfel in der Butter leicht blondieren, die Steinpilze dazugeben und kurz anschwitzen. Die Ochsenschwanzbrühe darüber passieren. Das Fleisch von den Ochsenschwanzstücken ablösen, in Würfel schneiden und in die Suppe geben. Die Suppe nochmals aufkochen, abschmecken und sehr heiß, mit Schnittlauch bestreut servieren. Dazu schmeckt frisch geröstetes Baguette.

Werden frische Steinpilze verwendet, muss die Suppe etwa zehn Minuten köcheln.
Die würzige und kräftige Suppe zusätzlich mit Ochsenmarkperlen verfeinern: Ochsenmark in feine, gleich große Würfel schneiden, in kochendem Salzwasser garen, bis sich perlenförmige Markstücke bilden und diese sofort mit einer Schaumkelle herausnehmen.

Tomatensüppchen mit Kalbsfilet und grünem Pfeffer

1 kg	Tomaten
50 g	Zwiebelwürfel
50 g	Butter
	Salz, Pfeffer aus der Mühle
	Senfkörner
	Rosmarin
	Weißwein
12	Scheiben Kalbsfilet, hauchdünn geschnitten
1 TL	grüner Pfeffer

Die Tomaten waschen, Schadstellen sowie Stielansätze entfernen und die Tomaten je nach Größe vierteln, sechsteln oder achteln. Die Zwiebelwürfel in der Butter anschwitzen, Tomaten und Gewürze sowie etwas Wasser oder Weißwein dazugeben, abgedeckt zum Kochen bringen und etwa 15 Minuten fertig köcheln. Dann durch ein feines Sieb streichen, nochmals aufkochen und abschmecken. Die Kalbsfiletscheiben und den grünen Pfeffer auf Suppentellern verteilen, mit der sehr heißen Suppe übergießen, beispielsweise mit Kresse, Brunnenkresse, Dillzweigen oder sonstigen Kräutern garnieren und sofort servieren.

Für diese Suppe eignen sich sehr reife Tomaten, da der typische Geschmack dann besonders unterstrichen wird. Als weitere Einlagen eignen sich gedünstete Seezungen- und Forellenröllchen oder -schleifen, sautierte Kalbsbriesscheiben, aber auch gebutterte Zucchinischeiben.

Das Kalbsfilet lässt sich sehr leicht in hauchdünne Scheiben schneiden, wenn es in der Gefriertruhe kurz angesteift wird.

Passierte Zwiebelsuppe mit Lammklößchen

600 g	Zwiebeln, geschält
500 ml	Rinderbrühe
1	Knoblauchzehe, mit Salz zerdrückt
	Lorbeerblatt
	Salz, weißer Pfeffer
100 g	Crème double
1 TL	Schnittlauchröllchen

Klößchen:

200 g	Lammfleisch, fein gewolft
1	Ei
2 EL	Sahne
	Salz, weißer Pfeffer, Knoblauch

Die Zwiebeln in Scheiben schneiden, mit Rinderbrühe, Knoblauch, einem Lorbeerblatt und Salz zum Kochen bringen und etwa zehn Minuten abgedeckt gar köcheln. Dann im Mixer fein pürieren, zurück in den Topf geben und heiß stellen. Die Zutaten für die Lammklößchen gut vermengen. Von der Fleischmasse kleine Klößchen in die Zwiebelsuppe abstechen und darin gar ziehen lassen.

Die Suppe zuletzt mit Crème double verfeinern, kräftig abschmecken, anrichten und mit Schnittlauchröllchen bestreuen. Dazu schmecken Knoblauchcroûtons.

Tomatierte Rinderkraftbrühe mit grünem Spargel

750 ml	*Rinderkraftbrühe (s. Rezept S. 59)*
100 g	*Tomatenketchup*
	Salz, Pfeffer
200 g	*grüne Spargelspitzen, gegart*
20	*Fleischklößchen, gegart*

Die Rinderkraftbrühe mit Tomatenketchup verrühren und fünf Minuten köcheln lassen. Dann pikant abschmecken, den Spargel und die Fleischklößchen in vorgewärmte Tassen verteilen, die heiße Kraftbrühe darüber gießen, beispielsweise Kräuterblättchen sowie getrocknete Tomatenstückchen darüber streuen und schnell servieren. Dazu schmeckt frischer Toast.

Suppen mit Geflügel

Algensuppe mit gebackenem Tofu

100 g Putenbrust, in feine Streifen geschnitten
40 ml Sesamöl
50 g Lauchzwiebelringe
1 Knoblauchzehe, mit Salz zerrieben
10 g getrocknete grüne Algen, etwa 3 Stunden in lauwarmen Wasser geweicht
500 ml Fleischbrühe (Instant)
1 EL Rinderfond
Salz
Tabasco
Sojasauce
8 Tofuwürfel à 20 g
Stärkemehl
4 Kressesträußchen

Das Fleisch in heißem Öl rundum anbraten, Zwiebeln, Knoblauch und abgetropfte Algen dazugeben und zusammen kurz andünsten. Sofort heiße Fleischbrühe sowie Rinderfond und Gewürze zufügen und bei geringer Hitze etwa 20 Minuten köcheln lassen. Inzwischen die Tofuwürfel in Stärkemehl wälzen und in heißem Öl kurz goldbraun braten. Die Suppe zuletzt abschmecken, mit Tofuwürfel anrichten und mit Kressesträußchen garnieren.

Apfel-Curry-Suppe

200 g Putengeschnetzeltes
1 EL feine Zwiebelwürfel
50 ml Öl
1 El Mehl
1–2 EL Curry
500 ml Geflügelbrühe
Salz
1 Prise Zucker
Tabasco
400 g säuerliche Äpfel
100 g Sahne

Die Putenfleischstreifen zusammen mit den Zwiebelwürfeln in heißem Öl blondieren, mit reichlich Curry und Mehl bestäuben, alles kurz anschwitzen, sofort mit Geflügelbrühe auffüllen und unter häufigem Umrühren aufkochen. Dann würzen, abdecken und zehn Minuten simmern lassen. Die Äpfel schälen, halbieren, vom Kerngehäuse befreien, in Julienne schneiden, in die Suppe geben und weitere fünf Minuten fertig garen. Zuletzt die Sahne dazugeben, abschmecken und anrichten. Die Suppe beispielsweise mit Maraschinokirschen, Mandarinenspalten und Kiwischeiben garnieren und mit gerösteten Mandelblättern, Pistazienstreifen oder Kokosflocken überstreuen.

Avocadosuppe mit Chiffonade und geräucherter Gänsebrust

2 große reife Avocados
1 Zitrone, gepresst
Salz, weißer Pfeffer
500 ml Hühnerbrühe (Instant)
100 g Crème fraîche
100 g geräucherte Gänsebrust, in Streifen geschnitten

Für die Chiffonade:

1	kleiner Kopfsalat
20 g	Butter

Die Avocados halbieren, entkernen und schälen. Das Fruchtfleisch zerteilen, mit Zitronensaft marinieren, würzen und im Mixer pürieren. Avocadopüree und Hühnerbrühe vermengen, aufkochen und drei Minuten köcheln lassen. Für die Chiffonade den Kopfsalat putzen, gründlich waschen, trocken schleudern, in sehr feine Streifen schneiden und in zerlassener Butter kurz anschwitzen. Die Suppe mit Crème fraîche verfeinern, abschmecken und anrichten. Die Chiffonade sowie die Gänsebruststreifen darüber geben.

Als besonderen Clou, Pistaziensahnetupfer, ungesüßte geschlagene Sahne mit feingehackten Pistazien vermengt, dazugeben.

Basilikumsuppe mit Hühnerklößchen

750 ml	Hühnerbrühe (s. Rezept S. 78)
	Basilikum, fein geschnitten
100 g	Crème fraîche
	Salz, weißer Pfeffer

Für die Klößchen:

10 g	Hühnerfleisch
1	Ei
1 EL	Sahne
	Salz, weißer Pfeffer

Die Hühnerbrühe mit Basilikum zum Kochen bringen, etwa drei Minuten köcheln lassen, mit Crème fraîche binden, abschmecken.

Für die Hühnerklößchen aus Hühnerfleisch, Ei, Sahne, Salz und weißem Pfeffer eine feine Farce bereiten und mit einem Teelöffel Klößchen abstechen und in kochender Hühnerbrühe garen. Die Suppe mit Klößchen heiß servieren.

Birnencremesuppe mit gebratener Entenleber

400 g	Birnen
200 g	Äpfel
60 g	Speckwürfel
1 EL	Zwiebelwürfel
500 ml	Geflügelfond
	Salz
	Nelkenpulver
	Zitronensaft
1 Prise	Cayennepfeffer
1 Prise	Zimt
125 ml	Sahne
150 g	Entenleber
	geklärte Butter zum Braten
4	Kräuterzweige (Majoran, Basilikum, Rosmarin)

Birnen und Äpfel waschen, vierteln, die Kerngehäuse entfernen und die Obststücke in Scheibchen schneiden. Die Speckwürfel auslassen, die Zwiebelwürfel dazugeben, kurz anschwitzen, mit Geflügelfond ablöschen, die Obstscheibchen dazugeben, würzen und zugedeckt zehn Minuten sacht kochen. Die Suppe dann im Mixer pürieren, durch ein Sieb in einen Topf streichen und erhitzen. Die Sahne dazugeben und mit dem Stabmixer leicht unter die Suppe schlagen. Die fertige Suppe abschmecken.

Die Entenleber mit Küchenkrepp trockentupfen, in mundgerechte Streifen schneiden und rasch in sehr heißer Butter unter Schwenken der Pfanne rundum kräftig anbraten. Dazu eine möglichst große Pfanne verwenden. Die Leberstreifen dürfen nicht zusammen liegen. Die gebratene Entenleber salzen, pfeffern und auf den angerichteten Suppen verteilen. Mit Kräuterzweigen garnieren.

Diese besondere Suppe ist wahlweise auch mit Gänseleber oder Gänseleberparfait zuzubereiten.

Pikante Currysuppe

1	EL	*Zwiebelwürfel*
1	EL	*Kokosfett*
200	g	*Putenbrust, fein geschnetzelt*
1	EL	*Currypulver*
750	ml	*Geflügelbrühe (Instant)*
		Salz, weißer Pfeffer
1	Prise	*Ingwer*
		Tabasco
1–2		*Bananen*
1		*Zitrone, gepresst*
200	g	*extra zarte Erbsen (Konserve)*
2		*Eigelb*
100	ml	*Sahne*
2		*Feigen, geviertelt*
		Rosmarinzweige

Zwiebeln in heißem Fett anschwitzen, das Fleisch dazugeben, rundum anbraten, mit Curry bestäuben, mit der Brühe auffüllen, würzen und etwa fünf Minuten köcheln lassen. Die Banane mit Zitronensaft zerdrücken, mit den Erbsen zur Suppe geben und zwei Minuten kochen. Zuletzt Eigelb und Sahne verrühren und die Suppe legieren, abschmecken, anrichten, mit je zwei Vierteln Feige und Rosmarinzweigen garnieren.

Currycremesuppe mit Apfelstreifen

1	kg	*Geflügelkarkassen*
		Salz
		Bouquet garni
1	EL	*Zwiebelwürfel*
2	EL	*Apfelscheiben*
40	g	*Butter oder Margarine*
1	EL	*Mehl*
1–2	EL	*Curry, nach Belieben*
200	ml	*Sahne*
4	EL	*Apfelstreifen, mit Zitronensaft mariniert*

Die Geflügelkarkassen mit $1^1/_4$ Liter Wasser, Salz und Bouquet garni zum Kochen bringen und eine Stunde sacht weiterkochen. Die Zwiebelwürfel und Apfelscheiben in heißem Fett anschwitzen, mit Mehl und Curry bestäuben, alles einige Minuten gut verrühren und anschwitzen. Dann den Geflügelfond passieren, damit die Apfel-Zwiebel-Masse auffüllen, die Suppe würzen und zehn Minuten sacht kochen lassen. Die Suppe passieren. Die Sahne dazugeben und mit dem Stabmixer kurz unter schlagen. Die cremige Suppe pikant abschmecken, sehr heiß anrichten, die Apfelstreifen dazugeben und sofort servieren.

Die Suppe zuletzt mit etwas Currybutter beträufeln. Geklärte Butter mit reichlich Curry verrühren. Currysuppe ebenso mit Bananenwürfelchen, Ananasstücken, gerösteten Kokosraspeln oder Mandelblättchen kombinieren. Diese würzige Suppe weiter mit Einlagen von Geflügel- oder Kalbfleisch, aber auch mit Krebsschwänzen oder Hummerfleischwürfeln anrichten.
Kleiner Trick: Apfelstreifen werden nicht braun, wenn etwas Vitamin-C-Pulver darunter gemengt wird. Der Trick funktioniert auch bei Sellerie oder Birnen.

Entenelixier (Grundrezept)

(für 800 ml Kraftbrühe)

500 g	ausgelöstes Entenfleisch (Keulen)
250 g	Klärfleisch (Rinderhesse oder mageres Rindfleisch)
100 g	Lauch
100 g	Möhren
	Salz
2	Eiweiß
1,5 l	kalte Geflügelbrühe
	Entenknochen und Karkassen

Das Enten- und Klärfleisch grob wolfen, mit geschnittenem Lauch, Möhren, Salz, Eiweiß und etwas kaltem Wasser in einem Topf vermischen. Die kalte Geflügelbrühe darüber gießen und alles zum Kochen bringen. Dann die angerösteten Entenknochen und Karkassen dazugeben und ziehen lassen. Nach etwa einer Stunde abschmecken, durch ein Tuch passieren und in heißen Tassen anrichten. Als Einlage eignen sich beispielsweise Entenklößchen, feine Sellerie- und Möhrenstreifen.

Entenelixier mit Gemüse und Liebstöckelrolle

200 g	Gemüsekugeln, blanchiert
750 ml	Entenelixier (siehe Rezept Seite 75)

Liebstöckelrolle:

1	Palatschinken
100 g	feine Geflügelfarce mit gehacktem Liebstöckel

Geflügelfarce

100 g	Geflügelbrust
50 g	Sahne
1 TL	Liebstöckel, fein gehackt

Geflügelbrust fein wolfen, mit Liebstöckl mischen und mit Sahne montieren. Den Palatschinken mit der Farce bestreichen, zusammenrollen, in Alufolie einrollen und im Kombidämpfer garen. Die Gemüsekugeln in der Kraftbrühe erhitzen, abschmecken und in Tassen anrichten. Die Liebstöckelrolle aus der Folie nehmen, in Scheiben schneiden und sofort auf die Tassen verteilen.

Entensuppe mit deren Leber

40 g	Butter
1 EL	Mehl
800 ml	Entenelixier (siehe Rezept Seite 75)
2	Eigelb, mit Sahne verquirlt
150 g	Entenleber, küchenfertig
	Öl zum Braten
	Salz, weißer Pfeffer
4	Kräuterzweige (z. B. Majoran oder Basilikum)

Aus Butter und Mehl eine Schwitze bereiten, mit Entenelixier verkochen, beiseite legen und legieren. Die Leber in feine Streifen schneiden, in einer breiten Stielpfanne in sehr heißem Öl auf allen Seiten rasch anbraten und würzen. Die Entensuppe auf Tellern anrichten. Die Leberstreifen mit einem Schaumlöffel in die

Suppe geben, mit Kräuterzweigen garnieren und sofort servieren.

Die Leber muss innen saftig bleiben und sollte erst nach dem Braten gewürzt werden. Die Suppe schmeckt ebenfalls mit Basilikumnocken oder Majoranklößchen, dazu sehr feine Hackfleischmasse entsprechend würzen und Klößchen in kochende Brühe abstechen.

Würziges Entensüppchen im Stövchen

80 g	*Frühlingszwiebeln, in Ringe geschnitten*
80 g	*Lauch, in Streifen geschnitten*
80 g	*Streifen von gelben Gemüsepaprika*
40 g	*Butter*
750 ml	*Entenkraftbrühe (s. Rezept Seite 75)*
80 g	*Glasnudeln, blanchiert*
80 g	*Tomatenfleischstreifen*
	Salz
	Curry
	Sojasauce
1 TL	*Sherryessig*
1 EL	*Schnittlauchröllchen*

Die Zwiebelringe, Lauchstreifen und Paprika in Butter andünsten, mit Entenkraftbrühe auffüllen und fünf Minuten sacht kochen lassen. Dann die blanchierten Glasnudeln und Tomatenfleischstreifen dazugeben, alles kräftig würzen, gut vermengen, aufkochen und fünf Minuten weiter köcheln. Die Suppe zuletzt pikant und würzig abschmecken, mit Schnittlauchröllchen bestreuen und auf einem Stövchen anrichten.

Braune Gänsesuppe

800 g	*Karkassen oder Gänseklein*
800 g	*Kalbsknochen*
100 g	*Speckstückchen*
200 g	*Mirepoix*
200 ml	*Rotwein, trocken*
1 l	*Geflügelbrühe*
	Salz
1	*Kräutersträußchen (Thymian, Petersilie, Kerbel, Basilikum)*
40 g	*Tapioka oder Sago*

Gänseklein sowie Karkassen und die gleiche Menge Kalbsknochen hacken und mit mageren Speckstückchen und Mirepoix rösten. Dann mit Rotwein ablöschen und mit kalter, klarer Geflügelbrühe oder kaltem Wasser auffüllen, salzen und zum Kochen bringen. Die Temperatur sofort herunterschalten. Die Suppe darf nur simmern und muss dabei öfters abgeschäumt und entfettet werden. Nach etwa zwei Stunden Zubereitungszeit Kräutersträußchen dazugeben. Eine weitere Stunde simmern lassen. Suppe passieren, mit Tapioka oder Sago binden, kräftig abschmecken und sehr heiß servieren.

Würzige Gänsesuppe mit Majoranklößchen

je 600 g	Gänseklein sowie Karkassen
600 g	Kalbsknochen
60 g	Speckstückchen
200 g	Mirepoix
250 ml	Rotwein
1 l	Geflügelbrühe
	Salz
	Kräutersträußchen (aus Thymianblättern, Petersilie, Kerbel und Basilikum)
50 g	Tapioka oder Sago

Majoranklößchen:

100 g	Gänsefleisch
1	Ei
50 g	Sahne
1 EL	Majoran, fein gehackt
1 EL	Paniermehl
	Salz, Pfeffer

Gänseklein, Karkassen und Kalbsknochen hacken, mit mageren Speckstückchen und Mirepoix rösten. Dann mit Rotwein ablöschen und mit kalter, klarer Geflügelbrühe oder kaltem Wasser auffüllen, salzen und zum Kochen bringen. Die Temperatur sofort herunterschalten. Die Suppe darf nur simmern und muss dabei öfters abgeschäumt und entfettet werden. Nach etwa zwei Stunden Zubereitungszeit Kräutersträußchen dazugeben. Weitere Stunde simmern lassen.
In der Zwischenzeit für die Majoranklößchen Gänsefleisch fein wolfen, mit Ei, Sahne, Majoran, Paniermehl, Salz und Pfeffer zu einer festen Masse verkneten. Von der Masse Klößchen in siedendes Salzwasser abstechen und gar ziehen lassen.
Suppe passieren, mit Tapioka oder Sago binden, kräftig abschmecken und sehr heiß mit Majoranklößchen anrichten.

Geflügel-Gemüse-Suppe mit Glasnudeln

200 g	Hühnerbrust, geschnetzelt
40 ml	Öl
	Salz, weißer Pfeffer
1 Prise	Ingwerpulver
500 ml	Geflügelbrühe
100 g	Möhrenjulienne
100 g	frische Champignons, in Scheiben geschnitten
40 g	Glasnudeln, kurz blanchiert
etwa 80 g	frische Spinatblätter, in Streifen geschnitten
1 EL	Sojasauce

Die Fleischstreifen in Öl goldgelb anbraten, kräftig würzen und mit Geflügelbrühe auffüllen. Sofort die Möhren, Champignons und Glasnudeln dazugeben und etwa zehn Minuten bei mittlerer Hitze garen. Dann die Spinatblätter hinzufügen und in etwa fünf Minuten fertig garen. Die Suppe pikant abschmecken und heiß servieren.

Hühner-Avocado-Rahmsuppe

200 g	reife Avocado, küchenfertig
600 ml	Hühnerkraftbrühe (s. Rezept Seite 80)
	Salz
je 1 Prise	Kümmel, Pfeffer und Muskatnuss, frisch gerieben
	Zitronensaft
	Tabasco
200 g	Sahne, halbsteif geschlagen
4	Minzezweige

Die Avocado in Scheiben schneiden, in die Hühnerbrühe geben, würzen und fünf Minuten köcheln lassen. Dann mit dem Stabmixer fein pürieren, die Sahne dazugeben, pikant abschmecken, anrichten, mit Minzezweigen garnieren und sehr heiß servieren.

Das besondere Aroma der Avocado mit etwas trockenem Weißwein oder 1 EL Cognac unterstreichen.

Um eine Verfärbung zu vermeiden, Avocados mit Zitronensaft beträufeln.

Hühner-Bouillabaisse

1,6 kg	Huhn, in 8 Stücke zerteilen (die Leber extra braten)
	Marinade aus Olivenöl, Salz, Pfeffer, Safranpulver, Anisbranntwein
	Olivenöl
2	Zwiebeln, gehackt
200 g	Tomatenfleischwürfel
4	Knoblauchzehen, mit Salz verrieben
200 ml	Weißwein
10	Stängel von frischem Knollenfenchel, geschnitten
	Salz
300 g	Kartoffeln, geschält, in dicke Scheiben geschnitten
2 Bund	Petersilie, gehackt
12	Scheiben Baguette, mit Olivenöl beträufelt und geröstet

Sauce:

2 EL	Olivenöl
1	Knoblauchzehe
4	kleine Chilies
	die Hühnerleber
	einige gekochte Kartoffelscheiben aus der fertigen Suppe
	etwas Bouillabaisse-Brühe

Zuerst die Hühnerstücke marinieren und mindestens zwei Stunden einziehen lassen. Dann Olivenöl in einem Schmortopf erhitzen, die Hühnerstücke und Zwiebeln darin leicht bräunen, die Tomatenfleischwürfel und den Knoblauch dazugeben, alles gut vermischen und mit Weißwein ablöschen. Dann den Knollenfenchel mit heißem Wasser übergießen, sodass alle Zutaten bedeckt sind. Mit Salz würzen, Topf abdecken, etwa 15 Minuten simmern lassen, Kartoffelscheiben dazugeben und weiter simmern lassen, bis alles gar ist. Deckel abnehmen und Bouillabaisse einige Minuten einkochen lassen. Die Brotscheiben in tiefen Teller oder in eine Terrine legen, die Brühe darüber gießen, mit Petersilie bestreuen und sofort als Suppe servieren. Die Hühnerstücke, die Kartoffelscheiben und die Gemüsesorten auf einer Platte anrichten und heiß stellen, bis die Suppe verzehrt ist. Für die Sauce, die zu den Hühnerstücken gereicht wird, alle Zutaten fein pürieren, pikant würzen, kurz erhitzen und zu der heiß gestellten Bouillabaisse servieren.

Hühnerbrühe mit Leberklößchen

Grundrezept: Hühnerbrühe:

1 kg	Hühnerklein oder 1 Suppenhuhn
	Salz, Pfefferkörner
1 Bund	Suppengemüse
1	Bouquet garni
	Tomatenfleischstreifen
	Basilikum- oder Zitronenmelisseblätter

Leberklößchen:

1 TL	sehr feine Zwiebelwürfel
20 g	Butter
200 g	Geflügelleber, küchenfertig
2–3 EL	Paniermehl
1	Ei
	Salz, weißer Pfeffer
	Muskatnuss, frisch gerieben

Hühnerklein oder Suppenhuhn gut waschen und mit zwei Liter kaltem Wasser zum Kochen bringen. Bei mittlerer Hitze etwa zwei bis drei Stunden köcheln las-

sen. Nach etwa 1,5 Stunden Gewürze, Suppengrün und Bouquet garni dazugeben. Den sich an der Oberfläche bildenden Schaum abschöpfen.
Für die Leberklößchen die Zwiebelwürfel in Butter glasig braten und kalt stellen. Die Geflügelleber fein wolfen. Das entstandene Leberpüree mit den Zutaten und Gewürzen vermengen, abschmecken und 30 Minuten kalt stellen.
Inzwischen in einem breiten flachen Topf Salzwasser zum Kochen bringen. Das Leberpüree mit einem Esslöffel in längliche Klößchen formen, in das Salzwasser legen und etwa fünf Minuten darin garen lassen. Der Garpunkt ist erreicht, wenn die Klößchen an der Wasseroberfläche schwimmen. Die Klößchen auf vier Tellern verteilen und mit heißer Hühnerbrühe übergießen. Als Garnitur eignen sich Tomatenfleischstreifen und Basilikum- oder Zitronenmelisseblätter.

Je nach Belieben die Leberklößchen mit etwas frischem Majoran, Basilikum oder Salbei aromatisieren bzw. die entsprechenden Kräutersträußchen dem Salzwasser beigeben. Hühnerbrühe schmeckt ebenfalls mit Käseklößchen nach folgendem Rezept:

Käseklößchen:

150 g	Doppelrahmfrischkäse
2 EL	geriebener Parmesan
1	Ei
	Salz, weißer Pfeffer aus der Mühle
3–4 TL	Speisestärke

Frischkäse mit Parmesan und Ei vermischen, die Masse würzen und zuletzt die Speisestärke untermischen. Mittels zwei nassen Löffeln Klöße abstechen, in heißer Hühnerbrühe aufkochen und bei schwacher Hitze 3 Minuten garen lassen.
Zur Bereicherung dieser pikanten Suppe Streifchen von roter Gemüsepaprika mit den Käseklößchen dazugeben. Zuletzt abschmecken, auf Tellern verteilen und mit Kerbelblättchen oder Gartenkresse garnieren.

Hühnerbrühe mit Zitronenmelisse und Backerbsen

	Hühnerbrühe (s. Rezept S. 78)
	Hühnerfleisch, gewürfelt
	Zitronensaft
	Zitronenmelisse, gehackt
	Backerbsen

Backerbsen:

50 g	Vollmilch
50 g	Mehl
1	Ei
	Salz
	Muskatnuss, frisch gerieben
100 ml	Frittierfett

Das Hühnerfleisch mit reichlich Zitronensaft marinieren. Die Brühe kräftig abschmecken. Hühnerfleisch und gehackte Zitronenmelisse auf die Tassen verteilen, mit sehr heißer Brühe übergießen, Backerbsen dazugeben und schnell servieren. Für die Backerbsen Eierkuchenteig durch einen Durchschlag in heißes Fettbad tropfen lassen und goldgelb ausbacken. Mit einer Schaumkelle herausnehmen und auf Küchenkrepp zum Abtropfen legen.

Hühner-Curry-Apfelsuppe

750 ml	*Hühnerkraftbrühe*
	(siehe Rezept Seite 80)
1 EL	*Curry*
300 g	*Apfelwürfel*
2	*Eigelb*
100 g	*Sahne*
	Apfelchip

Currycroûtons:

	Weißbrot
	Curry-Hollandaise

Hühnerkraftbrühe mit reichlich Curry würzen, rohe Apfelwürfelchen dazugeben und etwa fünf Minuten köcheln lassen. Die Suppe dann mit in Sahne verquirltem Eigelb legieren und mit Currycroûtons servieren.

Currycroûtons:

Weißbrot etwa vier bis fünf Zentimeter rund ausstechen, mit sehr dick gehaltener Curry-Hollandaise bestreichen und sofort gratinieren. Als Garnitur beispielsweise einen Apfelchip an den Tassenrand stecken.

Hühnerkraftbrühe

(Grundzubereitung für 2 Liter)

2 kg	*Karkassen, Flügel, Hälse usw.*
3–4 l	*Wasser*
	Salz, Pfefferkörner
2	*gespickte Zwiebeln*
1–2	*Möhren*
1/2	*Porreestange*
1	*Stängel Bleichsellerie oder ein Stück Sellerie*
1	*Bouquet garni*

Die Hühnerstücke waschen, in einem Topf mit Wasser bedecken und zum Kochen bringen. Den sich an der Oberfläche bildenden Schaum abschöpfen. Gegebenenfalls kaltes Wasser nachgießen. Dann Salz, Pfefferkörner, Gemüse und Kräutersträußchen dazugeben und etwa zwei Stunden simmern lassen. Die Brühe anschließend passieren, erkalten lassen und völlig entfetten.

Brühe von Ente, Pute oder anderem Geflügel ebenso zubereiten.

Grundsätze: Die Brühe muss goldklar und völlig fettfrei sein. Sie bildet die Basis für Kraftbrühe, die durch die Zugabe der jeweiligen Fleischteile zubereitet wird. Hühnerbrühe: z. B. aus Hühnerbrust oder auch aus ganzen Hühnern, Hühnerkraftbrühe bereiten. Ebenso können angeröstete Hühnerteile dazu verwendet werden. Die Brühe darf nicht kochen, es sollte auch nicht umgerührt werden, da die Brühe sonst trübe wird und mit hohem Aufwand geklärt werden müsste.

Hühnerkraftbrühe kann mit verschiedenen Einlagen variiert werden, hier einige Beispiele:

- *Artischocken und Tomatenfleisch*
- *Tapioka und Geflügelfleischstreifen*
- *ausgestochener Möhren-, Haselnuss- und Spinateierstich, auch als Konfetti bezeichnet*
- *Profiteroles und Kräuterklößchen*
- *grüner Pfeffer und Gemüsejulienne*
- *Pomeranzenklößchen und Orangenfilets*
- *Mandeleierstich und Fadennudeln*
- *Pistazienklößchen und Schinkenstreifen*
- *Chiffonade von Sauerampfer und Eierstich*
- *gekochte oder verlorene Wachteleier und Dillreis*
- *Glasnudeln, Ingwer und Spinatjulienne*
- *Champignons, Zuckerschoten und Tomateneierstich*

Hühnerkraftbrühe mit Maiscrêpes

1–2	*Eier, je nach Größe*
4 cl	*Vollmilch*
40 g	*Mehl*
60 g	*Maiskörner (Konserve)*
	Salz
	Muskatnuss, frisch gerieben
1 l	*Hühnerkraftbrühe*
	(s. Rezept S. 80)
4	*Kräuterzweige*

Aus Ei, Milch und Mehl einen Teig rühren. Die Maiskörner dazugeben und würzen. Aus der Masse sehr kleine Crêpes backen. Die Crêpes erkalten lassen und wie für Célestines in Streifen schneiden, in die Hühnerkraftbrühe geben, mit Kräuterzweigen garnieren und sofort servieren.

Hühnerkraftbrühe mit bunten Nudeln

120 g bunte Nudeln, Conv.
800 ml Hühnerkraftbrühe, Conv.
gezupfte Petersilien- oder Kerbelblättchen

Die Nudeln in Salzwasser al dente kochen, heiß abspülen und auf Tellern verteilen. Sofort die sehr heiße Hühnerkraftbrühe dazugeben, mit Kräuterblättchen bestreuen und schnell auftragen.

Hühnerkraftbrühe mit Gänseleber-Mundtäschchen

Hühnerkraftbrühe (siehe Rezept Seite 80)

Mundtäschchen:
100 g Mehl
1 Ei
Salz

Füllung:
100 g Gänseleber
1 EL Öl
Salz, Pfeffer

Für die Mundtäschchen aus Mehl, Ei, 40 ml Wasser und Salz einen Nudelteig herstellen und ausrollen. Teig in gleichgroße Drei- oder Vierecke schneiden bzw. rund ausstechen (Durchmesser etwa drei Zentimeter). Für die Füllung Gänseleber in Öl anbraten, würzen, fein pürieren und jedes Teigstück mit etwas Gänseleberpüree behäufen, die Ränder mit Eigelb bestreichen, mit je einem gleichen Teigstück abdecken und die Ränder fest andrücken. Die Mundtäschchen in Salzwasser gar ziehen lassen. Für jede Portion zwei Stück vorbereiten.

Paprizierte Hühnerkraftbrühe

750 ml Hühnerkraftbrühe (siehe Rezept Seite 80)
1 EL Paprikamark
1 EL Paprikapulver, edelsüß
4 EL Reis, gekocht
2 EL Tomatenfleischwürfel
Streifen von grüner Gemüsepaprika

Hühnerkraftbrühe nach dem Grundrezept (S. 80) zubereiten, Paprikamark einrühren und mit Paprikapulver kräftig würzen. Mit Einlagen von körnig gekochtem Reis, Tomatenfleischwürfelchen und feinen Streifen von pochierten, grünen Gemüsepaprikas servieren.

Hühnerkraftbrühe mit Quarkklößchen

1 l Hühnerkraftbrühe (siehe Rezept Seite 80)

Quarkklößchen:

100 g Quark, sehr trocken
2 Eigelb
1 EL geklärte Butter
Salz
Muskatnuss, frisch gerieben
2 EL Paniermehl

Quark mit Eiern und Butter verrühren, mit Salz und etwas Muskat würzen und mit sehr feinem Paniermehl binden. Aus der Masse mittels Teelöffel kleine Klößchen in siedendes Salzwasser abstechen und gar ziehen lassen.

Hühnerkraftbrühe mit pochierter Geflügelleber

2 EL Tomatenfleischwürfel
20 g geklärte Butter
4 Geflügelleber
1 l Hühnerkraftbrühe, Convenience (oder s. Rezept Seite 80)
Salz, weißer Pfeffer, frisch aus der Mühle
1 TL Schnittlauchröllchen

Die Tomatenfleischwürfel in der Butter kurz anschwenken. Die Geflügelleber in der heißen Brühe pochieren. Die Suppe auf Tellern anrichten, jeweils eine pochierte Geflügelleber und Tomatenfleischwürfel dazugeben und mit Schnittlauch überstreuen. Dazu ofenfrische Gewürzhörnchen reichen.

Hühnerbrühe ebenso mit sehr dünnen Scheiben von Putenschinken oder geräucherter Gänsebrust anrichten.

Hühner-Melonen-Suppe

800 ml Hühnerkraftbrühe (siehe Rezept Seite 80)
300 g Melonenkugeln, mit Pariser Löffel ausgestochen
Salz
Zitronensaft
2 EL gekochte Hühnerbrust, gewürfelt
4 Stängel Zitronenmelisse

Die Hühnerkraftbrühe in einem Kessel zum Kochen bringen, die Melonenkugeln dazugeben, würzen, aufkochen und beiseite legen. Die Suppe auf Tellern anrichten, die Fleischwürfel dazugeben und mit Zitronenmelisse garnieren.

Für diese „schnelle Suppe" eignen sich besonders Netz- oder Honigmelonen. Des Weiteren können ebenso Avocadokugeln verwendet werden. Dann mit etwas Ingwerpulver und Orangensaft abschmecken.

Hühnerrahmsuppe

600 g	*Hühnerklein, Karkassen*
100 g	*Mirepoix*
200 g	*Hühnerbrust*
1	*Petersilienwurzel*
50 g	*Butter oder Margarine*
200 g	*Sellerie- und Möhrenwürfel, Lauchstücke*
1 EL	*Mehl*
1	*Eigelb*
100 ml	*Sahne*
	Salz, weißer Pfeffer
	Pistazien- und Mandelsplitter

Hühnerbrühe aus Hühnerklein, entbeinten Karkassen und Mirepoix bereiten. Brühe passieren und erkalten lassen. In der Brühe die Hühnerbrust kochen. Salz und Petersilienwurzel dazugeben. Das Fleisch ausbrechen, von der Haut befreien und in feine Streifen schneiden.

Butter oder Margarine zerlassen, Würfel von Sellerie und Möhren sowie Lauchstücke darin anschwitzen, alles mit Mehl bestäuben, nochmals anschwitzen lassen und mit der abgekühlten Hühnerbrühe auffüllen. Unter ständigem Rühren kurz aufkochen und langsam weiterkochen. Nach etwa 20 Minuten ist das Gemüse ausgekocht und somit ausgewertet. Der Mehlgeschmack ist durch das Anschwitzen und Kochen ebenfalls abgebaut. Die Suppe jetzt durch ein feines Spitzsieb oder ein Tuch passieren und mit Eigelb und Sahne legieren, zuerst nur mit einem Teil der Suppe verrühren. Die Mischung dann unter Rühren in die gesamte Menge geben. Die Suppe darf nicht mehr kochen, da das Eigelb sonst flockig wird und die Suppe ihre Weichheit bzw. Samtigkeit verliert. Zuletzt die Suppe mit Butter vollenden und abschmecken. Die Hühnerrahmsuppe mit den geschnittenen Brustfleischstreifen sowie Pistazien- und Mandelsplittern anrichten.

Zum Legieren sind für 1 Liter Rahmsuppe 100 ml Sahne und 1 Eigelb vorzusehen. Zum Verfeinern etwa 10–20 g Butter. Statt Weizenmehl ist Reismehl gut geeignet, denn es wird schneller geschmacksneutral. Hühner- oder Geflügelrahmsuppen lassen sich vielfältig variieren.

Nachfolgend einige Beispiele:
- Kokosmilch oder Kokosflocken
- angebratene Schinkenstreifen
- Röstbrotwürfelchen
- Currysahne
- geröstete Pistazien oder Mandeln
- Krebsbutter
- Tomatenketchup
- Püree von Zuckerschoten

Exotische Hühnersuppe

600 g	*Huhn*
1	*Zwiebel, gewürfelt*
40 ml	*Öl*
	Curry
	Salz, weißer Pfeffer
1 l	*Geflügelbrühe*
2	*Eier, hart gekocht*
150 g	*Sojabohnenkeimlinge (Konserve)*
	Sojasauce
	Sherry
	grüner Pfeffer

Das Huhn in Stücke schneiden und mit Zwiebelwürfelchen in heißem Öl goldgelb anbraten, dann mit Curry, Salz und weißem Pfeffer würzen, zusammen kurz anschwitzen und alles mit kalter Geflügelbrühe zum Kochen bringen. Sofort die Temperatur herunterschalten und abschäumen. Das Huhn darf nur simmern. Das Fleisch auslösen und in Würfel schneiden, ebenso die Eier. Eier, Fleisch und Sojabohnenkeimlinge in Tassen aufteilen und diese warm stellen. Die Brühe, inzwischen zur Hälfte reduziert, mit Sojasauce und Sherry abschmecken und sehr heiß in die Tassen füllen. Durch die kompakte Einlage wird nur etwa die Hälfte Suppe benötigt. Zuletzt jeweils einen halben Teelöffel grünen Pfeffer auf die Suppe geben und schnell sehr heiß zu Tisch geben.

Die außergewöhnliche Zubereitung lässt sich mit Ingwerpulver und etwas Safran (anstelle von Curry) geschmacklich verändern. Als Einlage sind weiterhin geschnittene Artischockenböden, in Butter angeschwenkte Streifen von Bambussprossen oder Lotoswurzeln zu verwenden.

Legierte Hühnersuppe

750 ml *Hühnerkraftbrühe (siehe Rezept Seite 80)*
Salz, weißer Pfeffer
2 *Eigelb*
125 ml *Sahne*

Hühnerkraftbrühe scharf würzen und mit den mit Sahne verquirlten Eigelben legieren. Als Einlagen können z. B. Hühnerfleischstreifen, Hühnerfleischklößchen, pochierte Gemüsestreifen, junge Erbsen, Champignonscheiben, Kräuterklößchen, Tomatenfleischwürfel usw. dienen.

Kokosnuss-Hühnersüppchen

200 g *Hühnerbrust*
20 g *Butter oder Margarine*
120 g *Kokosraspeln*
750 ml *Geflügelbrühe (Instant)*
Salz, weißer Pfeffer
Currypulver
Sojasauce
30 g *Mehlbutter*
Petersilie

Das Hühnerfleisch in feine Streifen schneiden und in heißem Fett leicht anbraten. Die Kokosflocken dazugeben, kurz mit anbraten, sofort mit Geflügelbrühe auffüllen, aufkochen, würzen, mit Mehlbutter binden und zehn Minuten sacht kochen lassen. Die fertige Suppe pikant abschmecken und mit Petersilie anrichten.

Mit frischen Kokosnüssen schmeckt die Suppe noch würziger. Kokosnüsse quer in der Mitte durchsägen. Das Fruchtfleisch aus der Schale herausstechen und raspeln. Der besondere Clou: Kokossuppe in den Nussschalen anrichten.

Bunte Nudelsuppe mit Hühnerklößchen

750 ml *Geflügelbrühe (Instant) oder 200 ml Fondkonzentrat aus dem Glas*
200 g *bunte Nudeln, al dente gekocht*
Salz, weißer Pfeffer
Tabasco
4 *Chesterstangen*

Hühnerklößchen:

200 g	Hühnerbrustfilet
1	Ei
40 ml	Sahne
	Salz, weißer Pfeffer
1/2 TL	geriebene Zitronenschale

Das Fleisch fein pürieren, mit den Zutaten vermengen und etwa zehn Minuten tiefkühlen. Inzwischen die Geflügelbrühe zum Kochen bringen, von der Fleischmasse mit einem Löffel Klößchen in die Brühe abstechen und darin gar ziehen lassen. Dann die Nudeln dazugeben und kurz zusammen aufkochen, abschmecken und mit Chesterstangen anrichten.

Orangensüppchen mit Putengeschnetzeltem

200 g	Putengeschnetzeltes
40 g	Butter oder Margarine
1 EL	Mehl
750 ml	Geflügelfond
	Salz
1 Prise	Cayennepfeffer
	Sherryessig
200 ml	Orangensaft, frisch gepresst
	sehr feine Streifchen von unbehandelter Orangenschale, blanchiert
1	Orange, geschält, filetiert
4	Rosmarinzweige

Das Putengeschnetzelte in heißem Fett goldgelb anbraten und mit Mehl bestäuben. Das Mehl hellbraun rösten. Sofort mit Geflügelfond auffüllen, aufkochen, würzen und zehn Minuten sacht weiterkochen lassen. Dann den Orangensaft dazugeben, die Suppe gut verrühren, pikant abschmecken, auf Tellern verteilen und mit Orangenschalenstreifen, Orangenfilets sowie Rosmarinzweigen garnieren.

Zu dieser pikanten Suppe schmeckt besonders Ingwersahne, dazu geschlagene Sahne mit Ingwersirup aromatisieren.

Porree-Rahmsuppe mit geräucherter Gänsebrust

800 g	Porree
	Salz, weißer Pfeffer
1 EL	gekörnte Geflügelbrühe
200 ml	süße Sahne
120 g	geräucherte Gänsebrust, in hauchdünne Scheiben geschnitten

Porree putzen, waschen und in 1–2 Zentimeter breite Stücke schneiden. Den so vorbereiteten Porree mit etwas Wasser, den Gewürzen und gekörnter Geflügelbrühe zugedeckt zum Kochen bringen. Dann die Sahne dazugeben, zugedeckt zehn Minuten fertig garen und im Mixer fein pürieren. Die Suppe nochmals zum Kochen bringen, abschmecken, auf sehr heiße Teller verteilen und je nach Belieben mit hauchdünnen, geräucherten Gänsebrustscheiben belegen. Zum Garnieren können einige Porreeringe verwendet werden.

Wenn Porree einst als „Spargel der Armen" bezeichnet wurde, so wissen wir heute, dass Porree wegen des hohen Anteils an Kalium, Calcium, Phosphor oder Vitaminen ein wertvolles Gemüse ist. Porree, auch als Lauch oder Breitlauch bezeichnet, ist mit langem, halben Schaft und kurzem Blattgrün an den Spitzen am beliebtesten.

Porree eignet sich besonders gut zum Füllen, dazu das Wurzelende abtrennen, die gewünschte Länge abschneiden, die äußeren Schalen abschieben und zum Füllen mit vielerlei Farcen, Mousses oder Parfaits füllen, pochieren und in entsprechende Ringe zur Einlage für Suppen schneiden.

Reissuppe mit Gemüse und Geflügelleber

je 100 g	*Möhren-, Sellerie- und Lauchstreifen*
500 ml	*Hühnerkraftbrühe (s. Rezept S. 80)*
100 g	*Geflügelleber*
	geklärte Butter zum Braten
	Salz, weißer Pfeffer
200 g	*Reis, gekocht*
1 EL	*Petersilie, gehackt*

Die Gemüsestreifen in die Hühnerbrühe geben und etwa zehn Minuten sacht kochen. Die Leber putzen, abtupfen, in Streifen schneiden und in heißer Butter unter häufigem Wenden schnell saftig braten. Die gebratene Leber salzen und mit dem Reis in die Suppe geben. Die Suppe nachwürzen und einige Minuten ziehen lassen. Die Suppe darf keinesfalls kochen. Die Leber wird sonst hart. Die fertige Suppe anrichten und mit Petersilie bestreuen.

Leber erst nach dem Braten salzen. Salz ist hygroskopisch und zieht somit Wasser an. Dieses Wasser würde das Fett zum Spritzen bringen.

Rote-Bete-Suppe mit Chicorée und Entenleber

600 g	*Rote Bete*
1 EL	*Zwiebelwürfel*
40 g	*Butter oder Margarine*
500 ml	*Rinderbrühe*
	Salz, Pfeffer aus der Mühle
	Zitronensaft
	Kümmel, gemahlen
	Sherryessig
300 g	*Chicorée, küchenfertig*
100 g	*Entenleber, küchenfertig*
	geklärte Butter
	Kräuter, gezupft

Die Rote Bete waschen, schälen und in kleine Würfel oder Scheiben schneiden. Die Zwiebelwürfel in heißem Fett andünsten, die Rote Bete dazugeben, mit Rinderbrühe auffüllen, würzen, aufkochen und 20 Minuten zugedeckt gar ziehen lassen. Die Rote Bete dann mit dem Mixstab oder im Mixer fein pürieren. Den Chicorée längs halbieren, quer in Scheiben schneiden, in die Rote-Bete-Suppe geben und darin drei Minuten sacht kochen lassen. Inzwischen die Entenleber in heißer Butter auf allen Seiten rasch braten. Die saftig gebratene Leber aus der Pfanne nehmen, in dünne Scheiben schneiden und mit Salz und Pfeffer würzen. Die Suppe pikant abschmecken, auf Tellern anrichten, mit Leberscheiben belegen und mit Kräuterblättchen garnieren. Dazu beispielsweise Croûtons servieren.

Anstelle von Chicorée ebenso Kopfsalat, Brunnenkresse oder Radicchio verwenden. Die Salatstreifen dann frisch auf die Teller geben und mit der heißen Suppe übergießen.

Sagosuppe mit Hühnerklößchen

1 l	*Hühnerkraftbrühe (s. Rezept S. 80)*
50 g	*Sago*
1 EL	*gehackte Kräuter*

Für die Hühnerfleischklößchen:

100 g	*Hühnerbrust*
1	*Ei*
	Salz, Pfeffer
1 EL	*Sahne*

Hühnerkraftbrühe zubereiten und mit Sago binden. Für die Hühnerfleischklößchen das Fleisch fein wolfen, mit Ei, Salz, Pfeffer und Sahne zu einer feinen Farce verrühren. Mit einem Löffel Klößchen abstechen und diese in der heißen Kraftbrühe gar ziehen lassen. Brühe vorm Servieren mit gehackten Kräutern überstreuen.

Sagosuppe lässt sich sehr einfach mit Curry, Paprikamark, Ketchup oder frischen Kräutern geschmacklich variieren.

Klare Spargelsuppe mit Hühnerfilet und Tomatenachteln

800 g	*Spargel*
500 ml	*Geflügelbouillon*
	Salz, weißer Pfeffer
1 Prise	*Zucker*
2	*Tomaten*
100 g	*Hühnerbrustfiletstreifen, in heißer Butter sautiert*
	Kräuterblättchen

Den Spargel waschen, sorgfältig schälen, in max. 1,5 Zentimeter lange Stücke schneiden und in Geflügelbouillon zum Kochen bringen. Dann würzen und zugedeckt zehn Minuten simmern lassen. Inzwischen die Tomaten enthäuten, kurz in kochendes Wasser geben, herausnehmen, halbieren, vom Kerngehäuse befreien und achteln. Die Spargelsuppe abschmecken, auf Tellern verteilen, mit Hühnerbruststreifen, jeweils vier Tomatenachtel und Kräuterblättchen ergänzen und mit ofenfrischem Baguette servieren.

Zum Gelingen dieser ungewöhnlichen Suppe ist Spargel von höchster Qualität erforderlich.
Grundsatz einer guten Suppe ist nach wie vor: Spitzenqualität erfordert hochwertige Rohstoffe. Dabei ist der Frischegrad von besonderer Bedeutung – nicht nur bei Gemüse, Obst, Kräutern und Südfrüchten.
Diese klare Spargelsuppe schmeckt auch kalt sehr gut.

Tomatierte Hühnerbrühe mit Reis

250 g	*Hühnerbrust*
1 l	*Geflügelfond*
100 g	*Reis, gegart*
2 EL	*Tomatenmark*
	Salz
	Tabasco
1 EL	*Schinkenwürfelchen, gebraten*

Hühnerbrust im Geflügelfond garen, Fleisch rausnehmen. Die Brühe mit gegartem Reis und Tomatenmark verkochen. Kräftig würzen und mit angebratenen Schinkenwürfelchen sowie dem klein geschnittenen Hühnerfleisch anrichten.

Würzsuppe mit Currysahne

200	g	*Hühnerfleischstreifen*
1	EL	*Zwiebelwürfel*
40	ml	*Olivenöl*
500	ml	*Rinderbrühe*
100	g	*grüne Lauchstreifen*
100	g	*Tomatenfleischstreifen*
100	g	*Krabben aus der Dose*
125	ml	*Weißwein*
		Salz
		Cayennepfeffer
		Currypulver
		Sojasauce
		Knoblauchessig
		Kräuter, grob gehackt
4	TL	*Currysahne*
		Kerbelzweige
		Fleurons

Die Hühnerfleischstreifen zusammen mit den Zwiebelwürfeln in heißem Öl blondieren, mit Rinderbrühe auffüllen und 5 Minuten sacht kochen. Dann die anderen Zutaten und Gewürze dazugeben, 10 Minuten weiter köcheln lassen und kräftig abschmecken. Die Suppe anrichten, mit Currysahne und einem Kerbelzweig garnieren. Fleurons am Tellerrand drapieren.

Zitronensuppe mit Putengeschnetzeltem und Pistaziensahne

1	EL	*Zwiebelwürfel*
50	g	*Butter oder Margarine*
200	g	*Putenschnitzel, in feine Streifen geschnitten*
800	ml	*Hühnerbrühe (Instant)*
4	EL	*Schnellkochreis*
1	Prise	*Muskatnuss, frisch gerieben*
		etwas abgeriebene Zitronenschale (unbehandelt)
		Salz, weißer Pfeffer
3		*Eier*
1		*Zitrone, gepresst*
12–16		*Blättchen Zitronenmelisse*
4	EL	*Pistaziensahne (Schlagsahne mit gehackten Pistazien vermischt)*

Die Zwiebelwürfel in heißem Fett glasig braten, die Fleischstreifen dazugeben und unter häufigem Wenden hellbraun braten. Dann die Hühnerbrühe aufgießen, alles zum Kochen bringen, den Reis hineinstreuen, würzen und etwa acht Minuten bei mittlerer Hitze kochen lassen. Inzwischen die Eier mit Zitronensaft verquirlen und in die Suppe rühren. Den Topf sofort von der Herdplatte nehmen. Die Suppe darf nicht mehr kochen, da das Eiklar sonst flockig wird. Suppe in heiße Teller füllen, mit Zitronenmelisse garnieren und mit Pistaziensahne behäufen.

Suppen mit Wild und Wildgeflügel

Fasanensuppe mit Wurzelgemüse

2	*Fasanenkeulen und Karkassen*
	Rinderknochen
	Öl
je 150 g	*Sellerie, Möhren*
2	*gespickte Zwiebeln*
	Salz, Pfeffer
	Basilikum
	Wacholderbeeren
	Sherry

Die Fasanenkeulen und Karkassen sowie die Rinderknochen hacken und in etwas Öl anbraten. Dann mit kaltem Wasser auffüllen, zum Kochen bringen und etwa eine Stunde simmern lassen. Den sich an der Oberfläche bildenden Schaum abschöpfen. Sellerie, Möhren, gespickte Zwiebeln, Salz und Gewürze dazugeben. Alles nochmals etwa eine Stunde simmern lassen. Die Brühe passieren, mit Sherry verfeinern und würzig abschmecken. Das Fleisch sowie Sellerie und Möhren in feine Würfel schneiden und als Einlage in die Suppe geben.

Fasanensuppe mit Teighaube überbacken

1 kg	*Fasanenkarkassen (Keulen, Flügel)*
1 EL	*Öl*
200 g	*Mirepoix*
125 ml	*Rotwein*
1,5 l	*Geflügelbrühe*
	Salz, Pfeffer
	Kräutersträußchen
4	*Blätterteigplatten*
1	*Eigelb*

Die Knochen und Fleischteile in etwas Öl und Mirepoix leicht bräunen, mit Rotwein und Geflügelbrühe auffüllen, würzen, Kräutersträußchen dazugeben und etwa zwei Stunden simmern lassen. Dabei mehrmals abschäumen. Suppentassen beispielsweise mit Einlage von Champignonscheiben, Trüffelstiften, Fasanenklößchen sowie Möhren- und Selleriejulienne vorbereiten. Die Brühe kräftig abschmecken und kalt stellen.

Inzwischen Blätterteig dünn ausrollen und runde Teigplatten ausstechen. Die erkaltete Brühe sowie die Einlagen in Tassen füllen, den oberen äußeren Tassenrand rundherum mit Eigelb bestreichen, die Teigplatten aufsetzen und Tassen rundherum fest verschließen. Teigplatten mit Dekor versehen und mit Eigelb bestreichen.

Tassen in die vorgeheizte Bratröhre schieben. Blätterteig bei 220 °C schnell backen, damit er sich nicht in die Brühe senkt. Temperatur dann herunterschalten, besonders Oberhitze. Nach etwa zehn Minuten ist die Suppe heiß und dann sofort servieren.

Die Brühe ist stets kalt einzufüllen. Heiße Brühe würde den Blätterteig durch die aufsteigenden Dämpfe zerstören, und der gewünschte Effekt wäre verloren. Teighaube am Tisch mit einem Löffel öffnen.
Zum Überbacken eignet sich besonders ein Mikrowellengerät mit Salamander. Zuerst den Blätterteig mittels Oberhitze backen. Die Suppe dann mittels Mikrowelle erhitzen.

Die Suppe mit Pistazienklößchen oder feinen Fleischklößchen anrichten und mit Cognac oder altem Sherry verfeinern.

Bevorzugte Einlagen sind z. B. pochierte Wachteleier, Fasanenfleischwürfelchen oder auch kleine Roggennudeln.

Das Wasserbad mit einem Tuch auslegen, um das Platzen des Glases zu verhindern.

Fasanentee mit Pistazienklößchen

Fleischtee wird allgemein nur aus Rindfleisch zubereitet. Um einen reinen Geschmack zu erhalten, ist stets frisches Fleisch zu verwenden. Aber ebenso wie aus Rindfleisch kann Fleischtee auch aus anderem geschmacksintensivem Fleisch oder Wildbret nach folgendem Grundrezept bereitet werden:

Zutaten für 1 Liter Fleischtee:

1 kg	*schieres Fasanenfleisch*
20 g	*Salz*

Pistazienklößchen:

100 g	*Feine Kalbfleischfarce*
40 g	*Pistazien, gehackt*

Das Fleisch grob wolfen, mit 400 ml kaltem Wasser und Salz vermengen, in ein verschließbares, möglichst durchsichtiges Gefäß (z. B. Einweckglas mit Schraubverschluss) füllen, in ein kaltes Wasserbad stellen und darin zum Kochen bringen. Die Kochdauer beträgt etwa zwei bis drei Stunden. Fleischtee zuletzt durch ein Tuch passieren. Die Zutaten für die Klößchen vermengen, mit einem Esslöffel kleine Klößchen in kochendes Salzwasser abstechen und darin gar ziehen lassen.

Hasenconsommé mit Portweinsahne

1,5 kg	*kleingehackte Hasenknochen und Parüren*
200 g	*Mirepoix*
40 ml	*Öl*
1,5 l	*Wildbrühe*
	Salz, Pfeffer
5	*Wacholderbeeren*
200 g	*Klärfleisch vom Wildbret*
2	*Eiweiß*
	Weinbrand nach Belieben

Portweinsahne:

80 g	*Sahne*
2 cl	*Portwein*

Knochen und Parüren mit Mirepoix anbraten, mit Wildbrühe auffüllen, gut würzen, etwa drei Stunden simmern lassen, passieren und kalt stellen. Dann entfetten mit Wildbretfleisch und Eiweiß wie üblich klären, abschmecken, passieren, mit etwas Weinbrand verfeinern, anrichten und mit Portweinsahne servieren. Steif geschlagene Sahne mit Portwein aromatisieren und damit die Hasenconsommé garnieren.

Hasensuppe mit Champignons

600 g	Hasenklein
1	gespickte Zwiebel
	Salz, Pfefferkörner
5	Wacholderbeeren
40 g	Butter
30 g	Mehl
150 g	Champignons
1 EL	scharfer Senf
2 EL	Johannisbeergelee
1	Orange, gepresst
1	Zitrone, gepresst
100 ml	Sahne
	Kresse

Das Hasenklein mit der Zwiebel und den Gewürzen in einem Liter Wasser kochen. Hasenklein herausnehmen, das Fleisch auslösen und gleichmäßig schneiden. Die Brühe passieren und dann Mehlschwitze bereiten. Das Mehl bräunen, die Champignons dazugeben, mit der Brühe auffüllen und fünf Minuten kochen. Jetzt Senf, Johannisbeergelee, Orangen- und Zitronensaft sowie das Hasenfleisch dazugeben. Alles kurz köcheln lassen, kräftig abschmecken und zuletzt die Sahne dazugeben. Die Suppe mit Kresse garnieren.

Jägermeistersuppe

100 g	fetter Speck, gewürfelt
500 g	Wildbret, in Würfel geschnitten
Je 100 g	Zwiebeln, Möhren und Sellerie, alles in feine Würfel geschnitten
10 g	getrocknete Pilze oder Pilzpulver
1 EL	Mehl
1 l	Wildjus
125 ml	Rotwein
	Salz, Pfeffer
	Zucker
1	Lorbeerblatt
	Wacholderbeeren
	Wildgewürzmischung

Die Speckwürfel auslassen und die Wildbretfleischwürfel sowie die Zwiebelwürfel darin kräftig anbraten. Die Gemüsewürfel und die geweichten Trockenpilze dazugeben und alles goldgelb anschwitzen. Dann mit Mehl bestäuben, durchschwitzen und mit Wildjus und Rotwein auffüllen. Jetzt die Gewürze dazugeben, alles gut verrühren und etwa 1 Stunde simmern lassen. Wildsuppe mit Gin- oder Wodkaschmant und Croûtons anrichten.

Kaninchensuppe mit Knoblauchcroûtons

1 kg	Kaninchenklein (mit Herz und Bauchlappen)
200 g	Mirepoix, gewürfelt
	Öl
1 l	Fleischbrühe
	Salz, Pfeffer
	Wacholderbeeren
	Lorbeerblatt
40 g	Mehlbutter
100 ml	Sahne
4 cl	Sherry
	Roggenbrotwürfel
	Butter
	Knoblauchsalz

Das Kaninchenklein zerteilen und zusammen mit dem Mirepoix in heißem Öl anbraten. Mit Fleischbrühe ablöschen und auffüllen, würzen und etwa eine Stunde köcheln lassen. Dann Mehlbutter dazugeben und zehn Minuten sacht weiter kochen. Die Suppe in einen anderen Topf passieren, mit Sahne und Sherry verfeinern, pikant abschmecken und nochmals erhitzen. Für die Knoblauchcroûtons Roggenbrotwürfel in zerlassener Butter rösten und mit Knoblauchsalz würzen. Die Suppe auf Tellern anrichten und servieren. Die Croûtons erst am Tisch zur Suppe geben.

Pikante Hasensuppe mit Polenta

	Hasenklein, einschließlich Herz, Nieren und Parüren
2	*Zwiebeln*
2	*Möhren*
1/3	*Sellerieknolle*
50 ml	*Öl*
	Wacholderbeeren
	Lorbeerblatt
	Gewürznelken
	Rosmarin
100 ml	*Rotwein*
1 EL	*Tomatenmark*
	Salz, Pfeffer
	Zitronensaft
100 ml	*Sahne*

Hasenklein, Zwiebeln, Möhren und Sellerieknollen sowie Wacholderbeeren, Lorbeerblatt, Gewürznelken und Rosmarin in heißem Öl kurz anbraten, mit etwa einem Liter Wasser auffüllen und langsam kochen, bis das Fleisch gar ist. Die Brühe durch ein Haarsieb abgießen, das Fleisch von den Knochen lösen und zusammen mit Herz, Nieren und dem Gemüse fein wolfen und in die Brühe geben. Dann Rotwein, Tomatenmark, Salz, Pfeffer und etwas Zitronensaft dazugeben. Die Suppe etwa zehn Minuten simmern lassen, mit Sahne verfeinern, pikant abschmecken, anrichten, garnieren und dazu evtl. frisch geröstete Weißbrotwürfel extra servieren. Als Einlage eignen sich gebratene Champignons, Polenta und Kräuterzweige.

Auf diese Art kann Wildsuppe auch von anderem Wildbret zubereitet werden. Anstatt Tomatenmark etwas Linsenmus zum Binden verwenden. Der typische Wildgeschmack wird dadurch betont. Tomatenmark gibt der Suppe jedoch die besonders pikante Note.

Pikante Kaninchenfleischsuppe

400 g	*schieres Kaninchenfleisch*
50 ml	*Öl*
1 EL	*Zwiebelwürfel*
500 ml	*Fleischbrühe*
125 ml	*Riesling*
1	*Knoblauchzehe, geschält, mit Salz zerrieben*
	Salz, weißer Pfeffer
1 Prise	*Rosmarinpulver*
1	*Zitrone*
4	*Eigelb*
100 ml	*Sahne*
	Kräuter, grob gehackt

Das Fleisch in kleine Würfel schneiden, in heißem Öl unter wenden anbraten, die Zwiebelwürfel dazugeben und alles gut bräunen. Dann Fleischbrühe, Riesling und Gewürze dazugeben und zugedeckt etwa eine halbe Stunde garen. Mittelteil der Zitrone schälen und die Zitrone halbieren. Von jeder Hälfte zwei gleich dünne Scheiben abschneiden, entkernen und beiseite legen. Die verbleibenden Hälften auspressen und den Saft in die Suppe geben. Mit einer Fingerprobe kann der Garpunkt des Fleisches festgestellt werden. Ist das Fleisch noch leicht bissfest, die Suppe vom Herd nehmen, mit Eigelb und Sahne legieren und abschmecken. Die Suppe auf Tellern anrichten, mit Kräutern bestreuen und jeweils mit einer Zitronenscheibe belegen. Dazu schmecken beispielsweise frischer Buttertoast und ein trockener Weißwein.

Diese Suppe auf gleiche Weise von Putenschnitzel, Fasanenbrust, Kalbfleisch, Schweinefleisch oder auch zartem Fischfilet, Seezungen oder Edellachs zubereiten.

Pikante Kaninchenrahmsuppe mit Champignons

800 g	*Kaninchenklein, Abschnitte und Parüren*
	Salz
1	*gespickte Zwiebel*
40 g	*Butter*
1 EL	*Mehl*
	Wacholderbeeren
	weißer Pfeffer aus der Mühle
1 TL	*scharfer Senf*
1 EL	*Johannisbeergelee*
1 TL	*Zitronensaft*
2 EL	*Madeira*
100 g	*Champignonscheiben*
125 ml	*Sahne*
	abgeriebene Schale einer unbehandelten Orange,
	frische Minze oder Zitronenmelisse

Das Kaninchenklein waschen, abtropfen lassen und mit etwa einem Liter Wasser, Salz und der gespickten Zwiebel aufkochen, abdecken und etwa eine Stunde köcheln lassen. Die Brühe in einem anderen Topf passieren. Das verwertbare Fleisch von den Knochen lösen, in feine Würfel schneiden und als Einlage in die Suppe geben. In einem Suppentopf Mehlschwitze bereiten, mit der Kaninchenbrühe auffüllen und acht Minuten kochen. Dann die anderen Zutaten außer Orangenschalen und Minze in die Suppe geben, gut verrühren, aufkochen und einige Minuten köcheln lassen. Die fertige Suppe pikant abschmecken und anrichten. Zuletzt mit geriebener Orangenschale und gezupfter Minze oder Zitronenmelisse bestreuen.

Auf die gleiche Weise Suppe von Hasenklein oder Wildgeflügelabgängen zubereiten.

Extrakt von Perlhuhn

1 kg	*Perlhuhnkarkassen (Flügel, Hälse usw.)*
200 g	*Mirepoix*
1 EL	*Öl*
	Salz, Pfeffer
1	*gespickte Zwiebel*
1	*Kräutersträußchen*
200 g	*Perlhuhnbrust*
	Brandteigkrapfen

Perlhuhnkarkassen und Mirepoix in etwas heißem Öl anrösten, mit Wasser auffüllen und aufkochen lassen. Die

Temperatur herunterschalten, Salz, Pfefferkörner, gespickte Zwiebel und Kräutersträußchen dazugeben. Die Brühe darf nur simmern, keinesfalls kochen. Öfters den Schaum mit einem Schaumlöffel entfernen. Brühe zur Hälfte reduzieren. Nach etwa drei Stunden passieren und erkalten lassen. Dann entfetten und kalt mit Perlhuhnbrust erneut zum Kochen ansetzen. Das Fleisch langsam in der Brühe garen, dabei Brühe nochmals zur Hälfte reduzieren. Das Perlhuhnfleisch für Suppeneinlagen oder Salate verarbeiten. Perlhuhnessenz sehr heiß mit frischen Brandteigkrapfen anrichten.

Die Brühe mit sehr wenig Salz ansetzen, damit der Extrakt durch das Reduzieren nicht versalzen wird.

Perlhuhnkraftbrühe mit Backerbsen

1,5 kg	*Karkassen vom Perlhuhn*
200 g	*Mirepoix*
	Öl
	Salz, Pfefferkörner
1	*gespickte Zwiebel*
1	*Bouquet garni*
400 g	*Perlhuhnbrust*
4 cl	*Portwein*
Backerbsen:	
1	*Ei*
1	*Eiweiß*
1 EL	*Öl*
1 Prise	*Salz*
50 g	*Mehl*
	Fett zum Ausbacken

Perlhuhnkarkassen und Mirepoix in etwas Öl anrösten, mit zwei Liter Wasser auffüllen und aufkochen lassen. Die Temperatur herunterschalten, Salz, Pfefferkörner, gespickte Zwiebel und Kräutersträußchen dazugeben. Die Brühe darf nur simmern, keinesfalls kochen. Öfters Schaum mit einem Schaumlöffel entfernen, Brühe zur Hälfte reduzieren und nach etwa zwei Stunden passieren und erkalten lassen. Dann entfetten und kalt mit Perlhuhnbrust erneut zum Kochen ansetzen. Das Fleisch langsam in der Brühe garen und dabei Brühe nochmals reduzieren. Das Perlhuhnfleisch als Suppeneinlage oder Salat verarbeiten. Perlhuhnkraftbrühe mit Portwein verfeinern.

Für die Backerbsen Ei, Eiweiß, Öl, Salz und Mehl zu einem glatten Tropfteig verrühren. Über einen Durchschlag in heißes Fett tropfen lassen. Wichtig ist, dass die Backerbsen nicht aneinander kleben, sondern einzelne Kügelchen bilden. Backerbsen gut abtropfen lassen und über die heiße Suppe geben.

Die Brühe mit sehr wenig Salz ansetzen, damit die Kraftbrühe durch das Reduzieren nicht versalzen wird.
Perlhuhnkraftbrühe kann auch mit Trüffelklößchen und Sherry verfeinert werden.

Trüffelklößchen: 100 g Perlhuhn- oder auch Kalbfleisch fein wolfen, mit 1 Ei und 50 g Sahne zu einer feinen Farce rühren, mit Salz und Pfeffer würzen, mit 1 TL gehackten Trüffeln aromatisieren und Klößchen daraus bereiten.
Zur Perlhuhnkraftbrühe passen weiterhin Maisnocken oder Haselnussklößchen.

Rebhuhnkraftbrühe

1 l	*Wildkraftbrühe (siehe Rezept Seite 100)*
500 g	*Rebhuhnkarkassen*
500 g	*Rebhuhnparüren*
200 g	*Rebhuhnfleisch*
4	*Eiklar*
	Salz, Pfefferkörner
	Wacholderbeeren
1	*Lorbeerblatt*
20 g	*Pilze, getrocknet, z. B. Morcheln*

Wildkraftbrühe mit angerösteten Rebhuhnkarkassen und Parüren aromatisieren. Zum Klären das Rebhuhnfleisch, Eiklar, Gewürze und getrocknete Pilzen beigeben. Alle Zutaten etwa 20 Minuten kochen lassen und anschließend durch ein Haarsieb passieren. Rebhuhnkraftbrühe beispielsweise mit feinen Wildklößchen, Champignonscheiben oder Trüffelwürfelchen anrichten.

Kraftbrühen müssen sehr heiß in vorgewärmte Tassen gefüllt und rasch serviert werden.

Rehkraftbrühe mit Waldpilzen

1 l	*Wildkraftbrühe mit Rehknochen und -parüren (s. Rezept S. 100)*
200 g	*Waldpilze, küchenfertig*
	Salz, Pfeffer
1 EL	*Bauchspeck, fein gewürfelt*
1 EL	*Zwiebeln, fein gewürfelt*

Kraftbrühe aus Rehknochen und Parüren wie „Wildkraftbrühe“ (s. Rezept S. 100) zubereiten. Frische Waldpilze, fein hacken, würzen und mit sehr feinen Bauchspeck- und Zwiebelwürfelchen anschwitzen. Dann mit Rehkraftbrühe auffüllen und etwa 15 Minuten simmern lassen. Dazu schmecken Kräutertoast oder ofenwarme Gewürzhörnchen.

Legiertes Taubensüppchen

2–3	*Tauben (für etwa 10 Portionen)*
200 g	*Mirepoix*
	Öl zum Anbraten
2,5 l	*Geflügelbrühe*
	Salz, Pfeffer aus der Mühle
5	*Eigelb*
200 ml	*Sahne*

Die Tauben vierteln und mit Mirepoix in etwas heißem Öl goldbraun anbraten. Sofort mit kalter, klarer Geflügelkraftbrühe auffüllen, würzen und zum Kochen bringen. Dann etwa eine Stunde simmern lassen. Die Brühe soll nicht kochen. Währenddessen die Suppe mehrmals abschäumen. Die Taubenstücke ausstechen, das Fleisch ablösen und in feine Würfel schneiden. Die Brühe passieren, mit in Sahne verquirltem Eigelb legieren und abschmecken. Das Taubenfleisch als Einlage in die vorgeheizten Tassen geben. Des Weiteren sind z. B. gekochte oder pochierte Wachteleier, Champignonscheiben, feine Geflügelklößchen, Kräuterklößchen, Glasnudeln oder Gemüsejulienne als Einlage zu verwenden.

Die Brühe darf nicht kochen, sondern nur bis zur so genannten Rose erhitzt werden. Suppe mit einem Holzlöffel entnehmen. Löffel sofort waagerecht halten und darauf pusten. Entsteht dabei ein rosenförmiges Bild, ist der richtige Garpunkt erreicht.

Auf die gleiche Weise sind legierte Suppen von anderem Wildgeflügel oder Geflügel zu bereiten, z. B. von Rebhuhn, Fasan, Wachteln, Birkhuhn.

Teltower Rübchen-Rahmsuppe mit Wildschinken

600 g Teltower Rübchen, küchenfertig
200 g Kartoffelwürfel, roh
Salz
Tabasco
weißer Balsamico-Essig
1 EL Gemüsebrühe (Instant)
200 g Crème fraîche
1 EL Honig
Wildschinkenscheiben, sehr dünn, nach Belieben
Kräuterzweige (Kerbel, Petersilie, Estragon)
Walnüsse, grob gehackt

Die Rübchenwürfel mit Kartoffelwürfeln, etwas Wasser und den Gewürzen aufkochen und etwa 15 Minuten zugedeckt köcheln. Dann fein pürieren, die Crème fraîche darunter schlagen, mit Honig pikant abschmecken, erhitzen und auf Tellern anrichten. Mit Schinkenscheiben und Kräuterzweigen sowie den Nusskernen garnieren.

Tomatierte Wildkraftbrühe mit Wodkaschmant

800 ml Wildkraftbrühe (siehe Rezept Seite 100)
2 EL Ketchup
60 g Schmant
2 cl Wodka

Wildkraftbrühe zubereiten und mit Ketchup vermengen. Als Einlage beispielsweise Wildfleischwürfelchen sowie geröstete Croûtons hinzufügen und mit Wodkaschmant servieren.

Wachtelconsommé mit Champignonklößchen unter der Teighaube

4 Wachteln
200 g Mirepoix
Öl
2 l Wildbrühe
Salz, Pfefferkörner
Wacholderbeeren
4 cl Weinbrand
4 Blätterteigplatten

Pilzklößchen:

100 g feine Kalbsfarce
50 g frische fein gehackte Champignons

Die Wachteln vierteln und mit dem Mirepoix in etwas heißem Öl kurz anbraten. Dann mit kräftiger Wildbrühe übergießen, leicht würzen und etwa eine Stunde köcheln lassen. Den Topf nicht abdecken, da die Brühe bis zur Hälfte reduziert werden soll. Die fertige Consommé passieren, Weinbrand dazugeben, nochmals abschmecken und kalt stellen. Die Wachteln entbeinen, das Fleisch in Würfel schneiden und als Suppeneinlage verwenden.
Für die Pilzklößchen Kalbsfarce und gehackte Champignons vermengen. Von der Masse mit einem Teelöffel Klößchen in kochende Fleischbrühe abstechen, gar ziehen und erkalten lassen. Das Wachtelfleisch und die Pilzklößchen in feuerfeste Suppentassen verteilen, mit der kaltem Consommé übergießen und mit einer Blätterteigplatte verschließen. Die so vorbereiteten Suppen im Grill oder in der Bratröhre backen.

Zum Fertigstellen der Suppe sind besonders Mikrowellengeräte mit eingebautem Grill geeignet. Der Teig bindet sofort, die Suppe wird richtig heiß und die Oberfläche erhält die gewünschte Farbgebung.

Wachtelsuppe mit Hagebutten

1 kg Wachtelkarkassen
200 g Mirepoix
30 g Mehl
1 l Wildbrühe
Salz, Pfeffer
Wacholderbeeren
4 cl Sherry
2 EL Hagebuttenauszug oder Hagebuttenmark

Wachtelkarkassen mit Mirepoix anbraten, mit Mehl bestäuben, alles gut bräunen und sofort mit Wildbrühe auffüllen, mit Salz, Pfeffer und Wacholderbeeren würzen. Mit Sherry verfeinern. Etwa eine Stunde simmern lassen. Mit Hagebuttenauszug oder Hagebuttenmark aromatisieren. Als Einlagen können beispielsweise Wachtelklößchen, Wachteleier oder Wachtelfleischstreifen verwendet werden.

Wachtelsuppe ebenso mit Preiselbeeren, Ebereschen oder Holunder aromatisieren. Anstelle der Wildfrüchte eignen sich weiterhin Waldpilze, Sellerieperlen oder Lauchstreifen.

Wachtelsuppe mit Kräutercroûtons

4 Wachteln, küchenfertig
1,5 l klare Geflügelbrühe
1 Bouquet garni
Salz, weißer Pfeffer aus der Mühle

Käutercroûtons:

Kräuter, gehackt
Eigelb
Salz
8 Weißbrottaler, etwa 3 cm rund, ausgestochen

Die Wachteln in die kalte Geflügelbrühe geben und zum Kochen bringen. Dann das Bouquet garni dazugeben und etwa 20 Minuten köcheln lassen. Inzwischen die Kräuter mit Eigelb verrühren, würzen und auf den Weißbrottalern verteilen. Die Wachteln ausstechen und leicht abkühlen lassen. Die Brühe passieren, abschmecken und heiß stellen. Wachteln häuten, Brust- und Keulenfleisch auslösen und in der Reihenfolge auf vier heißen Tellern verteilen. Zwischendurch die Kräutercroûtons gratinieren. Die Suppe anrichten, die Kräutercroûtons dazugeben und schnell servieren.

Waldpilzsuppe mit Wildschinken und Kerbel

60 g Bauchspeckwürfel
1 EL Zwiebelwürfel
500 g Waldpilze, gemischt
1 EL Mehl
750 ml Rinderbrühe
100 g Tomatenfleischwürfel
1 TL Rotweinessig
Salz, weißer Pfeffer
1 EL Kerbel, gehackt
100 g Wildschinken
Butter

Die Speckwürfel auslassen, die Zwiebelwürfel dazugeben und anschwitzen. Die Pilze fein in Blätter schneiden, dazugeben und alles kurz anbraten. Dann mit Mehl bestäuben, mit Fleischbrühe auffüllen und aufkochen. Die Tomatenfleischwürfel zufügen, kräftig würzen und zehn Minuten zugedeckt köcheln lassen. Dann den gehackten Kerbel untermischen, abschmecken und weitere zwei Minuten köcheln. Den Wildschinken in sehr feine Streifchen schneiden und in etwas Butter anbraten. Die Waldpilzsuppe auf Tellern anrichten, die Wildschinkenstreifen darüber geben und sofort servieren. Dazu schmeckt frisches Roggenbrot oder auch Vollkorn- oder Sojaspätzle.

Wildconsommé mit Trüffelklößchen und Blattgold

1 kg Wildknochen, Parüren
200 g Mirepoix
1 EL Öl
125 ml Rotwein
Salz, Pfefferkörner
Wacholderbeeren
Kräutersträußchen
400 g mageres Wildfleisch
Blattgold nach Belieben

Trüffelklößchen:

100 g Rehfleisch
1 TL Trüffelstiftchen
1 Ei
50 g Sahne
Salz, Pfeffer

Wildknochen, Parüren und Mirepoix mit etwas Öl anrösten, mit Rotwein und Wasser auffüllen und aufkochen lassen. Dann die Temperatur herunterschalten, Salz, Pfefferkörner, Wacholderbeeren und Kräutersträußchen dazugeben. Die Brühe darf nicht kochen, sondern nur simmern. Den sich auf der Oberfläche bildenden Schaum entfernen. Brühe stark reduzieren. Nach etwa vier Stunden passieren und erkalten lassen. Dann entfetten und kalt mit magerem Wildfleisch erneut zum Kochen ansetzen. Wildfleisch in der Brühe langsam garen. Dabei die Brühe zur Hälfte reduzieren.

Für die Trüffelklößchen Rehfleisch fein wolfen, mit Trüffelstiftchen, Ei und Sahne auf Eis aufmontieren, mit Salz und Pfeffer würzen und kalt stellen. Von der Masse kleine Klößchen in die siedende Wildbrühe abstechen und gar ziehen lassen.

Das Wildfleisch in Würfel schneiden und als Einlage für die Consommé verwenden oder für Wildsalat verarbeiten. Wildconsommé sehr heiß mit Einlagen von Trüffelklößchen und Blattgold verfeinern.

Die Brühe mit sehr wenig Salz würzen. Durch das starke Reduzieren könnte sonst die Essenz versalzen werden.

Diese Suppe mit Stövchen anrichten, so behält sie die richtige Temperatur bis zum letzten Tropfen.

Wildconsommé mit Waldpilzen, Wildklößchen und Wachtelei unter Sesamblätterteighaube

800 ml Wildconsommé, kalt (siehe Rezept Seite 98)
100 g Waldpilze, geschmort
4 Wachteleier, gekocht
2 EL Wildklößchen
Eigelb
4 runde Blätterteigplatten, etwa 10 cm Durchmesser
Sesamkörner

Die Zutaten in feuerfeste Tassen verteilen und die kalte Kraftbrühe dazugeben. Die Tassenränder mit Eigelb bestreichen, die Teigplatten über die Tassen geben und fest andrücken. Die Blätterteighaube mit einem Eigelb-Wasser-Gemisch bestreichen und mit Sesamkörnern bestreuen. Die Tassen sofort in den Grill, in die vorgeheizte Bratröhre oder in den Mikrowellenherd mit Salamander stellen, schnell den Blätterteig backen und die Suppe erhitzen.

Wildentenconsommé mit Pilzravioli

Für 1,5 Liter

1	*Wildente*
150 g	*Klärfleisch, grob gewolft*
etwa 250 g	*Mirepoix*
2–3	*Eiklar*
	Salbei
	Thymian
	Lorbeerblätter, zerdrückt
	Salz
2 l	*Wildkraftbrühe (s. Rezept S. 100)*
	Pilzravioli, Fertigprodukt

Die Ente enthäuten, das Fleisch auslösen und grob wolfen. Die Knochen und Karkassen hacken und anrösten. Das Enten- und Klärfleisch in eine Kasserolle geben und mit dem Gemüse, Eiklar, Gewürzen, Salz und kaltem Wasser gut vermischen. Die kalte Wildkraftbrühe unter Rühren dazugießen, ebenso die gerösteten Knochen. Alles zum Kochen bringen und etwa eine Stunde simmern lassen. Die Consommé muss goldklar sein. Zuletzt durch ein Haarsieb passieren, gut abschmecken und in heißen Tassen mit Pilzravioli servieren. Zur Verfeinerung etwas Cognac dazugeben.

Wildentenextrakt

Für etwa 1,5 Liter

1	*Wildente*
150 g	*Klärfleisch, grob gewolft*
etwa 250 g	*Mirepoix*
2–3	*Eiklar*
	Salbei
	Thymian
	Lorbeerblätter, zerdrückt
	Salz
2 l	*Wildkraftbrühe (s. Rezept S. 100)*

Die Ente enthäuten, das Fleisch auslösen und grob wolfen. Die Knochen und Karkassen hacken und anrösten. Das Enten- und Klärfleisch in eine Kasserolle geben und mit dem Gemüse, Eiklar, Gewürzen, Salz und kaltem Wasser gut vermischen. Die kalte Wildkraftbrühe unter Rühren dazugießen, ebenso die gerösteten Knochen. Alles zum Kochen bringen und etwa eine Stunde simmern lassen. Der Extrakt muss goldklar sein. Zuletzt gut abschmecken und in heißen Tassen servieren. Zur Verfeinerung einen Schuss Cognac zugeben. Dazu frisch gebackene Käsestangen reichen.

Wildentensuppe mit Rüben

1	*Wildente*
etwa 1,5 l	*Geflügelbrühe*
1	*gespickte Zwiebel*
300 g	*gelbe Steckrüben*
300 g	*Rote Bete*
	Salz, weißer Pfeffer
	Cayennepfeffer
4	*Kräuterzweige*

Die Wildente filetieren, die Filets in Streifen schneiden und in etwas Geflügelbrühe garen. Die Karkasse zerteilen, mit Geflügelbrühe und gespickter Zwiebel ansetzen und etwa 1,5 Stunden köcheln lassen. Die Steckrüben und Rote Bete waschen, putzen, in gleich große, kleine rhombenartige Scheiben schneiden und in einen Suppentopf geben. Die Wildbrühe passieren, auf die Rüben gießen, alles aufkochen, würzen und etwa 15 Minuten köcheln lassen. Zuletzt die Filetstreifen dazugeben und alles kurz verkochen. Die fertige Suppe pikant abschmecken, auf Tellern anrichten, dabei die Filetstreifen verteilen und mit Kräuterzweig garnieren.

Wildextrakt

1 kg	*Wildknochen, Parüren*
200 g	*Mirepoix*
40 g	*Öl*
150 ml	*Rotwein*
	Salz, Pfeffer aus der Mühle
	Wacholderbeeren
	Kräutersträußchen
500 g	*Wildfleisch*

Wildknochen, Parüren und Mirepoix in etwas Öl rösten, mit Rotwein und einem Liter Wasser auffüllen und auskochen lassen. Dann die Kochstufe herunterschalten und Salz, Pfeffer, Wacholderbeeren sowie Kräutersträußchen dazugeben. Die Brühe darf nicht kochen, sondern nur köcheln. Den sich auf der Oberfläche bildenden Schaum öfters entfernen. Brühe stark reduzieren lassen. Nach etwa drei Stunden passieren und erkalten lassen. Dann entfetten und kalt mit magerem Wildfleisch erneut zum Kochen ansetzen. Wildfleisch in der Brühe langsam garen, dabei Brühe zur Hälfte reduzieren. Das Wildfleisch in Würfel schneiden und als Einlage für den Extrakt verwenden oder für Wildsalat verarbeiten. Wildessenz sehr heiß mit beispielsweise gekochtem Wachtelei und Champignonscheiben servieren.

Wildgulaschsuppe

400 g	*Wildbretfleisch*
100 g	*Bauchspeck, in Streifen geschnitten*
100 g	*Zwiebeln, in Scheiben geschnitten*
	Salz, Pfeffer
	Zucker
1 EL	*Mehl*
125 ml	*Rotwein*
250 ml	*Wildjus*
1	*rote Gemüsepaprika, in Streifen geschnitten*
100 g	*Pilze, klein geschnitten*
	Paprikapulver edelsüß
	Petersilie

Das Fleisch in haselnussgroße Stücke schneiden. Den Speck auslassen, die Zwiebeln dazugeben und beides hellbraun werden lassen. Dann das Fleisch dazugeben, alles goldbraun anbraten, mit Salz, Pfeffer und Zucker würzen und mit Mehl bestäuben. Das Mehl anschwitzen, mit Rotwein und Wildjus auffüllen und etwa 20 Minuten köcheln lassen. Gemüsepaprikastreifen sowie Pilze dazugeben und fertig garen. Zuletzt abschmecken, anrichten, mit gehackter Petersilie überstreuen und sofort servieren. Diese deftige Suppe als Eintopf reichen. Dazu schmeckt frisches Roggenbrot

Wildkraftbrühe

1 kg	*Wildknochen*
200 g	*Mirepoix, geröstet*
	Salz, Pfefferkörner
	Wacholderbeeren
200 g	*mageres Wildfleisch*
1	*Kräutersträußchen*
	Weinbrand

Wildknochen sägen oder hacken, kurz blanchieren, mit kaltem Wasser abspülen und kalt ansetzen. Alles kurz aufkochen lassen, dann Heizstufe herunterschalten und simmern lassen. Den sich auf der Oberfläche bildenden Schaum sorgfältig abschöpfen. Nach etwa zwei Stunden Mirepoix und dazugeben. Nach weiteren zwei Stunden Brühe passieren und kalt stellen. Mageres Wildfleisch mit der kalten Brühe zum Kochen ansetzen. Nach kurzem Aufwallen ist darauf zu achten, dass das Fleisch nicht kochen darf. Die Brühe wird sonst trüb und müsste geklärt werden. Etwa 30 Minuten vor Ende der Garzeit des Wildfleisches ein Kräutersträußchen dazugeben. Die Brühe dann sorgfältig passieren, mit Salz und Weinbrand abschmecken. Das Fleisch erkalten lassen, in feine Würfel schneiden und als Einlage für die Wildkraftbrühe verwenden. Als Einlage eignen sich weiterhin gekochte Wachteleier, Wildklößchen, Selleriestreifen, Pilzscheiben, Sauerampferklößchen oder Profiteroles.

Wildkraftbrühe kann außerdem wie klare Ochsenschwanzsuppe zubereitet werden, das heißt, die zerkleinerten Wildknochen und das Röstgemüse in Öl anbraten, mit Rotwein ablöschen und weiter wie klare Ochsenschwanzsuppe zubereiten.
Mit wenig Aufwand lässt sich aus der Wildkraftbrühe eine Wildcremesuppe zubereiten. Dazu eine helle Mehlschwitze mit der Brühe verkochen, passieren und mit Eigelb und Sahne legieren. Zur Einlage eignen sich z. B. Champignonscheiben, Wildklößchen und gekochtes in Würfel geschnittenes Wildfleisch sowie frische Croûtons. Alternativ eignen sich auch Streifen von Sauerampfer oder Sauerampfercroûtons. Dazu rund ausgestochene Weißbrotcroûtons mit fein gehackten, mit Ei und Reibekäse vermengtem Sauerampfer bestreichen und gratinieren. Auf gleiche Weise Wildsuppe mit Kerbel, Estragon, Salbei, Brennessel oder Rosmarin zubereiten.

Anmerkung:
Helle Wildkremsuppen sind allgemein wenig aktuell, doch eine mit größter Akribie zubereitete Wildkremsuppe ist eine echte Gaumenfreude.

Wildkraftbrühe mit pochiertem Wachtelei und Pilzklößchen

	Wildkraftbrühe (siehe Rezept Seite 100)
4	*Wachteleier*

Pilzklößchen:

etwa 100 g	*feine Wildfarce*
50 g	*Pilze, fein gehackt*

Wildkraftbrühe zubereiten. Als Einlage pochierte Wachteleier sowie Pilzklößchen verwenden. Für die Zubereitung der Pilzklößchen Wildfarce und gehackte Pilze vermengen. Von der Masse mit einem Teelöffel Klößchen in die kochende Brühe abstechen, gar ziehen und erkalten lassen.

Wildsuppe einmal anders

500 g	*Wildbretfleisch vom Hals, Kamm oder Parüren*
1	*Zwiebel, geviertelt*
1	*Möhre, geschnitten*
50 ml	*Öl*
1 l	*Wildfond*
	Salz
	Wacholderbeeren
	Gewürznelke
	Lorbeerblatt
1–2 EL	*Johannisbeergelee*
1 EL	*Senf*
2 cl	*Weinbrand*
	Saft einer Orange
4 EL	*Preiselbeersahne*

Wildbretstücke und Gemüse in heißem Öl rasch anbraten, mit Wildfond auffüllen und mit den Gewürzen langsam kochen. Die Brühe dann in einen anderen Topf passieren, das Fleisch ohne Sehnen und Haut in feine Würfel schneiden und mit Johannisbeergelee, Senf, etwas Weinbrand und dem Saft einer Orange zur Brühe geben. Alles etwa zehn Minuten köcheln lassen. Suppe kräftig abschmecken, anrichten und mit etwas Preiselbeersahne vervollständigen.

Braune Wildsuppe

500 g	*Wildknochen*
200 g	*Wildbretabschnitte*
1	*Zwiebel, grob geschnitten*
100 g	*Mirepoix, klein geschnitten*
	Salz, Pfeffer
	Pfefferkörner
	Thymian
	Wacholderbeeren
1	*Lorbeerblatt*
2 EL	*Öl*
1 l	*Wildbrühe*
60 g	*Soßenkuchen*
5 cl	*Rotwein*

Wildknochen mit Wildbretabschnitten, Zwiebeln, Mirepoix und den Gewürzen in heißem Öl stark anrösten. Dabei öfters umrühren, Wildbrühe zugießen und langsam kochen lassen. Wenn die Wildbretabschnitte gar sind, das Fleisch ausstechen, erkalten lassen und in feine Würfel schneiden. Den Fond mit Soßenkuchen verkochen oder mit brauner Roux binden und passieren. Suppe mit Rotwein verfeinern und gegebenenfalls nachwürzen. Das Fleisch in Suppentassen geben und mit der Wildsuppe auffüllen.

Die Suppe schmeckt besonders gut mit etwas Preiselbeersahne und frisch gerösteten Croûtons.

Braune Wildsuppe mit Champignons

200 g	*Champignons*
	Butter
	Salz, Pfeffer
800 ml	*braune Wildsuppe*
	(s. Rezept Seite 102)
	Saure Sahne

Die Champignons putzen, waschen, in Scheiben schneiden, in etwas Butter dünsten, würzen, in die Wildsuppe geben und fünf Minuten zusammen köcheln lassen. Die Suppe mit etwas saurer Sahne anrichten.

Wildsuppe Feinschmecker Art

je 400 g	*Wildknochen und*
	Wildbretparüren
100 ml	*Rotwein*
2 cl	*Weinbrand*

Aus Wildknochen und Wildbretparüren eine kräftige braune Wildsuppe bereiten, sehr fein passieren, mit Rotwein und Weinbrand verfeinern. Als Einlage beispielsweise Fasanenklößchen und pochiertes Wachtelei sowie frische geröstete Kerbelcroûtons oder Kastanien-Eierstiche verwenden.

Wildsuppe mit dreierlei Hülsenfrüchten

100 g	*Bauchspeck*
1 EL	*Zwiebelwürfel*
400 g	*Wildfleisch, in Würfel geschnitten*
500 ml	*Fleischbrühe*
	Salz, weißer Pfeffer
	Essig
1 Prise	*Zucker*
	Wacholderbeeren, gehackt
1 EL	*Wacholderschnaps oder Gin*
je 150 g	*weiße Bohnen, Erbsen, Linsen (vorgegart)*
100 ml	*Rotwein*
4 EL	*Crème fraîche*
1 TL	*Schnittlauchröllchen*

Den Bauchspeck in feine Streifen schneiden und in einem Suppentopf auslassen. Die Zwiebelwürfel dazugeben und alles hellbraun braten. Das Wildfleisch dazugeben, kurz mit anbraten, mit Fleischbrühe auffüllen, aufkochen, würzen und etwa eine Stunde sacht kochen. Dann die Hülsenfrüchte und Rotwein dazugeben, würzen und zusammen fünf Minuten verkochen. Die Suppe zuletzt abschmecken, mit Crème fraîche anrichten und mit Schnittlauchröllchen überstreuen.

Wildsuppen sind in unbegrenzten Variationen herzustellen. Meist werden sie in Verbindung mit Linsen zubereitet. Die Kombination mit dreierlei Hülsenfrüchten verleiht der Suppe ein besonderes Aroma.

Wildsuppe mit Linsen

200 g	*Linsen, über Nacht geweicht*
100 g	*Mirepoix*
	Salz
1	*Kräutersträußchen*
500 g	*Wildbretparüren*
40 g	*Butter*
1 l	*Wildbrühe*
30 g	*helle Mehlschwitze*
4 cl	*Rotwein*

Die Linsen mit Mirepoix, Salz, Kräutersträußchen und so viel Wasser ansetzen, dass die Linsen gerade bedeckt sind. Die Wildparüren in Butter anbraten, mit der Wildbrühe auffüllen und kochen. Das Fleisch, sobald es gar ist, ablösen und im Mixer fein pürieren. Den Fond zu den Linsen geben und die Linsen fertig garen. Dann mit Mehlschwitze binden, kurz kochen und passieren. Das Wildmus und Rotwein dazugeben, die Suppe gut abschmecken und beispielsweise mit Champignonscheiben, Wildklößchen und frisch gerösteten Croûtons anrichten.

Suppen mit Fisch

Aalsuppe mit Gemüse

600 g Aal, küchenfertig
2 EL Zitronensaft
1 Bund Suppengrün
1 EL Zwiebelwürfel
20 ml Öl
Fischbrühe
Salz, Pfeffer
Paprika edelsüß
100 g Tomatenfleischachtel
1 TL Salbeiblätter, gehackt
2 Eigelb
2 EL Sahne

Den Aal abziehen und filetieren. Die Aalfilets in etwa drei Zentimeter lange Stücke schneiden und mit Zitronensaft beträufeln. Das Suppengrün putzen und in feine Würfel schneiden. Geschnittenes Suppengrün und Zwiebelwürfel in heißem Öl anschwitzen, die Aalstücke dazugeben und alles leicht anbraten. Dann mit Fischbrühe (aus den Gräten, Kopf und Häuten bereitet) auffüllen, würzen und 20 Minuten sacht kochen. Die Tomatenfleischachtel und Salbeiblätter fünf Minuten vor dem Ende der Garzeit dazugeben und mitgaren. Eigelb mit Sahne verquirlen und die fertige Suppe damit legieren. Zu der Aalsuppe schmeckt frisches Landbrot.

Fischsuppen, speziell Aalsuppen, sind beliebig zu variieren, z. B. mit Gemüse, Kräutern, Kartoffeln, pikanten und scharfen Gewürzen, Zitronensaft, Essig, Senfkörnern usw. Aal verleiht der Suppe einen besonders würzigen und kräftigen Geschmack. Die Zubereitung ist jedoch sehr aufwändig und wird deshalb wenig praktiziert.
Aal enthält viele eigene Fettstoffe. Deshalb Fett entsprechend sparsam dazugeben.

Austerncremesuppe mit Artischockenherzen

40 g Butter
1 EL Mehl
750 ml Fischfond
Salz, weißer Pfeffer
12 oder 16 Austern
125 ml Weißwein
4 Artischockenherzen, Konserve
125 g Crème fraîche
Tabasco
4 Dill- oder Fenchelzweige

Die Butter erhitzen und das Mehl darin anschwitzen. Mit kaltem Fischfond auffüllen, glatt rühren, zum Kochen bringen, würzen und zehn Minuten köcheln lassen. Inzwischen die Austern öffnen, das Austernwasser dabei auffangen und zur Suppe geben. Die Austern in heißem Weißwein ansteifen und sofort wieder herausnehmen. Die Artischockenherzen halbieren und in dem zurückbleibenden

Weißwein erhitzen. Die Suppe passieren, mit Crème fraîche verfeinern, abschmecken und in sehr heiße Teller füllen. Zuletzt die Austern und Artischockenherzen auf die Suppe geben. Die Austern mit einigen Spritzern Tabasco versehen. Die Artischockenherzen mit einem Zweig frischem Fenchel oder Dill garnieren und sofort servieren.

Zu dieser festlichen Suppe passen frischer Buttertoast und spritziger Weißwein.
Der Austernbart dient beim Abkochen der Fischbrühe als zusätzlicher Geschmacksbildner.

Brokkolisuppe mit Räucheraal

600 g	*Brokkolistiele, einige Röschen*
500 ml	*Geflügelbrühe*
	Salz
	Zitronensaft
1 Prise	*Cayennepfeffer*
	Worcestershiresauce
8	*schwarze Oliven*
100 g	*Räucheraalfilet*
	Dillzweige

Den Brokkoli putzen, waschen, in die Geflügelbrühe geben, würzen und etwa zehn Minuten sacht garen. Die Stiele in gleich große Stücke schneiden, damit der Garpunkt gleichzeitig erreicht wird. Nach fünf Minuten acht kleine Röschen zum Garnieren herausnehmen. Den Brokkoli mit dem Schneidestab des Handrührers fein pürieren, kräftig würzen und nochmals erhitzen. Die Oliven halbieren und entkernen. Das Aalfilet in acht gleich große Stücke schneiden. Die Brokkolisuppe auf Tellern verteilen, mit Räucheraal, Oliven und Dillzweigen attraktiv garnieren. Dazu reicht man frischen Buttertoast.

Bei dieser Suppe sollte auf Sahne und Butter verzichtet werden, denn der Räucheraal hat einen ausreichend hohen Energiewert.
Es ist ebenso möglich, diese herzhafte Suppe mit geräucherter Forelle oder Räucherheilbutt zu kombinieren.

Brunnenkresse-Rahmsuppe mit Krabben und Trüffeln

1 Bund	*Brunnenkresse*
1 EL	*feine Zwiebel- oder Schalottenwürfel*
40 g	*Butter*
1 EL	*Mehl*
750 ml	*Rinderkraftbrühe (s. Rezept S. 59)*
	Salz, weißer Pfeffer
	Zitronensaft
200 g	*Sahne*
2 EL	*marinierte Krabben, in Butter erhitzt*
1	*Ei, gekocht, geschält und gehackt*
	Trüffelstifte nach Belieben

Die Brunnenkresse gründlich waschen. Die Blätter von den groben Stielen zupfen. Die Zwiebelwürfel in heißem Fett dünsten, mit Mehl bestäuben, zusammen anschwitzen und mit Rinderbrühe ablöschen, auffüllen und aufkochen. Dann würzen, die Brunnenkresseblätter dazugeben, acht Minuten köcheln lassen, die Sahne dazugeben und alles mit dem Stabmixer fein pürieren. Die Suppe nochmals erhitzen, pikant abschmecken, auf Tellern anrichten, mit Krabben, gehacktem Ei und Trüffelstiften garnieren.

Brunnenkresseschaum mit Lachs und Lotos

1 EL Schalottenwürfel
1 EL Olivenöl
150 g Brunnenkresse
4 cl trockener Martini
600 ml Sauce Hollandaise
Salz, weißer Pfeffer
Tabasco
150 g Lachswürfel
12 Lotoswurzelscheiben (Konserve)
Brunnenkresse zum Garnieren

Die Schalotten in Öl anschwitzen, die Brunnenkresse blanchieren, pürieren, zu den Zwiebeln geben und mit Martini ablöschen. Sofort die Sauce Hollandaise dazugeben, würzen und kurz aufkochen. Die Lachswürfel braten oder dünsten. Lotosscheiben erhitzen. Die Suppe auf Tellern anrichten, mit Lachswürfeln, Lotos und Brunnenkresse verzieren. Schnell auftischen.

Champagner-Süppchen mit Gambas und Jacobsmuscheln

2 Staudensellerie
2 rote Zwiebeln
40 ml Olivenöl
2 Knoblauchzehen, mit Salz zerrieben
800 ml Fischfond (Glas)
Salz
Tabasco
Safran
8 Gambas, ohne Schale und Darm
4 Jacobsmuscheln
Zitronengrasstücke
400 ml Champagner oder Sekt
Lauchstreifen, frittiert
Dillzweige

Sellerie und Zwiebeln in Streifen schneiden, in Olivenöl blanchieren, Knoblauch sowie Fischfond dazugeben und würzen. Sofort Gambas, Jacobsmuscheln und Zitronengras dazugeben und maximal zehn Minuten köcheln lassen. Dann mit Champagner veredeln und abschmecken. Die Suppe auf großen, tiefen Tellern anrichten und mit frittierten Lauchstreifen sowie Dillzweigen garnieren.

Cremesuppe von Räucherforelle mit Kresse

500 g Forelle, geräucherte
1 EL Zwiebelwürfel
1 Kästchen Kresse, küchenfertig
Salz, weißer Pfeffer
200 ml Sahne
1 Zitrone
2 Eigelb

Die Forellen sorgfältig filetieren und die Filets beiseite legen. Die Forellenabschnitte (Haut, Gräten) zusammen mit den Zwiebelwürfeln und $^2/_3$ der Kresse mit 750 ml Wasser zum Kochen bringen, würzen und etwa 30 Minuten köcheln. Inzwischen die Forellenfilets mit 100 ml Sahne im Mixer pürieren. Vier oder acht gleich große Filetstücke zum Garnieren zurücklassen. Den Forellenfond passieren, das Forellenpüree dazugeben und fünf Minuten köcheln. Die Zitrone schälen, halbieren, von jeder Hälfte zwei gleich große Scheiben zum Garnieren abschneiden. Die restlichen Hälften ausdrücken. Die Eigelbe mit der restlichen Sahne und dem Zitronensaft verquirlen, in die Suppe geben und den Topf vom Herd nehmen. Zuletzt die Suppe abschmecken, auf sehr heißen Tellern verteilen und mit den zurückgelegten Forellenfilets, Kresse und jeweils einer Zitronenscheibe garnieren und sofort servieren. Dazu schmeckt beispielsweise ofenfrisches Weißgebäck und spritziger Weißwein.

Anstelle von Kresse eignet sich noch besser Brunnenkresse. Steht beides nicht zur Verfügung, frischen Dill oder Petersilie als Surrogat verwenden.

Endiviensüppchen mit Krabben

400	g	*Endiviensalat, geputzt und gewaschen*
40	g	*Butter oder Margarine*
800	ml	*Fleisch- oder Geflügelbrühe*
		Salz, weißer Pfeffer
		Zitronensaft
120	g	*Crème fraîche*
		Krabben nach Belieben
4		*Riesengarnelen*
		Salbeiblätter

Den Salat in feine Streifen schneiden und in Butter oder Margarine im geschlossenen Topf etwa fünf Minuten dünsten. Sofort Brühe und Gewürze dazugeben und alles kurz aufkochen lassen. Dann Crème fraîche einrühren, abschmecken und auf Suppentellern verteilen. Zuletzt in Butter erhitzte Krabben und je eine gebratene Riesengarnele dazugeben und mit Salatblättern garnieren.

Endivien sind vielseitig zu variieren. So ist es empfehlenswert, dieses pikante Süppchen mit etwas Parmesankäse zu überstreuen und mit gehackten Nüssen zu kombinieren.
Anstelle der Krabben auch Streifen von Räucherzunge verwenden.

Fischsuppe mit Forellenmus im Lauchmantel

600	g	*Fischabgänge*
1	Bund	*Suppengrün*
1		*gespickte Zwiebel*
		Salz, Pfefferkörner
1	Prise	*Safran*
100	ml	*Weißwein*
1	EL	*sehr feine Möhrenstreifen*
		Butter
		Schnittlauchhalme
		Dillzweige

Forellenmus:

1		*dicke Lauchstange*
150	g	*Forellenfilet*
1		*Ei*
3–4	EL	*Sahne*
		Salz, weißer Pfeffer

Die Fischabgänge mit Suppengrün, gespickter Zwiebel und Gewürzen in 1,5 Liter Wasser zum Kochen bringen und etwa eine Stunde kochen. Die Gemüsestreifen mit etwas Butter dünsten, salzen und warm halten.
Für das Forellenmus das untere, dicke Stück der Lauchstange etwa 15 Zentimeter lang abschneiden. Ebenso das Wurzelende. Die drei äußeren Schalen der Lauchstange abschieben und beiseite legen. Den restlichen Lauch zur Suppe geben oder anderweitig verarbeiten.

Das Forellenfilet fein pürieren, mit Ei, Sahne und Gewürzen zu einem feinen dicklichen Mus verarbeiten. Dabei ist die Schüssel in eine größere Schüssel mit Wasser und Eiswürfeln zu stellen. Die Masse muss gut gekühlt werden, damit die erforderliche Bindung erreicht wird. Das Mus kräftig würzen und mit einem Esslöffel oder Spritzbeutel mit Lochtülle in die Lauchröhren füllen. Die Lauchstangen an beiden Enden mit Küchengarn zubinden oder in Alu-Folie einrollen.

Die Fischbrühe in eine geeigneten Kasserolle passieren, den gefüllten Lauch in die Brühe legen und darin etwa 20 Minuten sacht pochieren. Dann aus der Brühe nehmen und etwas abkühlen lassen. Die Brühe mit Wein verfeinern, kurz aufkochen und kräftig würzen. Die Enden der Lauchstangen mit einem scharfen Messer abschneiden. Die Lauchstangen in etwa zwei Zentimeter lange Stücke schneiden. Die fertige Suppe in Tellern anrichten, die Lauchstücke in die Suppe geben, ebenso die Möhrenstreifen, mit Schnittlauchhalmen und Dillzweigen garnieren und sofort servieren. Dazu schmeckt frischer Toast.

Fischsuppe mit Gemüse

400 g	*Fischfilet*
40 g	*Butter oder Margarine*
500 ml	*Fischbrühe*
je 150 g	*Möhren, grüner Lauch und Sellerie*
	Salz, weißer Pfeffer
	Zitronensaft
1 Prise	*Safran*
1 EL	*Crème fraîche oder Joghurt*
1 EL	*Kräuter, grob gehackte*

Das Fischfilet trocken tupfen, wie für Gulasch in Würfel schneiden, in heißem Fett rasch anbraten und mit Fischbrühe auffüllen. Die Gemüsesorten in Julienne schneiden, zu dem Fisch geben, würzen, alles aufkochen und etwa zehn Minuten garen. Das Gemüse soll leicht bissfest bleiben. Die Fischsuppe pikant abschmecken und auf Tellern anrichten. Zu jeder Portion einen Esslöffel Crème fraîche oder Joghurt geben und mit Kräutern bestreuen. Dazu schmeckt frisches Weißgebäck und trockener Weißwein.

Fischsuppen beliebig mit Gemüse und Kräutern variieren. Dazu eignen sich besonders Tomaten, Gemüsepaprika jeder Art, Erbsen, Brokkoli, Zucchini oder Gurken. Wichtig ist es, die unterschiedliche Garzeit der Gemüsesorten zu beachten.

Steht kein Fischfilet zur Verfügung, Fisch jeder Art verwenden und filetieren.

Aus den Fischabgängen Fischfond bereiten. Die Suppe bekommt dadurch einen noch ausgeprägteren Geschmack und Geruch.

Fischsuppe Lukullus

200	g	Seelachs- oder Kabeljaufilet
1	EL	Zwiebelwürfel
40	g	Butter oder Margarine
je 1	EL	Möhren, Lauch und Sellerie, in Julienne geschnitten
		Salz, weißer Pfeffer
150	ml	Weißwein
100	g	Muscheln (Konserve)
100	g	Krabben oder Garnelen
100	g	Tintenfisch (Konserve)
		Zitronensaft
2	EL	sehr kleine Brokkoliröschen
2	EL	Tomatenfleischwürfel
		Tabasco
		Curry
		Safran

Das Fischfilet in kleine, gleichmäßige Würfel schneiden. Die Zwiebelwürfel in heißem Fett blondieren. Die Fischwürfel dazugeben, hellgelb anbraten, mit etwas Wasser ablöschen, die Gemüsejulienne dazugeben, würzen und abgedeckt fünf Minuten dünsten. Den Tintenfisch in Streifen schneiden und zusammen mit den Muscheln und Krabben in die Suppe geben. Weißwein, Zitronensaft sowie Brokkoli und Tomatenfleischwürfel ebenso dazugeben, alles behutsam vermengen, pikant abschmecken, kurz aufkochen und zusammen fünf Minuten köcheln. Die Suppe abschmecken, sofort auf Tellern anrichten und sehr heiß servieren. Dazu schmeckt frisch gerösteter Buttertoast.

Die Zugabe von Crème fraîche oder gehackten Kräutern würde das besondere Aroma vermindern. Fischsuppen können beliebig zusammengestellt werden. Voraussetzung für eine gute Fischsuppe sind hochwertige Rohstoffe. Besonders bei Fisch sind die Garzeiten zu beachten. Werden diese überschritten, wird der Genusswert wesentlich gemindert.

Ein typisches Gewürz für Fischsuppen ist Safran. Es wird in Briefchen und Kapseln gehandelt. Das teure Gewürz von den rötlich-braunen Staubfäden der Blüten einer Krokusart darf nur in Minidosen verwendet werden. Das Gericht wird sonst nicht nur teuer, sondern auch bitter.

Forellensuppe einmal anders

500	g	frische Forellen
		Salz, Pfefferkörner
1		gespickte Zwiebel
200	g	Möhrenstifte
200	g	kleine Brokkoliröschen
125	ml	Weißwein
1	EL	Zitronensaft
		Kräuter, grob gezupft

Die Forellen filetieren. Die Fischabgänge waschen, mit einem Liter Wasser, Salz, Pfefferkörner und der gespickten Zwiebel aufkochen und 20 Minuten sacht weiterkochen. Die Gemüse in eine geeignete Kasserolle geben. Den Fischfond passieren, zu dem Gemüse gießen, alles aufkochen und zehn Minuten bei niedriger Hitze weiter kochen. Die Forellenfilets in mundgerechte Streifen schneiden und nach fünf Minuten Garzeit in die Suppe geben und mitgaren. Die fertige Suppe pikant mit Weißwein und Zitronensaft abschmecken, auf Tellern anrichten und mit gezupften Kräutern bestreuen.

Forellensuppe mit Dillsahne

200	g	Forellenfilets
		Zitronensaft
1	EL	Zwiebelwürfel
40	g	Butter oder Margarine
1	EL	Mehl
1	l	Fischfond, aus Fischabgängen bereiten

1	*Eigelb, mit Sahne verquirlt*
	Salz, weißer Pfeffer
1 EL	*Dill, gehackt*
80 g	*Sahne, geschlagen*

Das Forellenfilet in Streifen schneiden und marinieren. Die Zwiebelwürfel in heißem Fett blondieren, das Mehl dazugeben, anschwitzen, mit Fischfond auffüllen, aufkochen und zehn Minuten köcheln lassen. Die Suppe in einem flachen Suppentopf passieren. Die Forellenfiletstreifen dazugeben und darin etwa acht Minuten bei milder Hitze pochieren. Die Suppe dann legieren und pikant abschmecken. Die Sahne mit Dill vermengen und mit Salz und weißem Pfeffer abschmecken. Die Suppe auf Tellern anrichten, mit Dillsahne garnieren und sehr heiß servieren.
Zur Verfeinerung können beispielsweise geröstete Mandelblättchen oder Pistazienkerne über die Dillsahne gestreut werden.

Rahmsuppe von geräucherter Forelle

1	*Zwiebel, fein gewürfelt*
50 g	*Lauch*
50 g	*Tomaten*
50 g	*Champignons*
40 g	*Butter*
400 g	*Räucherforellenfilet*
125 ml	*Weißwein*
	Fischfond
	Salz
	Zitronensaft
	Dill
100 ml	*Sahne*
4	*Tomatenröschen*
4	*Dillzweige*
	Krebsschwänzchen nach Belieben

Das Gemüse in Butter anschwitzen. Das Forellenfilet mit Gabeln zerpflücken, dazugeben und ebenfalls kurz anschwitzen. Sofort mit Weißwein und Fischfond auffüllen, würzen, aufkochen, Topf abdecken und fünf Minuten köcheln lassen. Dann im Mixer pürieren, nochmals erhitzen, Sahne dazugeben und pikant abschmecken. Auf Suppentellern anrichten, mit Tomatenröschen, Dillzweigen und Krebsschwänzen garnieren.

Frühlingssuppe mit Krabben

100 g	*Karottenwürfel*
100 g	*Blumenkohlröschen*
100 g	*grüne Bohnen, in Stücke geschnitten*
1 EL	*Erbsen*
100 g	*Kartoffeln, in Würfel geschnitten*
500 ml	*Fleischbrühe*
40 g	*Butter*
	Salz, weißer Pfeffer
	Muskatnuss, frisch gerieben
1 Prise	*Zucker*
50 g	*Spinatblätter, küchenfertig*
2	*Eigelb, mit Sahne verquirlt*
100 g	*Krabben (Konserve), mariniert, in Butter erhitzt*
$^1/_2$ Bund	*Dill*

Die küchenfertigen Gemüse und Kartoffelwürfel mit der Fleischbrühe und der Butter zum Kochen ansetzen, würzen und etwa zehn Minuten sacht kochen. Inzwischen den Spinat waschen, brühen, in Streifen schneiden und zu dem Gemüse geben. Alles vermengen und weitere fünf Minuten köcheln lassen. Dann mit dem Eigelb-Sahne-Gemisch legieren, von der Herdplatte nehmen und kräftig abschmecken. Die bunte Gemüsesuppe auf Tellern anrichten, die Krabben dazugeben und mit Dillzweigen garnieren.

Für Frühlingssuppen gibt es keine Standardrezepturen. Steht eine Gemüsesorte nicht zur Verfügung, einfach eine andere verwenden, z. B. Kohlrabi, Zucchini oder Brokkoli. Anstelle von Spinat kann ebenso Kopfsalat verwendet werden. In der Küche darf gerne variabel und kreativ gearbeitet werden!

Garnelensüppchen mit Brokkoli und Kaviartomate

1 kg	*Garnelenschalen*
200 g	*Mirepoix*
	Öl zum Braten
200 ml	*Weißwein*
	Salz, Pfeffer
	Tabasco
100 g	*Garnelenschwänze*
12	*Brokkoliröschen, blanchiert*
4	*Tomatenscheiben mit Kaviar*

Die Garnelenschalen und Mirepoix anbraten und mit einem Liter Wasser und Weißwein ablöschen, etwas kochen lassen, passieren und kräftig würzen. Das Süppchen auf sehr heißen Tellern anrichten. Mit Garnelen und Brokkoliröschen garnieren und die Kaviartomatenscheibe in der Mitte anrichten.

Gerstensuppe mit Räucherfisch

80 g	*Gerste, geweicht*
40 g	*Butter*
600 ml	*Gemüsebrühe*
je 100 g	*Möhren- und Selleriejulienne*
100 g	*Lauchstreifen*
	Salz, Pfeffer
	Muskatnuss, frisch gerieben
1 TL	*Estragonessig*
120 g	*Filet von Räucherforelle, geräuchertem Heilbutt oder anderen Räucherfischen*
1 EL	*Kräuter, gehackt*

Die Gerste abtropfen lassen, in Butter anschwitzen, mit Gemüsebrühe auffüllen, die Gemüsesorten dazugeben, würzen, aufkochen und etwa eine Stunde sacht kochen. Inzwischen das Räucherfischfilet in Würfel schneiden oder mit zwei Gabeln zerpflücken und in vier Suppentassen verteilen. Die fertige Suppe pikant abschmecken und sehr heiß auf den Fisch gießen. Mit gehackten Kräutern bestreuen.

Grünkohlsuppe mit Karpfenklößchen

500 g	*Grünkohl, püriert*
500 ml	*Fleischbrühe*
	Salz, weißer Pfeffer
1 Prise	*Muskatnuss, frisch gemahlen*
60 g	*Mehlbutter*
4	*Dillzweige*

Karpfenklößchen:

100 g	*Karpfenfilet*
1–2	*Eigelb*
1 EL	*Sahne*
	Salz, weißer Pfeffer

Grünkohl mit Fleischbrühe erhitzen, würzen, mit Mehlbutter binden und etwa fünf Minuten köcheln lassen. Für die

Karpfenklößchen die Zutaten im Mixer pürieren. Die Masse mit einem Kaffeelöffel in kochendes Salzwasser abstechen und gar ziehen lassen. Die Grünkohlsuppe durch ein Sieb streichen und anrichten. Die Karpfenklößchen abtropfen lassen, auf die Suppe geben und mit Dillzweigen garnieren.

Gurkenschaumsuppe mit Krabben

1 kg	*junge Salatgurken*
60 g	*Butter*
	Salz, weißer Pfeffer aus der Mühle
	Zitronensaft
200 ml	*Sahne*
	Krabben nach Belieben
	Dill, Borretsch, Kerbel oder Petersilie
100 g	*Gurkenstreifen*

Die Salatgurken gründlich waschen, in Stücke schneiden und im Mixer pürieren. Das Püree durch ein Haarsieb passieren, in einen geeigneten Suppentopf geben, 40 Gramm Butter dazugeben, würzen, aufkochen, die Sahne dazugeben und unter häufigem Rühren etwa zwei bis drei Minuten köcheln lassen. Inzwischen die Krabben in der restlichen Butter erhitzen und würzen. Die fertige Gurkensuppe abschmecken, auf Tellern anrichten, die Krabben dazugeben und mit Kräutern und frischen Gurkenstreifen garnieren.

Ebenso Spargelsuppe oder Zuckererbsenschaumsuppe zubereiten. Anstelle von Krabben, Krebsschwänzchen, Hummermedaillons oder Krebsfleisch verwenden.

Gurkensuppe mit Edellachs

800 g	*Salatgurken*
40 g	*Butter*
125 ml	*Sahne*
500 ml	*Rinderbrühe*
1/2 Bund	*Dill, feingehackt*
	Salz, weißer Pfeffer
8–12	*dünne Scheiben Edellachsfilet*
4	*Dillzweige*

Die Gurken schälen, waschen, längs halbieren und die Kerne herausschaben. Die Gurke in Würfel schneiden oder grob raspeln und in der Butter dünsten, bis die Gurkenflüssigkeit verdampft ist. Dann die Sahne dazugeben und fein pürieren. Die Gurkenmasse in die Rinderbouillon geben, alles erhitzen, den Dill dazugeben und pikant abschmecken. Die Lachsscheiben auf die vorgewärmten Teller verteilen, mit der sehr heißen Suppe übergießen, mit Dillzweigen garnieren und sofort servieren.

Auf gleiche Weise Zucchinisuppe zubereiten. Steht kein Edellachs zur Verfügung, sind ebenso dünne Filetscheiben von Forelle, Heilbutt oder Seezunge einzusetzen. Diese pikante Gurkensuppe kann man auch mit Räucherwurst, zartem Schinken oder geräucherten Geflügelspezialitäten variieren.

Eine gute Suppe ist die Geliebte des Magens.

Gurkensuppe mit Räucherlachsstreifen

600 g	grüne Gurken, geschält
500 ml	Rinderbrühe
	Salz, Pfeffer
	Dill
60 g	Mehlbutter
	Zitronensaft oder Essig
	Räucherlachsstreifen nach Belieben
	Kerbelblättchen

Die Gurken halbieren, ausschaben und fein pürieren. Gurkenpüree mit Rinderbrühe auffüllen, würzen, aufkochen, mit Mehlbutter binden und gut durchkochen, damit der Mehlgeschmack verkocht. Die Suppe mit etwas Essig oder Zitronensaft pikant abschmecken, auf vorgewärmten Tellern anrichten und mit Räucherlachsstreifen und Kerbelblättchen garnieren.

Zu dieser pikanten Suppe schmecken ebenso geräucherte Forellenfilets, Heringsfiletwürfel oder auch ganz einfach gedünstetes Fischfilet. Gurkensuppe naturell mit reichlich Kräutern anrichten.

Exotische Hühnersuppe mit Fischwürstchen

Fischwürstchen

150 g	Hechtfilet oder andere Fische
1	Ei
50 g	Sahne
	Salz, weißer Pfeffer
	Saitlinge

Hühnersuppe

je 100 g	Möhren- und Lauchstreifen
40 g	Butter
750 ml	Hühnerkraftbrühe (s. Rezept S. 80)
100 g	Bambussprossen, in feine Streifen geschnitten
100 g	Sojakeimlinge
	Salz
	Curry
	Sojasauce
$^1/_2$ TL	Sambal Oelek
1 EL	Sherryessig
4	Kräuterzweige

Fischfilet fein wolfen, mit Ei und Sahne aufmontieren, mit Salz und weißem Pfeffer würzen. Die Masse 30 Minuten auf Eis ruhen lassen. Dann in Saitlinge (sehr dünne Därme) füllen und à 30 Gramm portionieren.
Die Möhren- und Lauchstreifen in heißer Butter anschwitzen, mit Hühnerbrühe aufkochen und fünf Minuten sacht weiter kochen. Dann die Bambussprossenstreifen und Sojakeimlinge dazugeben, alles gut verrühren, stark würzen und zehn Minuten sacht weiter kochen. Nebenbei die Fischwürstchen in heißes Salzwasser legen und gar ziehen lassen. Die fertige Suppe besonders kräftig abschmecken, auf Tellern anrichten, jede Portion mit zwei Fischwürstchen und einem Kräuterzweig belegen.

Hühnerrahmsuppe mit Hummer

	Hühnerrahmsuppe (siehe Rezept Seite 77)
100 g	Hummerfleischwürfelchen
100 g	Geflügelklößchen
4 TL	Hummerbutter

Hühnerrahmsuppe mit Einlage von Hummerfleischwürfelchen und Geflügelklößchen anrichten, mit reichlich Hummerbutter beträufeln und sehr heiß servieren.

Hühnersuppe mit Reis und Garnelen

1	Zwiebel, in sehr feine Würfel geschnitten
40 g	Butter
4 El	Reis
1 l	Hühnerkraftbrühe (siehe Rezept Seite 80)
	Salz, weißer Pfeffer
1 Prise	Muskatnuss, frisch gerieben
100 g	Garnelen
1 EL	Zitronensaft
	Kräuter

Die Zwiebelwürfel in der Butter glasig anschwitzen, den Reis dazugeben und unter Umrühren etwa drei Minuten mit anschwitzen. Die Brühe dazugießen, würzen, alles zum Kochen bringen und bei mittlerer Hitze 20 Minuten gar ziehen lassen. Die Garnelen mit kaltem Wasser abspülen und zur Suppe geben, ebenso den Zitronensaft. Alles nochmals zum Kochen bringen, abschmecken und auf Tellern verteilen. Zuletzt mit frischen Kräuterblättchen garnieren. Dazu eignen sich besonders Zitronenmelisse, Pfefferminze und Basilikum. Petersilie, Dill, Estragon oder Kerbel können aber auch verarbeitet werden.

Für diese gehaltvolle Suppe eignet sich besonders Langkornreis. Reis von minderer Qualität sollte in einem Sieb gewaschen werden.
Anstatt mit Garnelen kann diese Hühnersuppe ebenfalls mit Krebsfleisch oder sonstigem Fleisch von Krustentieren kombiniert werden.
Als Höhepunkt zuletzt etwas Hummerbutter oder einige Safranfäden dazugeben.

Hummerconsommé mit Kaviarcroûtons

2	kleine Hummer
1 EL	Öl
200 g	Mirepoix
200 ml	Weißwein
	Salz
	Zitronensaft
	Safran
	Tabasco
	Kräuteressig
4 EL	Dillsahne
8	kleine Croûtons in je etwa 3 g Forellenkaviar

Die Hummer zerteilen und in Öl kräftig anbraten, Mirepoix dazugeben, mit Weißwein ablöschen und mit Wasser auffüllen. Mit Salz, Zitronensaft, Safran, Tabasco und etwas Kräuteressig würzen und etwa eine Stunden köcheln lassen. Schwanzfleisch und Scheren ausbrechen. Die Consommé fein passieren, kräftig abschmecken, auf Tellern anrichten und mit Tranchen vom Hummerschwanz sowie je einer ausgebrochenen Hummerschere belegen. Mit Dillsahne und Kaviarcroûtons garnieren.

Für Hummer- oder Krebssüppchen sind als Surrogat entsprechende, hochwertige Pasten rationell zu verwenden. Ebenso werden diese Fonds konserviert in Dosen angeboten.

Hummerschaumsüppchen

800 ml	Hummerconsommé (siehe Rezept Seite 114)
1 TL	Tomatenmark
5 cl	Noilly Prat (Wermut)
	Curry
	Safranfäden
200 ml	Sahne
4	gegarte Hummerschwänze – von sehr kleinen Hummern in Medaillonscheiben
4	Hummerscheren, ausgebrochen
40 g	Butter
4	Kartoffelringe, von großen Kartoffeln, fein gerieben und in einer Ringform in der Fritteuse gebacken
12	blaue Kartoffeln, gekocht
4 TL	Forellenkaviar

Für die Hummerschaumsuppe die Consommé mit Tomatenmark, Noilly Prat, Curry und Safranfäden aufkochen, halbsteif geschlagene Sahne dazugeben und aufschäumen. Die Hummerschwänze und Hummerscheren in etwas Butter erhitzen und auf einen großen, sehr heißen Teller drapieren. Zuletzt den Hummerschaum rundum auf dem Teller angießen und rasch servieren.

Diese köstliche Cremesuppe von Krustentieren wird auch als Bisque bezeichnet. Mit einem Schuss Cognac, etwas Zitronensaft und Cayennepfeffer wird sie noch aromatischer.

Hummersüppchen Bellevue

4	Hummerscheren, gegart
8	Hummerschwanztrachen
4	gedünstete Welsfilets und Tintenfischringe
	grüne und weiße Spargelspitzen
	Romanesco-Röschen
	Keile von grünen und gelben Zucchini
	schwarze Oliven
	gedünstete Morcheln
	Tomatenkeile
800 ml	Hummerconsommé (siehe Rezept Seite 114)
	Zitronengras

Die Zutaten im eigenen, gut gewürzten Fond erhitzen, auf großen Tellern mit Kreativität und Raffinesse arrangieren und die sehr heiße, gut gewürzte Consommé dazugeben. Zuletzt das Zitronengras als Garniturelement anlegen.

Hummersuppe unter Mohnblätterteighaube

2	Hummer
	Schalen, Kopf und Beine
50 ml	Öl
250 g	Mirepoix, gewaschen, klein gewürfelt

125 ml	Weißwein
	Salz
	Cayennepfeffer
1 Prise	Safran
160 ml	Sahne
	Zitronensaft
4 cl	Pernod
	Dillzweige
4	Blätterteigplatten
1	Eigelb
	Mohn

Die Schalen, Köpfe und Beine so klein wie möglich zerhacken und in einem großen Suppentopf in heißem Öl anbraten, bis alle Teile dunkelrot sind. Dann das Mirepoix dazugeben, ebenfalls anbraten, mit Weißwein ablöschen, mit etwa einem Liter Wasser auffüllen, würzen und etwa eine Stunde langsam auskochen. Die Suppe durch ein Haarsieb passieren und so lange reduzieren lassen, bis 750 ml Suppe übrig bleiben.

Die Sahne mit dem Mixstab kurz unter die Suppe schlagen, nochmals erhitzen, Zitronensaft und Pernod dazugeben, sorgfältig abschmecken und erkalten lassen. Die Suppe beispielsweise mit Einlagen von Hummerfleisch, Krebsfleisch, Krabben oder auch Spargelspitzen in vier feuerfesten Formen anrichten, mit Dillzweigen garnieren. Die Blätterteigplatten mit verquirltem Eigelb bestreichen und mit Mohn bestreuen. Je eine Mohnblätterteigplatte auf die feuerfeste Form setzen, fest verschließen und in der Backröhre backen.

Die Suppe kalt einfüllen. Die aufsteigenden Dämpfe heißer Suppe bewirken das Abgleiten des Blätterteigs. Zum schnellen Backen des Blätterteigs eignet sich hervorragend eine Mikrowelle mit Salamander. Zuerst den Salamander einschalten. Erst wenn der Blätterteig gebacken ist, die Suppe in der Mikrowelle erhitzen.

Zu dieser Suppe passen weiterhin Ingwerklößchen: Feine Farce von Edelfischen mit gemahlenem Ingwer aromatisieren, mit einem Teelöffel Klößchen in siedendes Salzwasser abstechen und gar ziehen lassen.

Jacobsmuschel-Zucchinisüppchen

4	Jacobsmuscheln
750 ml	Lachsconsommé
	(siehe Rezept Seite 121)
4	Zucchiniblüten, mit Lachsfarce gefüllt
	Meersalz
	Tabasco
	weißer Balsamico-Essig
je etwa 100 g	gelbe und grüne Zucchini, in Rhomben geschnitten und blanchiert

Die Jacobsmuscheln in etwas Lachsconsommé garen. Die Zucchiniblüten im Kombidämpfer garen. Inzwischen die Consommé erhitzen, mit Meersalz, Tabasco, etwas weißem Balsamico kräftig abschmecken. Muscheln, Blüten und Rhomben auf Tellern arrangieren, die sehr heiße Consommé dazugeben und schnell auftragen.

Karpfensuppe mit Gemüse

je 100 g Zwiebelscheiben und Streifen von roter und gelber Paprika
100 g Tomaten, gewürfelt
40 ml Olivenöl
750 ml Fischfond
400–600 g Karpfen, filetiert und in fingerdicke Streifen geschnitten
Salz, Pfeffer
Paprikapulver
Knoblauch
1 EL Kräuteressig
Lorbeerblatt
Piment
4 TL Crème fraîche
Dill, gehackt

Das Gemüse im Öl anschwitzen, mit Fischfond auffüllen, den Karpfen dazugeben, würzen, aufkochen und etwa zehn Minuten köcheln lassen. Dann abschmecken, anrichten, mit Crème fraîche und Dill vervollständigen.

Kartoffel-Lauch-Suppe mit Muscheln

250 g Kartoffelwürfel
100 g Lauch, fein geschnitten
1 l Fleischbrühe
Salz, Pfeffer
Knoblauch
Lorbeerblatt
80 g Crème fraîche
50 g Butter
Muscheln (Konserve)
4 Dillzweige

Kartoffeln und Lauch mit Fleischbrühe zum Kochen bringen, würzen und etwa 15 Minuten köcheln lassen. Dann mit dem Pürierstab nicht zu fein pürieren, Crème fraîche und Butter darunter rühren und pikant abschmecken. Schnell auf Suppentellern anrichten, mit erhitzten, entbarteten Muscheln und einem Dillzweig garnieren.

Anstelle von konservierten Muscheln lebende Muscheln verwenden. Die Muscheln dann in Weißweinfond kochen. Besonders schöne Muschelschalen zum Garnieren verwenden.

Kartoffel-Spargel-Suppe mit Räucherlachs und Dill

300 g Kartoffelwürfel
750 ml Geflügelfond
300 g Spargel, in feine Stücke geschnitten
125 ml Sahne
Salz, weißer Pfeffer
Zitronensaft
80 g Räucherlachsstreifen
Dillzweige

Die Kartoffeln in dem Geflügelfond garen und fein pürieren. Dann die Spargelstücke dazugeben und etwa 10 Minuten darin garen. Zuletzt die Sahne dazugeben und pikant abschmecken. Die fertige Suppe auf heißen Tellern verteilen und mit Räucherlachsstreifen und Dillzweigen garnieren.

Anstelle von Geflügelfond Spargelfond verwenden, der aus den Spargelschalen zubereitet werden kann.

Klare Kartoffelsuppe mit Garnelen

400 g	Kartoffelwürfel, roh
je 50 g	Lauch-, Sellerie- und Möhrenjulienne
750 ml	Rinderkraftbrühe (s. Rezept S. 59)
	Salz, weißer Pfeffer
2 cl	Sherry
100 g	Garnelen
	Butter
	Zitronensaft
	Kerbel- und Petersilienblättchen, grob gezupft

Die Kartoffelwürfel separat in Salzwasser garen und die Gemüsejulienne blanchieren. Kartoffelwürfel und Gemüsejulienne ohne Fond in die Rinderkraftbrühe geben, kurz aufkochen und pikant abschmecken. Die Garnelen in etwas zerlassener Butter erhitzen, mit Salz und Zitronensaft würzen. Die Suppe in Tassen anrichten, die Garnelen dazugeben und mit Kräuterblättern garnieren.

Diese Kartoffelsuppe ebenso mit Hummermedaillons oder Krebsfleisch kombinieren. Zu beachten ist, dass die Kartoffelwürfel nicht zerkochen, da sie ihre gleichmäßige Form behalten müssen und etwas bissfest sein müssen.

Kokosmilchsuppe mit Lachs und Sojasprossen

1 l	Geflügelbrühe (Instant)
400 ml	Kokosmilch, ungesüßt
	Meersalz, weißer Pfeffer
1 Prise	Safran
1	Kräutersträußchen (Lorbeer, Thymian, Petersilie)
250 g	Lachsfilet, gewürfelt
1 EL	Butter
200 g	Sojasprossen
	Kerbelblättchen

Die Brühe mit den Kräutern aufkochen und etwa um ein Viertel reduzieren lassen. Dann passieren, Kokosmilch und Gewürze dazugeben und zu einer cremigen Konsistenz köcheln lassen. Inzwischen die Lachswürfel in Butter rundum anbraten und würzen, ebenso die Sprossen. Die Suppe abschmecken, mit Lachswürfel und Sprossen anrichten und mit Kerbel garnieren.

Kopfsalat-Rahmsuppe mit Krebsfleisch

Weiße Grundsuppe:

40 g	Butter oder Margarine
40 g	Mehl
750 ml	Fleischbrühe
	Salz
2	Salatköpfe
20 g	Butter
80 ml	Sahne
	Salz, weißer Pfeffer
	Zitronensaft
	Zucker
	Krebsfleisch (Konserve)

Aus Butter oder Margarine und Mehl eine weiße Mehlschwitze bereiten, mit Fleischbrühe auffüllen, salzen und 10 Minuten kochen lassen.

Die Salatköpfe sorgfältig putzen und waschen. Beim Waschen die Köpfe behutsam aufblättern, damit kein Sand zurückbleibt. Die Salatköpfe mit einem sehr scharfen Küchenmesser vierteln und die dicken Strünke herausschneiden. Die Viertel dann quer in sehr feine Streifen schneiden. In der Fachsprache werden diese Streifen als Chiffonade bezeichnet.

Etwa $^1/_6$ der Chiffonade beiseite stellen. Die Butter in einer Kasserolle zerlassen, die Chiffonade dazugeben und mit einem Holzlöffel umrühren, bis alle Streifen von Butter glänzen. Kasserolle zudecken und etwa fünf Minuten dünsten. Dann die Grundsuppe dazugeben, gut verrühren, einige Minuten köcheln lassen und passieren. Zuletzt die Sahne dazugeben und pikant abschmecken. Die zurückbehaltene Chiffonade in etwas Butter zusammen mit dem Krebsfleisch kurz anschwitzen. Die Suppe auf Suppenteller geben und die Chiffonade-Krebsfleisch-Mischung darüber verteilen.

Die Chiffonade als Einlage ist auch frisch zu verwenden. Die Streifen sollten aber dann besonders fein geschnitten werden.

Kürbiscremesuppe mit Räucherfisch

500	g	*Kürbisfleisch*
1	EL	*Zwiebelwürfel*
2	EL	*Kürbiskernöl*
500	ml	*Geflügelbouillon*
		Salz, weißer Pfeffer
1	TL	*Essig*
200	ml	*Sahne*
200	g	*kleine Romben von Räucherfischfilet (z. B. Forelle, Heilbutt)*
		Kerbelblättchen

Vom Kürbis mit einem Pariser Löffel acht oder 12 Kugeln zur Garnierung ausbohren, blanchieren und warm stellen. Die Zwiebelwürfel in heißem Fett anschwitzen. Den Kürbis in Würfel schneiden, zu den Zwiebeln geben und mit anschwitzen. Nach etwa fünf Minuten mit Geflügelbouillon auffüllen, würzen, aufkochen und fünf Minuten köcheln lassen.

Alles im Mixer pürieren, durch ein Haarsieb streichen und erhitzen. Die Sahne halbsteif schlagen und in die Suppe einrühren. Die fertige Suppe pikant abschmecken. Den Räucherfisch erhitzen. Die Suppe auf Teller verteilen, die Fischromben darüber geben und mit Kürbiskugeln, Kürbiskernen, Kürbisöl und Kräuterzweig garnieren.

Anstelle von Kürbiskügelchen ebenso Kügelchen aus Melonen, Zucchini oder Gurken ausstechen.

Kürbisrahmsuppe mit Eismeerkrabben

500	g	*Kürbisfleisch, gewürfelt*
50	g	*Zwiebelwürfel*
500	ml	*Geflügelbrühe*
150	ml	*Sahne*
		Salz, Pfeffer aus der Mühle
		Zucker

	Zitronensaft
2 EL	*Kürbiskügelchen, blanchiert*
60 g	*Eismeerkrabben*
	Butter
	Dillzweige

Die Kürbis- und Zwiebelwürfel in der Geflügelbrühe abgedeckt dünsten, im Mixer pürieren und durch ein Haarsieb streichen. Dann die Sahne dazugeben, nochmals erhitzen, abschmecken und in Suppentellern anrichten. Die Kürbiskügelchen sowie die Krabben in heißer Butter anschwenken und über der Suppe verteilen. Zuletzt alles mit Dillzweigen garnieren.

Zusätzlich geröstete Kürbiskerne darüber streuen. Sehr pikant schmeckt die Suppe auch mit in Streifen geschnittenen Wasserkastanien.

Indische Krabbensuppe, mit Apfelspältchen

40 g	*Butter*
	Currypulver
	Geflügelbrühe (Instant)
150 g	*Apfelspältchen*
200 g	*Krabben*
100 ml	*Schlagsahne*
	Kräuterzweig (Dill oder Petersilie)

Butter zerlassen, Curry dazugeben und etwas anschwitzen. Dann mit Geflügelbrühe ablöschen und zum Kochen bringen. Inzwischen Apfelspältchen und Krabben in etwas Butter anschwitzen. Die Suppe mit Sahne verfeinern und schaumig rühren. Die Krabben und Apfelspältchen auf Suppentellern verteilen, die heiße Suppe darüber geben und mit je einem Kräuterzweig garnieren.

Krebs-Cremesuppe mit Dillnocken

800 g	*Krebskarkassen*
	Olivenöl
1 Bund	*Suppengemüse, küchenfertig, in Würfel geschnitten*
200 g	*Tomaten, gewaschen, geviertelt*
200 ml	*Weißwein*
	Salz
1	*Bouquet garni*
4 EL	*Tomatenmark*
	Zitronensaft
4 cl	*Cognac oder Weinbrand*
125 ml	*Sahne*
6	*Krebsschwänzchen oder Krebsfleisch in Zitrone und Tabasco mariniert*
	Dillnocken
	Estragonblättchen

Die Krebskarkassen in heißem Öl zusammen mit dem Suppengemüse und Tomaten kräftig anbraten und mit Weißwein und Wasser ablöschen. Salz und Bouquet garni dazugeben, aufkochen und 40 Minuten bei geringer Hitze köcheln lassen. Den Fond dann in einen geeigneten Suppentopf passieren, Tomatenmark, Zitronensaft, Cognac und Salz dazugeben und zehn Minuten sacht kochen. Dann die Sahne dazugeben und mit dem Stabmixer leicht aufschlagen. Die fertige Suppe pikant abschmecken und auf heißen Tellern anrichten. Die marinierten und in Butter erhitzten Krebsschwänzchen und Dillnocken auf die Suppe geben und mit Estragonblättchen garnieren.

Hummercremesuppe auf die gleiche Weise zubereiten. Steht kein Hummerfleisch zur Verfügung, als Einlage grünen Spargel verwenden.

Dillnocken wie Butternocken, aber mit fein gehacktem Dill zubereiten.

Krebssuppe mit Kaviarcroûtons

800 g Krebskarkassen
Öl
1 Schalotte
je 100 g Möhren und Sellerie
Salz, weißer Pfeffer
125 ml Weißwein
100 g Sahne
Kaviarcroûtons
Lachs-, Forellen- oder Malossolkaviar

Die Krebskarkassen sehr klein hacken und in heißem Öl anbraten, bis alle Teilchen dunkelrot gefärbt sind. Dann die zerkleinerten Gemüse und Gewürze dazugeben und unter häufigem Rühren mit Weißwein ablöschen, mit etwa 1,5 Liter Wasser auffüllen, etwa 1 Stunde auskochen und auf etwa einen Liter reduzieren lassen. Dann durch ein Etamin passieren. Den Krebsfond mit Sahne kurz köcheln lassen, abschmecken und sofort servieren. Die Croûtons rund ausstechen, mit Lachs-, Forellen- oder Malossolkaviar behäufen und gesondert reichen.

Kresse-Rahmsuppe mit Räucherlachs

400 ml Sahne
400 ml Sauce Hollandaise (Fertigerzeugnis)
Salz
Tabasco
Zitronensaft
2 Kästchen Kresse
Räucherlachs nach Belieben
getrocknete Tomaten

Sahne und Sauce Hollandaise zusammen erhitzen und pikant abschmecken. Inzwischen die Kresse abschneiden, waschen und $^{1}/_{3}$ zum Garnieren zur Seite legen. Den Rest grob hacken, zur Suppe geben und kurz unterrühren. Die Suppe anrichten und mit Kresse und Räucherlachsstreifen garnieren. Zur optischen Verbesserung getrocknete Tomaten darüber streuen.

Lachsconsommé mit grünem Spargel

etwa 1 kg Karkassen von Edelfisch (Köpfe, Häute, Gräten)
Salz
1 Bouquet garni
300 g Edellachsfilet
Pfefferkörner
Zitronensaft
200 g grüne Spargelspitzen
20 Tomatenfleischachtel
4 Dillzweige

Die Fischkarkassen mit einem Liter Wasser, Salz und Bouquet garni aufkochen und 30 Minuten köcheln lassen. Das Edellachsfilet in vier Tranchen schneiden. Den Fischfond in eine geeignete Kasserolle passieren. Die Lachstranchen dazugeben, würzen und sechs Minuten darin garen lassen. Dann den Spargel und die Tomatenfilets hinzugeben, die Consommé pikant abschmecken. Die Lachstranchen, Spargelspitzen und Tomatenfilets auf Suppenteller verteilen, die Consommé dazugießen und mit einem Dillzweig garnieren.

Lachsconsommé mit Meeresfrüchten

Lachsklößchen:

- *100 g Lachs*
- *1 Ei*
- *50 g Sahne*
- *Salz*
- *Tabasco*

Lachsconsommé

- *600 g Meeresfrüchte (Conv.)*
- *800 ml Lachsconsommé*
- *Lachsklößchen*
- *100 g Cocktailtomaten, halbiert*
- *Tabasco, weißer Balsamico-Essig*
- *2 cl Pernod*
- *Dillzweige*

Das Lachsfilet pürieren und mit Ei, Sahne, Salz und Tabasco zu einer Farce verrühren. Aus der Farce Klößchen drehen und in kochendem Salzwasser gar ziehen lassen.
Die Meeresfrüchte in der Consommé erhitzen, ebenso Lachsklößchen und Tomaten und würzen. Die Suppe auf großen Tellern anrichten, mit den Lachsklößchen, Dillzweigen und den halben Tomaten, mit der Schnittfläche nach oben servieren.

Klares Muschelsüppchen mit Gemüse

- *400 g Muscheln (Konserve, im eigenen Saft)*
- *500 ml klare Fischbrühe*
- *100 ml Weißwein*
- *Salz, weißer Pfeffer*
- *Tabasco*
- *4 EL Gemüsestreifen oder -würfel (z. B. Tomaten, Gurken, Gemüsepaprika, Zucchini)*
- *4 Dillzweige*

Die Muscheln mit Fischbrühe und Weißwein erhitzen, pikant abschmecken und fünf Minuten köcheln lassen. Das Gemüse in Salzwasser blanchieren und in die Suppe geben. Die Suppe, wenn möglich, in Porzellanmuscheln anrichten und mit Dillzweigen garnieren.

Legierte Muschelsuppe

1	kg	Frische Muscheln
1	Bund	Suppengrün
2		Zwiebeln
1	EL	Öl
125	ml	Weißwein
1		Knoblauchzehe mit Salz zerdrückt
		Salz, Pfeffer aus der Mühle
1		Lorbeerblatt
je 1		Thymian- und Rosmarinzweig
4	EL	Noilly Prat (Wermut)
4		Eigelb, mit Sahne verquirlt
4		Tomatenachtel
1	EL	Stifte von Wasserkastanien
		grob gezupfte Dillzweige

Die Muscheln gründlich bürsten, waschen und die Bysusfäden entgegengesetzt zum Wuchs entfernen. Nur fest verschlossene Muscheln verwenden. Das Suppengrün und die Zwiebeln putzen und in Würfel schneiden. Das Öl in einem breiten Suppentopf erhitzen. Die Gemüse darin anrösten, mit Weißwein und einem Liter Wasser auffüllen, die Gewürze und Kräuter dazugeben und aufkochen. Die Muscheln in den kochenden Gemüsefond geben und so lange stark kochen lassen, bis sich alle Muscheln geöffnet haben. Die Muscheln aus dem Fond nehmen, abkühlen lassen und ausbrechen.

Den Fond in einen anderen Topf passieren, die Muscheln und Wermut dazugeben. Die Suppe kurz aufkochen, pikant abschmecken, vom Herd nehmen und legieren. Die Suppe auf Tellern anrichten. Dabei die Muscheln gut verteilen. Mit Tomatenfleischachteln, Kastanienstiften und Dillzweigen garnieren. Dazu schmeckt ein spritziger Riesling und Buttertoast.

Maronensuppe mit Forellenklößchen

400	g	Maronen, geschält
750	ml	Hühnerfond
		Salz, weißer Pfeffer
200	g	Sahne, geschlagen

Klößchen:

150	g	Forellenfilet
1		Ei
2	EL	Sahne
2	EL	sehr feines Semmelmehl
		Salz
		gehackte Kräuter

Die Maronen (Esskastanien) im Hühnerfond garen, würzen, pürieren, mit geschlagener Sahne vollenden und abschmecken.
Für die Klößchen das Forellenfilet im Mixer pürieren, die anderen Zutaten dazugeben und zu einer dicklichen Masse verarbeiten. Von der Masse mit einem Löffel Klößchen in kochendes Salzwasser abstechen und darin pochieren. Die Suppe auf Tellern anrichten und die Klößchen in die Suppe geben. Anschließend kann die Suppe beispielsweise noch mit Krebsbutter beträufelt und mit Kräuterzweigen garniert werden.

Anstelle von Klößchen Forellenwürstchen zubereiten. Die Fischfarce in Saitlinge füllen, kleine Würstchen abdrehen und in Salzwasser pochieren.

„Gegensätze ziehen sich an", so sagt ein Sprichwort. Wer jedoch keine Geschmackskontraste wünscht, serviert diese pikante Suppe einfach naturell oder mit gerösteten Pistazien, Kürbiskernen oder Walnüssen.

Melonensüppchen mit Räucherlachs

1 kg	*Wassermelone, geschält, entkernt*
	Salz
	Essig
1 Prise	*Ingwer*
1 EL	*Brühe (Instant)*
	Räucherlachs nach Belieben in Röllchen, Streifen oder Röschen

Die vorbereitete Melone fein pürieren, zum Kochen bringen und einige Minuten köcheln lassen. Die Suppe abschmecken, auf Tellern verteilen, Räucherlachs dazugeben und mit Kräuterzweigen garnieren.

Diese Suppe lässt sich noch attraktiver zubereiten: Mit einem Pariser Löffel Melonenkugeln ausstechen und in Hühnerbrühe 2 Minuten aufkochen lassen. Das restliche Fruchtfleisch weiter verwenden. Zur Verfeinerung kann man einen Esslöffel Dillsahne dazugeben, dazu die geschlagene Sahne mit fein gehacktem Dill vermengen und leicht salzen.

Muschelsuppe

je 100 g	*Sellerie-, Karotten- und Lauchjulienne*
20 g	*Butter oder Margarine*
1 EL	*Mehl*
150 ml	*Weißwein*
250 ml	*Muschelfond (Conv.)*
	Salz, weißer Pfeffer
	Zitronensaft
	Knoblauch
400 g	*Muscheln im eigenen Saft (Conv.)*
100 g	*Crème fraîche*

Die Gemüsejulienne in heißem Fett anschwitzen, mit Mehl bestäuben, mit Weißwein und Muschelfond ablöschen, vorsichtig glatt rühren, aufkochen, würzen und abgedeckt fünf Minuten köcheln lassen. Dann die Muscheln dazugeben, erhitzen, pikant abschmecken und mit Crème fraîche verfeinern. Die Suppe nicht mehr kochen lassen. Die Suppe erneut abschmecken, anrichten und beispielsweise mit einem Dillzweig und Tomatenfleischkeil garnieren. Sofort servieren.

Suppen keinesfalls in Aluminiumtöpfen kochen. Geschmack und Farbe der Rohstoffe werden beeinflusst.

„Vor den Erfolg haben die Götter den Schweiß gesetzt."

Muschelsüppchen mit Zucchini und Tomaten

250 g	Fischabschnitte, küchenfertig
	Salz
1	Zwiebel, geschält
1	Bouquet garni
1 kg	frische Miesmuscheln
1	Knoblauchzehe
1 EL	Olivenöl
200 g	Tomatenscheiben
200 g	Zucchinischeiben
125 ml	Weißwein

Die Fischabschnitte mit 1,5 Liter Wasser, Salz, Zwiebel sowie Bouquet garni zum Kochen bringen und eine Stunde simmern lassen. Die Muscheln gründlich sauber bürsten, in kochendes Salzwasser mit einer Knoblauchzehe geben und abgedeckt 15 Minuten garen. Die Gemüsescheiben in Butter anschwitzen, die Fischbrühe durchseihen und den Weißwein dazugießen. Die Muscheln ausbrechen, zur Suppe geben und alles fünf Minuten gar ziehen lassen.

Die fertige Suppe abschmecken und sehr heiß anrichten. Zum Garnieren z. B. Sojasprossen darüber streuen. Als besonderen Clou für jeden Teller ein bis zwei besonders schöne Muschelschalen auf die Suppe legen.

Dieses Süppchen ebenso mit konservierten Muscheln zubereiten. Die Muscheln mit Fond zur Fischbrühe geben. Mit etwas Knoblauchsaft frisch aus der Presse abschmecken und sehr heiß auftragen.

Zur Verfeinerung frisches Fenchelgrün und einen Esslöffel Anisschnaps dazugeben.

Muschel-Tomaten-Cremesuppe

200 ml	Weißwein
2	Zwiebeln, in Ringe geschnitten
1	Knoblauchzehe, mit Salz zerrieben
	Kräuterzweige, wie Thymian, Oregano, Petersilie
	Salz, Pfeffer aus der Mühle
1 TL	Limettenessig
1,5 kg	Miesmuscheln
2 EL	Tomatenmark
120 g	Crème double
	Worcestershiresauce
	Kräuterblättchen

Etwa ein Liter Wasser und Wein mit den Zwiebeln, Knoblauch, Kräuterzweigen, Salz, Essig sowie Pfefferkörnern zum Kochen bringen. Die Muscheln gründlich unter fließendem Wasser abbürsten und geöffnete Muscheln aussortieren. Die fest geschlossenen Muscheln in den kochenden Fond geben und etwa acht Minuten sprudelnd kochen, bis alle Muscheln geöffnet sind. Die Muscheln mit dem Fond über ein Sieb in einen geeigneten Suppentopf gießen. Den Fond mit Tomatenmark verrühren, erhitzen und Crème double darunter schlagen. Die Muscheln ausbrechen und nur geöffnete verwenden. Das Muschelfleisch in die Suppe geben und darin erhitzen. Die fertige Suppe pikant abschmecken, auf Teller verteilen und mit Kräuterblättchen garnieren.

Pikante Kalmarsuppe mit Knoblauchsahne

400 g	Kalmar
1 EL	Schalottenwürfel
1 EL	Olivenöl
500 ml	Fischfond
125 ml	Weißwein
	Salz
	Estragon
	Zitronensaft
	Tabasco
2 EL	Tomatenketchup
200 g	Tomatenfleischstreifen
200 g	Salatgurkenstreifen
1 TL	Sojasauce
1 EL	gehackter Dill
4 EL	Knoblauchsahne (Sahne mit Knoblauchsalz gewürzt)

Den Kalmar in Ringe oder Streifen schneiden, dabei werden nur die zarten Arme verarbeitet. Die Schalotten in heißem Olivenöl blondieren, den Kalmar dazugeben und kurz anschwitzen. Sofort mit Fischfond und Weißwein auffüllen, würzen, aufkochen und zehn Minuten sacht weiter kochen. Dann Tomatenketchup, Gemüsestreifen und Sojasauce dazugeben, alles gut umrühren, aufkochen und fünf Minuten fertig köcheln lassen. Die Suppe pikant abschmecken, auf Tellern anrichten, mit Dill bestreuen und mit Knoblauchsahne behäufen.

Radicchiocremesuppe mit Meeresfrüchten

2 Bund	Suppengemüse, küchenfertig
1 TL	gekörnte Gemüsebrühe
200 g	Radicchio
2 EL	Zwiebelwürfel
40 g	Butter oder Margarine
1 EL	Mehl
1 TL	Paprikapulver edelsüß
1	Knoblauchzehe, geschält, mit Salz zerrieben
	Salz, Pfeffer
1 Prise	Zucker
	Tabasco
	weißer Balsamico-Essig
100 ml	Sahne
4	sautierte Riesengarnelen
4 EL	angeschwenkte Shrimps
	Dillzweige
	Salatblätter

Das Suppengemüse mit etwa 750 ml kaltem Wasser und der gekörnten Gemüsebrühe ansetzen, zum Kochen bringen und 15 Minuten zugedeckt köcheln lassen. Radicchio putzen, feine gleichmäßige Streifen schneiden. Die Zwiebelwürfel in heißem Fett blondieren, mit Mehl bestäuben und anschwitzen. Dann Gewürzpaprika dazugeben, mit anschwitzen, den Gemüsefond darüber seihen, alles unter häufigem Rühren aufkochen, die Knoblauchzehe und die anderen Gewürze dazugeben. Dann die Radicchiostreifen dazugeben und zugedeckt 5 Minuten in der Suppe garen. Anschließend die Sahne darunter schlagen. Die Suppe pikant abschmecken, auf heißen Tellern anrichten und mit je einer Riesengarnele, Shrimps, Dillzweig und Salatblatt garnieren.

Legierte Reissuppe mit Krebsfleisch, Lotos und Trüffel

8	EL	*Reis*
40	g	*Butter*
1	l	*Rinderkraftbrühe*
		Salz, weißer Pfeffer
		Curry
80	g	*Krebsfleisch (Konserve) in Butter*
		Zitronensaft
1		*Eigelb*
100	ml	*Sahne*
4		*Dillzweige*
		dünne Lotosscheiben
		Streifen von orangener Gemüsepaprika
		sehr dünne Trüffelscheiben

Den Reis waschen, abtropfen lassen und in heißer Butter anschwitzen. Dann die Fleischbrühe dazugeben, würzen und sacht kochen lassen, bis der Reis gar ist. Das Krebsfleisch in Butter erhitzen, würzen und warm stellen. Die fertige Suppe mit Eier-Sahne legieren, vom Herd nehmen, pikant abschmecken, auf Tellern verteilen, mit Krebsfleisch, Dillzweig, Lotos, Gemüsepaprikastreifen und Trüffelscheiben garnieren und rasch servieren.

Safransuppe mit Hechtklößchen

250	g	*Kartoffeln, geschält, in Würfel geschnitten*
1	EL	*Zwiebelwürfel*
1		*Bouquet garni*
750	ml	*Fischfond – Convenience*
1/4	TL	*Safranpulver*
100	g	*Crème fraîche*
2	cl	*Noilly Prat*
		Salz, weißer Pfeffer
		Tabasco
1/2	TL	*Estragonessig*
		Dillzweige zum Garnieren

Hechtklößchen:

200	g	*Hechtfilet, grob gewürfelt*
40	g	*Paniermehl*
60	ml	*Sahne*
1–2		*Eier (je nach Güteklasse)*

Kartoffeln, Zwiebeln und Bouquet garni mit dem Fischfond kurz aufkochen und etwa 15 Minuten köcheln.
Inzwischen aus Hechtfilet, Paniermehl sowie Sahne und Eiern eine feine Farce bereiten und mit einem Teelöffel kleine Klößchen in kochenden Fischfond abstechen. Die Klößchen einige Minuten köcheln lassen, bis sie an der Oberfläche schwimmen.
Die Suppe pürieren, mit Safran aromatisieren und mit Crème fraîche und Noilly Prat sowie den Gewürzen abschmecken und anrichten. Die Hechtklößchen mit einem Schöpflöffel auf die Suppe geben und mit Dillzweigen garnieren.

Sauerampfersuppe mit Räucherlachs und Croûtons

300 g	Sauerampfer (8 besonders zarte Blättchen zum Garnieren beiseite legen)
40 g	Butter oder Margarine
1 EL	Mehl
750 ml	Rinderbrühe (Instant)
	Salz, weißer Pfeffer aus der Mühle
1 Prise	Zucker
	Tabasco
2	Eigelb
100 ml	saure Sahne
	Weinessig
	Räucherlachsstreifen

Croûtons:

1	Scheibe Toastbrot
	geklärte Butter zum Rösten
	Gewürzsalz

Den Sauerampfer putzen, gründlich waschen und tropfnass in einen Topf geben. Erhitzen, bis die Blätter zerfallen und weich sind. Den Sauerampfer dann fein passieren. Die Butter oder Margarine erhitzen, das Mehl darin schwitzen, mit Rinderbrühe auffüllen, glatt rühren, würzen und etwa acht Minuten köcheln lassen. Den pürierten Sauerampfer dazugeben, Eigelb mit saurer Sahne verquirlen und in die Suppe rühren, erhitzen, aber nicht mehr kochen. Die Suppe pikant abschmecken. Je nach Belieben etwas Kräuteressig dazugeben.
Für die Croûtons die Toastscheibe entrinden, in gleich große Würfel schneiden und in geklärter Butter goldgelb und knusprig anbraten. Etwas Gewürzsalz dazugeben. Die Suppe zuletzt pikant abschmecken und mit Räucherlachs anrichten. Die Croûtons dazugeben.

Wird eine sättigende Sauerampfersuppe gewünscht, die Zutaten entsprechend erhöhen. Außerdem Kartoffelwürfel oder hart gekochte Eier dazugeben. Sauerampfer harmoniert auch sehr gut mit Spinat.

Sauerampfer ist ein Universal-Gemüse. Besonders schmeckt er klein gehackt und mit Quark oder Joghurt vermischt zu neuen Kartoffeln im entsprechenden Dip. Außerdem verfeinert er Rohkostsalate, Kräuter- und auch Gemüsesuppen, Omeletts und Soufflés.

Grundsätzlich nur die zarten Blätter des Sauerampfers sammeln. Die Stängel sind für den Verzehr nicht geeignet. Die Saison für frischen Sauerampfer dauert nur einige Wochen, deshalb Vorrat sammeln und die Blätter gehackt einfrieren.

Schwarzwurzelschaum mit Garnelen und Brunnenkresse

400 g	Schwarzwurzeln, aus der Konserve oder tiefgefroren
	Limette
	Salz
	Cayennepfeffer
1 TL	Geflügelbrühe, gekörnt
200 g	Crème fraîche
200 ml	Sauce Hollandaise, Convenience
	Garnelen, in Butter erhitzt
	Brunnenkresseblättchen

Schwarzwurzeln mit Fond erhitzen, würzen, fein pürieren, Crème fraîche und Sauce Hollandaise mit dem Stabmixer darunter schlagen und nochmals erhitzen, aber nicht kochen lassen. Auf sehr heißen Tellern anrichten und mit Garnelen und Brunnenkresse garnieren.

Spargelcremesuppe mit Garnelen

800 g	Spargel, weiß
1 EL	Schalotten- oder Zwiebelwürfel
40 g	Butter
500 ml	Gemüsebrühe (Instant)
100 ml	trockener Weißwein
	Salz, weißer Pfeffer
1 Prise	Zucker
125 ml	Sahne
100 g	Garnelen, Butter zum Anschwenken
	Tabasco
	Zitronensaft
	Kerbelblätter oder Dillzweige

Den Spargel waschen, schälen und die harten Enden abschneiden. Die Stängel in etwa drei Zentimeter lange Stücke schneiden. Für die Garnierung gleich große Spargelspitzen gesondert garen. Die Schalottenwürfel in der Butter anschwitzen, den vorbereiteten Spargel dazugeben und unter häufigem Umrühren weiter anschwitzen. Nach etwa zehn Minuten Gemüsebrühe, Weißwein und Gewürze dazugeben, alles zum Kochen bringen und abgedeckt 20 Minuten köcheln lassen. Die Suppe dann im Mixer pürieren, in den Topf zurückgeben, die Sahne hinzufügen, abschmecken und nochmals einige Minuten köcheln lassen. Inzwischen die Garnelen in Butter anschwenken und mit Salz, einigen Spritzern Tabasco sowie Zitronensaft würzen. Die Suppe auf Tellern anrichten, die Spargelspitzen und die Garnelen darüber verteilen, mit Kräuterblättchen garnieren und sofort servieren.

Spargelsuppe mit frischem Spargel kann auch wie folgt zubereitet werden. Den Spargel schälen und zur Einlage in Stücke schneiden. Die Spargelschalen etwa 20 Minuten in Salzwasser kochen, Fond passieren und die Spargelstücke darin garen. Den Spargelfond zum Auffüllen der erforderlichen Mehlschwitze verwenden.

Zur Verfeinerung der Suppe einige gekühlte Butterflocken unterrühren und mit etwas Orangensaft vermengen. Stehen keine Garnelen zur Verfügung, die Suppe mit Krebsklößchen oder Hummerfleischmedaillons verfeinern. Sind diese etwas teureren Delikatessen nicht vorrätig, Spargelsuppe ebenso mit Kalbfleischklößchen oder Kräuternocken anbieten.

Anstatt weißem Spargel ist diese Suppe ebenso mit grünem Spargel zuzubereiten. Die Ernte des oberirdischen Grünspargels kostet deutlich weniger und der grüne Spargel ist sogar würziger als sein weißes Pendant.

Spargelcremesuppe mit Räucherlachs

1 l	Spargelcremesuppe (siehe Rezept Seite 129)
je 12	grüne oder weiße Spargelköpfe, gegart
100 g	Räucherlachs als Röschen geformt
	Dillzweige, Schnittlauchstängel

Die Spargelcremesuppe sehr heiß auf Tellern anrichten, mit den im eigenen Fond erhitzten Köpfen belegen und die Lachsrose auf der Tellermitte arrangieren. Zuletzt mit Dillzweigen und Schnittlauchstängeln garnieren.

Spargel-Tomatensuppe mit Garnelenspießen

je 500 ml Spargel- und Tomatensuppe (s. Rezept Seite 129 und 184)

Spieße:

8	*Garnelen*
8	*Cocktailtomaten*
4	*Spargelköpfe*
4	*Kräuterzweige*

Die Zutaten für die Spieße aufstecken und kurz frittieren. Zuerst die Tomatensuppe auf schräg gehaltenen Tellern zur Hälfte anrichten. Dann die Spargelsuppe auf die andere Hälfte füllen. Die Suppen müssen eine etwas dickere Konsistenz haben, damit sie nicht direkt zusammenlaufen. Zuletzt den Spieß anlegen und schnell auftischen.

Zwetschgensuppe mit Aalklößchen

Klößchen:

je 100 g	*Filet von frischem Aal und von Räucheraal*
1	*Ei*
1 EL	*Sahne*
	Salz, weißer Pfeffer
etwa 400 g	*Zwetschgen*
750 ml	*Rinderkraftbrühe*
	Salz, Cayennepfeffer
	Rotweinessig

Das Aalfilet sehr fein wolfen, mit den Zutaten vermengen, würzen und etwa 30 Minuten kalt stellen. Die Schüssel mit der Aalfarce in eine größere Schüssel mit Eiswürfeln setzen. Die Farce muss gut abbinden.
In der Zwischenzeit die Zwetschgen waschen, halbieren, entsteinen, vierteln, in die kochende Rinderkraftbrühe geben, würzen und zehn Minuten köcheln lassen.
Von der Aalfarce mit einem Teelöffel kleine Klößchen in kochendes Salzwasser abstechen und gar ziehen lassen. Der Garpunkt ist erreicht, wenn die Klößchen an die Oberfläche steigen.
Die Zwetschgensuppe auf Tellern anrichten, die Klößchen abtropfen lassen und zur Suppe geben. Dazu schmeckt frisches Stangenweißbrot.

Zucchinicremesuppe mit Croûtons und Räucheraal

800 g	*Zucchini, küchenfertig*
1 EL	*Öl*
1 EL	*Zwiebelwürfel*
250 ml	*Fleischbrühe*
	Salz, weißer Pfeffer
	Muskatnuss, frisch gerieben
125 ml	*Sahne*
	Räucheraalfiletwürfel nach Belieben

Croûtons:

1	*Scheibe Toastbrot*
20 g	*Butter*

Von einer Zucchini acht sehr dünne, gleich große Scheiben herausschneiden und beiseite legen. Die restlichen Zucchini in Würfel schneiden und in heißem Öl zusammen mit den Zwiebelwürfeln leicht anbraten. Die Fleischbrühe dazugießen, würzen und abgedeckt zehn Minuten köcheln lassen. Die Suppe im Mixer pürieren, mit der Sahne vermengen und erneut erhitzen. Inzwischen Toastbrot entrinden, in gleich große Würfel schneiden und in heißer Butter knusprig rösten. Zuletzt die Suppe abschmecken, auf Tellern verteilen und mit den zurückgelegten Zucchinischeiben, den Croûtons und Räucheraalwürfeln garnieren.

Auf gleiche Weise Brokkoli-, Patisson- oder Gurkensuppe zubereiten.

Die Suppe wird mit etwa 200 g Kartoffeln sämig und voluminöser.

Zur weiteren Verfeinerung geröstete Mandelsplitter oder geröstete Kürbiskerne dazugeben.

Zuckerschotenrahmsuppe mit Krebsschwänzen

1 EL	*Schalotten, in feinen Würfeln*
	Butter oder Margarine
500 ml	*Geflügelbrühe*
	Salz, weißer Pfeffer
1 Prise	*Zucker*
etwa 400 g	*Zuckerschoten*
100 ml	*Sahne, leicht geschlagen*
12–20	*Krebsschwänzchen*
	Butter
	Zitronensaft
4	*Dillzweige*

Die Schalotten in heißem Fett andünsten, die Schoten dazugeben und zwei Minuten mit andünsten. Dann die Geflügelbrühe dazugießen, würzen und zehn Minuten sacht gar kochen. Zur Suppeneinlage einige Schoten entnehmen und warm stellen. Die übrigen Schoten mit der Brühe fein pürieren, in den Topf zurückgeben, wieder erhitzen und dabei die Sahne dazugeben. Die Suppe pikant abschmecken. Die Krebsschwänzchen in etwas heißer Butter anschwitzen und würzen. Die warm gehaltenen Schoten auf Tellern verteilen und die Suppe dazugeben. Die Krebsschwänze auf der Suppe sowie einige Schotenstreifen anrichten, mit einem Dillzweig garnieren und sofort servieren. Dazu schmeckt frischer Toast.

Diese Suppe kann außerdem z. B. mit Hummermedaillons, Langustenschwanzstückchen, pochierten Austern oder Muscheln und frischer Minze kombiniert werden.

Spinatrahmsuppe mit Räucherlachs

500 g Spinat
1 EL Zwiebelwürfel
40 g Butter oder Margarine
500 ml Geflügelbrühe
Salz, Pfeffer aus der Mühle
Muskatnuss, frisch gerieben
etwas abgeriebene Zitronenschale (unbehandelt)
1 EL Mehl, mit etwas Wasser glatt rühren
100 g Crème double
80 g Räucherlachsstreifen

Den Spinat waschen, putzen und die dicken Blattrippen abstreifen. Die Zwiebelwürfel in heißem Fett anschwitzen, den Spinat dazugeben und dünsten, bis er zusammenfällt. Dann die Brühe angießen, würzen, das Mehl dazugeben und glatt rühren. Den Topf abdecken und alles acht Minuten sacht kochen. Die Suppe im Mixer fein pürieren, zurück in den Topf geben, mit Crème double verrühren, pikant abschmecken, nochmals erhitzen und auf Tellern oder in Tassen anrichten. Mit Räucherlachsstreifen bestreuen und sofort servieren.

Anstelle von Räucherlachs die würzige Spinatsuppe auf Tellern anrichten und mit Käse überbacken. Auf jede Portion eine dünne Scheibe Vollkorn- oder Toastbrot legen, mit reichlich Reibekäse überstreuen und überbacken. Das Toastbrot kann ebenso mit Schmelzkäse oder Käsecreme bestrichen werden.

Suppen mit Gemüse

Aprikosen-Linsen-Suppe

1 EL Zwiebelwürfel
1 EL Öl
1 Bund Suppengrün, fein geschnitten
600 ml Rinderbrühe
200 g getrocknete Aprikosen, in Wasser geweicht, in feine Streifen geschnitten
300 g Linsen, gekocht
Salz
1 EL Curry
1 Prise Cayennepfeffer
1 EL Rotweinessig
4 Minzezweige

Die Zwiebelwürfel in heißem Öl anschwitzen, das Suppengrün dazugeben und leicht blondieren. Mit Rinderbrühe auffüllen und alles etwa 15 Minuten kochen lassen. Dann mit dem Stabmixer fein pürieren, die Aprikosenstreifen und Linsen dazugeben, gut würzen und zehn Minuten sacht kochen. Die Suppe zuletzt abschmecken, auf Tellern anrichten und mit Minzezweigen garnieren.

Artischockencremesuppe

2 große Artischocken
1 l Geflügelbrühe
Salz, weißer Pfeffer
Zitronensaft
200 ml Sahne
1 Salatherz
4 EL Petersilie, gehackt

Die Artischocken putzen, waschen, achteln, in einen Suppentopf geben, mit der Geflügelbrühe übergießen, würzen, zum Kochen bringen und etwa 20 Minuten sacht garen. Die Artischocken mit dem Mixstab fein pürieren, die Sahne dazugeben und kurz darunter schlagen. Die Suppe nochmals erhitzen, pikant abschmecken und in Tellern anrichten. Die Suppe mit einigen Salatherzblättchen garnieren und mit fein gehackter Petersilien bestreuen.

Die Artischocken zählen zu den feinsten Gemüsearten. Sie sind besonders zart und wohlschmeckend. Diese exzellente Suppe ist eine besondere Ouvertüre für ein festliches Menü.

Artischocken grundsätzlich in Stahlgeschirr zubereiten, da sie sich sonst stark verfärben.

Avocadosuppe mit Kiwi

600 g Avocadofleisch
1 EL Zitronensaft
500 ml Hühnerbrühe
100 g Sahne
Salz, weißer Pfeffer
Tabasco
8 Kiwischeiben, sehr dünn geschnitten

Das Avocadofleisch mit Zitronensaft beträufeln, mit einer Gabel zerdrücken und im Mixer fein pürieren. Die Hühnerbrühe in einer geeigneten Kasserolle erhitzen, das Avocadopüree und die Sahne dazugeben, alles gut verrühren, würzen und kurz aufkochen lassen.
Die fertige Suppe pikant abschmecken, anrichten, jede Portion mit zwei Kiwischeiben garnieren und sofort servieren.

Als Variante können beispielsweise Räucherlachsstreifen in die fertige Suppe gegeben werden. Die Suppe auf Tellern anrichten, mit Dillzweigen und einer Rosette von Meerrettichsahne garnieren.

Diese äußerst pikante Suppe mit einem auserlesenen Aroma schmeckt auch mit Räucheraal, Räucherforelle und Krebsen, aber auch mit zart geräucherter Gänse- oder Putenbrust.

Bananen-Curry-Suppe

1 EL	*Mehl*
20 g	*Butter oder Margarine*
1 EL	*Curry*
750 ml	*Hühnerbouillon*
	Salz
1 Prise	*Ingwerpulver*
	Tabasco
2	*weiche Bananen*
1	*Eigelb mit Sahne verquirlt*
4 EL	*geschlagene Sahne*
1	*feste Banane zur Garnitur*
	Pistazienkerne, in Stifte geschnitten

Das Mehl in heißem Fett anschwitzen, Curry dazugeben und mit anschwitzen. Dann sofort mit Hühnerbouillon auffüllen, glatt rühren, aufkochen, würzen und köcheln lassen. Die weichen Bananen schälen, pürieren, nach zehn Minuten in die Suppe geben, gut verrühren, nochmals aufkochen und abschmecken. Eigelb mit Sahne verquirlen, die Suppe damit legieren, anrichten, mit Sahne garnieren, mit dünnen Scheiben von der festen Banane belegen sowie mit Pistazienstiften bestreuen.

Anstelle der Pistazien sind ebenso Mandelblättchen, geröstete Kokosflocken oder Pinienkerne zu verwenden.

Die Suppe kann auch ohne Mehl zubereitet werden; dann den Anteil des Bananenpürees erhöhen.

Bananensuppe mit Currysahne

500 g	*vollreife Bananen, geschält*
120 g	*Crème fraîche*
etwa 500 ml	*Hühnerbrühe*
	Salz
	Obstessig
4 EL	*Currysahne*
4	*Kumquats in Sirup*

Die Bananen und Crème fraîche im Mixer pürieren, in die erhitzte Hühnerbrühe geben, kurz aufkochen lassen und pikant abschmecken. Die Suppe anrichten, mit Currysahnehaube und Kumquat garnieren und sehr heiß servieren.

Ein Hauch Safran gibt der Suppe eine herrliche Farbe.

Klare Basilikumsuppe mit Pistazienklößchen

Klößchen:

2 EL	*weiche Butter*
4 EL	*Grieß*
1	*Ei*
30 g	*gemahlene Pistazien*
	Salz
1 Prise	*Muskatnuss, frisch gerieben*

Suppe:

800 ml	*Rinderkraftbrühe, (siehe Rezept Seite 59)*
1/2 Bund	*Basilikum*
4 cl	*trockener Sherry*

Die Zutaten für die Klößchen mit einem Schneebesen zu einer dicklichen Masse verrühren. Erscheint die Masse zu dick, etwas Sahne oder Milch dazugeben, ist sie zu weich, etwas Grieß hinzufügen. Die Grießmasse etwa 30 Minuten quellen lassen. Mit zwei Löffeln ein Probeklößchen abstechen und in siedendem Salzwasser zehn Minuten ziehen lassen. Keinesfalls kochen. Zerfällt das Probeklößchen während des Garens, noch etwas Grieß unter die Masse mischen. Der Grieß muss dann nochmals 15 Minuten quellen.

Die Rinderbrühe erhitzen. Die Basilikumstängel waschen, die Herzblätter beiseite legen, die Blättchen abzupfen und in sehr feine Streifen schneiden. Die Stängel in die Brühe geben und zehn Minuten köcheln lassen. Die Klößchen in siedendes Salzwasser abstechen und gar ziehen lassen. Die Basilikumstängel aus der Brühe nehmen und den Sherry dazugeben, ebenso die geschnittenen Basilikumblättchen. Die Brühe abschmecken und nochmals erhitzen. Die Klößchen abtropfen lassen, auf Tellern verteilen, die Brühe darübergießen, mit den Herzblättern garnieren und sofort servieren.

Auf die gleiche Weise Suppe mit Majoran, Kerbel oder Liebstöckel bereiten. Als Einlage weiterhin Roggennudeln, Roggenravioli, Dill- oder Knoblauchnocken verwenden.

Blumenkohlsuppe mit Hirse

1	*kleiner Blumenkohl*
	Salz
60 g	*Hirse*
750 ml	*Gemüsebrühe (Instant)*
	Muskatnuss, frisch geriebene
100 ml	*Sahne*
2	*Eigelb*
	Zitronensaft
	Petersilie, gehackte
4	*Zweige Zitronenmelisse*

Den Blumenkohl putzen, in sehr kleine Röschen zerteilen und einige Minuten in Salzwasser legen. Die Hirse in der Gemüsebrühe fünf Minuten kochen, die Blumenkohlröschen dazugeben, würzen und zehn Minuten zugedeckt fertig köcheln lassen. Sahne, Eigelb und Zitronensaft verquirlen, in die Suppe rühren und sofort vom Herd nehmen. Die fertige Suppe abschmecken, anrichten, mit grob gehackter Petersilie überstreuen und jeweils mit einem Zweig Zitronenmelisse garnieren.

Als besonderer Clou einige Tropfen Hummer-, Tomaten- oder Paprikabutter darüber geben. Auf die gleiche Weise Brokkoli-, Fenchel- oder Zucchinisuppe zubereiten. Hierbei ist allerdings die unterschiedliche Garzeit zu beachten. Fenchel und Brokkoli benötigen etwa zehn Minuten Garzeit, Zucchiniwürfel dagegen nur fünf Minuten.

Blumenkohl-Tomatensuppe

1 EL	*Zwiebelwürfel*
20 g	*Butter*
	Edelsüßpaprika
500 ml	*Fleischbrühe*
6 EL	*Tomatenmark*
300 g	*Blumenkohlröschen*
	Salz, weißer Pfeffer
200 g	*Tomatenfleischwürfel*
12	*Tomatenchips mit Basilikum*
12	*Blumenkohlröschen, extra gekocht*

Die Zwiebelwürfel in heißer Butter blondieren, mit Paprika bestäuben und mit Fleischbrühe ablöschen. Tomatenmark dazugeben und gut verrühren. Blumenkohlröschen in die tomatierte Brühe geben, würzen, aufkochen und zehn Minuten sacht kochen. Dann die Tomatenfleischwürfel dazugeben, alles gut vermengen, drei Minuten zusammen aufkochen und pürieren. Die pikante Suppe kräftig abschmecken und sehr heiß mit Tomatenchips mit Basilikum und Blumenkohlröschen anrichten.

Brennnessel-Kartoffelsuppe

1 EL	*Zwiebelwürfel*
20 g	*Butter oder Margarine*
500 ml	*Fleischbrühe (Instant)*
400 g	*Kartoffeln, geschält, gewürfelt*
	Salz, weißer Pfeffer
	Muskatnuss, gerieben
100 g	*Brennnesselblätter*
100 g	*Crème fraîche*
	Rote Gemüsepaprika, in Streifen geschnitten

Die Zwiebelwürfel in heißem Fett leicht blondieren, mit Fleischbrühe ablöschen, Kartoffelwürfel dazugeben, würzen und zum Kochen bringen. Die Brennnesselblätter waschen, grob schneiden, nach zehn Minuten Kochzeit zu den Kartoffeln geben und weitere zehn Minuten köcheln lassen. Einige besonders zarte Blättchen zur Garnitur zurücklegen. Dann alles mit dem Mixstab fein pürieren, Crème fraîche dazugeben, nochmals erhitzen, abschmecken und anrichten. Mit Brennnesselblättchen und hauchdünnen Streifen von roter Paprika garnieren.

Auf die gleiche Weise Löwenzahn- oder Bärlauchsuppe zubereiten. Anstelle von Kartoffeln werden in der Vollwertküche Hirse oder Grünkerne verwendet.

Brennnessel oder Löwenzahn sind nur vom eigenen Anbau oder auf ungedüngten Wiesen und weit abseits von stark befahrenen Straßen zu pflücken.

Brokkolicremesuppe

500 g	*Brokkoli*
500 ml	*kräftige Geflügelbrühe (Konserve)*
200 ml	*Sahne, 30 % Fettgehalt*
	Salz, weißer Pfeffer aus der Mühle
8–12	*enthäutete Tomatenfleischkeile*
8–12	*Mandelstifte, frisch geröstet*

Brokkoli putzen und waschen. Die Röschen abschneiden. Die Stiele in gleich große Stücke teilen, um einen gemeinsamen Garpunkt zu erreichen und, wenn erforderlich, vorher schälen. Brokkoli in die kochende Geflügelbrühe geben, alles zum Kochen bringen und unter dem Siedepunkt weiter garen. Nach etwa fünf Minuten 12 gleich große Röschen heraussuchen und warm stellen. Den restlichen Brokkoli noch weitere fünf Minuten garen und mit dem Schneidestab des Handrührers pürieren. Die Sahne dazugeben, die Suppe nochmals erhitzen, abschmecken und auf tiefen Tellern verteilen. Anschließend mit Tomatenkeilen, Brokkoliröschen und Mandelstiften garnieren.

Brokkoli-Rahmsuppe mit Parmesan

500 g	*Brokkoli*
1 EL	*Zwiebelwürfel*
20 g	*Butter oder Margarine*
500 ml	*Geflügelbrühe*
	Salz, Pfeffer
	Muskatnuss, frisch gerieben
100 ml	*Sahne*
4 TL	*Parmesankäse, gerieben*

Brokkoli waschen, putzen und in kleine Stücke schneiden. Die Zwiebelwürfel in heißem Fett anschwitzen. Den Brokkoli dazugeben, anschwitzen, mit Geflügelbrühe auffüllen, würzen, zum Kochen bringen und sacht weiter kochen lassen. Nach etwa zehn Minuten mit dem Mixstab pürieren, durch ein Sieb streichen und zurück in den Topf geben. Die Sahne kurz mit dem Mixstab darunter schlagen. Die Suppe nochmals erhitzen, pikant abschmecken, in Tassen anrichten und mit Parmesankäse bestreuen.

Wenn Brokkolistiele zur Verfügung stehen, können diese bei dieser Suppe bestens verwendet werden.

Brokkolisuppe mit Quarkklößchen

1	EL	*Zwiebelwürfel*
20	g	*Butter oder Margarine*
500	ml	*Rindsbouillon*
600	g	*Brokkoli*
		Salz, weißer Pfeffer
1	Prise	*Muskatnuss, gerieben*

Quarkklößchen:

150	g	*sehr trockener Magerquark*
1		*Ei*
2–3	EL	*sehr feines Semmelmehl*
		Salz

Die Zwiebelwürfel in heißem Fett anschwitzen und mit Rindsbouillon aufgießen. Den Brokkoli putzen, waschen, in gleichmäßige, kleine Röschen teilen, in die Brühe geben, würzen, zum Kochen bringen und abgedeckt etwa acht Minuten fertig garen.

Für die Quarkklößchen Quark mit Ei, Semmelmehl und Salz vermengen und 30 Minuten kalt stellen. Aus der Quarkmasse mit einem nassen Esslöffel ovale Klößchen formen, in siedendes Salzwasser geben und etwa fünf Minuten gar ziehen lassen.

Die Brokkolisuppe abschmecken, auf Tellern anrichten. Die Klößchen mit einem Schaumlöffel aus dem Salzwasser nehmen und in die Suppe geben. Sofort servieren. Als Farbtupfer Tomatenfleischstreifchen oder Würfel von roter Gemüsepaprika drüber streuen.

Auf die gleiche Weise Suppe von grünen Bohnen, Zuckerschoten, Möhren oder Zucchini zubereiten. Stehen keine kleinen Brokkoliröschen zur Verfügung, sind auch größere Röschen mit Stängel zu verwenden. Die Suppe sollte dann jedoch püriert werden.

Buchweizen-Käsesuppe

100	g	*Buchweizenkörner*
750	ml	*Gemüsebouillon (Instant)*
je 100	g	*Möhrenjulienne und sehr kleine Brokkoliröschen*
200	g	*Doppelrahm-Frischkäse*
		Salz, weißer Pfeffer
		Kräuter, grob gehackt

Die Buchweizenkörner in die Bouillon geben und fünf Minuten kochen lassen. Dann das Gemüse dazugeben, würzen und alles weitere zehn Minuten garen. Den Topf beiseite stellen, den Käse in Flöckchen in die Suppe geben, abdecken und etwa fünf Minuten stehen lassen. Den Käse dann mit der Suppe verrühren. Die Suppe nochmals erhitzen, pikant abschmecken, anrichten und mit Kräutern überstreuen. Dazu schmeckt frisches Roggenbrot und trockener Weißwein.

Buttermilchsuppe mit Gemüse

1	EL	*Mehl*
800	ml	*Buttermilch*
150	g	*Brokkoliröschen*
150	g	*feine Möhrenwürfel*

100 g Speckwürfel
1 EL Zwiebelwürfel
Salz, weißer Pfeffer
Kräuter, grob geschnitten
4 Käsestangen

Das Mehl mit Buttermilch verquirlen und salzen. Die Buttermilch unter ständigem Rühren aufkochen und einige Minuten sacht kochen lassen. Die Gemüse knapp mit Wasser bedecken, salzen, garen, abgießen und in die Buttermilch geben. Die Speckwürfel auslassen, die Zwiebelwürfel dazugeben, alles leicht bräunen und sofort in die Suppe rühren. Die Suppe zuletzt abschmecken, weitere drei Minuten köcheln lassen, anrichten, mit gezupften Kräutern bestreuen und mit Käsestangen servieren.

Die pikante Suppe zusätzlich mit hart gekochtem, gehacktem Ei überstreuen.

Buttermilchsuppe schmeckt auch mit Backobst. Das Backobst über Nacht einweichen. Die Suppe mit Zucker und Zitronensaft abschmecken.

Die Suppe kann an heißen Tagen ebenso als Kaltschale serviert werden.

Steinpilzsuppe mit Crème fraîche

600 g Steinpilze
100 g Bauchspeck
2 EL Zwiebelwürfel
500 ml Rinderbrühe
Basilikumpulver
Salz, weißer Pfeffer
1 EL Mehl
120 g Crème fraîche
1 TL Schnittlauchröllchen

Die Pilze putzen, waschen und in Scheiben schneiden. Den Bauchspeck in feine Würfel schneiden und in einem Suppentopf auslassen. Die Zwiebelwürfel dazugeben und zusammen goldgelb bräunen. Sofort die Steinpilze dazugeben, kurz ausbraten, die Fleischbrühe angießen. Alles würzen und zum Kochen bringen. Das Mehl mit etwas Wasser glatt rühren, in die Suppe geben und etwa zehn Minuten sanft kochen. Zuletzt Crème fraîche in die Suppe geben, abschmecken, anrichten, mit Schnittlauchröllchen bestreuen und mit Toast servieren.

Auf gleiche Weise Pilzsuppe aus allen Pilzsorten zubereiten. Pilze enthalten reichlich Mineralstoffe und Spurenelemente. Sie sind aufgrund ihres hohen Wassergehaltes jedoch schnell verderblich! Frische Pilze deshalb sofort verarbeiten.

Champignon-Käsesuppe

250 g	Champignons, geputzt und gewaschen
1 EL	sehr feine Zwiebelwürfel
40 g	Butter
500 ml	Milch
150 g	Schmelzkäse
2–3 EL	Speisequark
	Salz
	Muskatnuss, frisch gerieben
	Tabasco
	Petersilie

Die Champignons in feine Scheiben schneiden. Die Zwiebelwürfel in heißer Butter blondieren, die Champignons dazugeben, leicht anbraten und mit Milch auffüllen. Den Käse in kleinen Würfeln sowie Quark und Gewürze dazugeben. Alles unter häufigem Rühren zum Kochen bringen und so lange köcheln lassen, bis der Käse geschmolzen und die Suppe schön glatt und sämig ist. Die fertige Suppe abschmecken, in Tassen anrichten und mit grob gehackter Petersilie überstreuen. Dazu schmeckt frischer Toast, frisch geröstetes Roggenbrot oder röstfrische Croutons.

Auf die gleiche Weise Suppe von Pfifferlingen, Maronen, Steinpilzen oder auch Austernpilzen zubereiten. Anstelle von Quark vollfetten Edelpilzkäse verwenden. Die Pilz-Käse-Suppe erhält dadurch einen ganz besonderen Geschmack.

Champignonsuppe naturell zubereiten. Dabei etwa 600 g Rohmasse einsetzen und die Suppe mit Quarkklößchen kombinieren.

Champignoncremesuppe mit Gemüsekonfetti

600 g	Suppenchampignons
1 EL	Zwiebelwürfel
1 EL	Olivenöl
500 ml	Geflügelbrühe
	Salz, weißer Pfeffer aus der Mühle
	Zitronensaft
1 Prise	Cayennepfeffer
1 Prise	Muskat
200 ml	Sahne
2 EL	extra feine Erbsen, in etwas Butter erhitzt
2 EL	sehr kleine Möhrenkugeln
je 1 TL	Petersilie und Liebstöckel, gehackt

Die Champignons putzen, waschen und in Scheiben schneiden. Die Zwiebelwürfel in heißem Fett anschwitzen, die Champignons dazugeben, mit anschwitzen, würzen, mit Geflügelbrühe ablöschen und auffüllen. Die Pilze zugedeckt etwa 15 Minuten sacht kochen. Dann die Sahne dazugeben und alles mit dem Stabmixer fein pürieren und zugleich leicht aufschlagen. Die Suppe nochmals erhitzen, nachwürzen und auf Tellern anrichten. Zuletzt die Gemüse und Kräuter darüber streuen.

Die Möhrenkugeln mit einem sehr kleinen Pariser Löffel ausbohren und in Salzwasser blanchieren. Gemüsekonfetti ebenso aus Sellerie, Salatgurken, roten Rüben und Kürbis bereiten. Die Bezeichnung Konfetti ist auch für Gemüseperlen gebräuchlich.

Diese hochwertige Suppe lässt sich gut mit erlesenen Einlagen kombinieren, z. B. mit Krabben, Hummermedaillons oder auch mit pochierten Austern. Die Kombination mit Streifchen von Räucherzunge oder Kochschinken dagegen ist kostengünstiger. Am einfachsten einige gleich große Champignons vor dem Pürieren herausnehmen und zur Einlage zurücklegen.

Chicorée-Gemüsesuppe

Geschnittener Chicorée wird schnell bräunlich, wenn er längere Zeit Sauerstoffeinwirkung ausgesetzt ist. Geschnittenen Chicorée grundsätzlich mit einem feuchten Tuch abdecken oder noch besser mit Zitronensaft und Weißwein marinieren.

Bei Verwendung von Gemüsefond erhält man eine exzellente, vegetarische Suppe.

500 g	Chicorée
1 EL	Zwiebelwürfel
40 g	Butter
500 ml	Rinderbouillon (Instant)
100 ml	Weißwein
	Zitronensaft
	Salz, weißer Pfeffer
100 g	Zuckerschoten
100 g	Möhrenwürfel
$^1/_2$ Bund	Petersilie, grob gehackt

Von den Chicoréestauden die äußeren welken Blätter entfernen. Die Stauden gründlich waschen und abtropfen lassen. Da sich im Wurzelende die Bitterstoffe konzentrieren, einen Keil herausschneiden. Die Stauden quer in dünne Streifen schneiden. Die Zwiebelwürfel in Butter blondieren und mit der Rinderbouillon ablöschen. Weißwein und Zitronensaft dazugeben, salzen und pfeffern. Dann Chicorée in die Brühe geben, kurz aufkochen und köcheln lassen. Nach etwa fünf Minuten die anderen Gemüse dazugeben, nachwürzen und alles fünf Minuten weiter köcheln lassen. Der Chicorée sollte noch etwas bissfest bleiben. Die bunte Gemüsesuppe auf Tellern verteilen, mit Petersilie überstreuen und sofort servieren. Dazu passt ofenfrisches Roggenbrot mit Apfel-Zwiebel-Schmalz.

Chicorée-Rahmsuppe

600 g	Chicorée, küchenfertig
40 g	Bauchspeck
20 g	Butter oder Margarine
1 EL	Zwiebelwürfel
1 EL	Mehl
500 ml	Fleischbrühe
	Salz
	Muskatnuss, frisch gerieben
	Zitronensaft
	Tabasco
1	Eigelb in 100 ml Sahne verquirlt
	grob gezupfte Petersilie, Kerbel und Kresse

Den Chicorée quer in Streifen und den Speck in feine Würfel schneiden. Das Fett erhitzen, die Speck- und Zwiebelwürfel dazugeben, das Mehl darüber stäuben und alles anschwitzen. Dann mit Fleischbrühe auffüllen, aufkochen, den Chicorée dazugeben, würzen und abgedeckt zehn Minuten fertig garen. Das Gemüse sollte noch Biss haben, also nicht zu weich gekocht sein. Die Suppe zuletzt fein pürieren, legieren, abschmecken, anrichten und mit Kräuterblättchen garnieren.

Chili-Tomaten-Gurkensuppe

400 g Salatgurke
1 EL sehr fein geschnittene Zwiebelwürfel
1 EL Olivenöl
400 g Tomatenfleischwürfel
400 ml Geflügelfond
4 Chilischoten
Salz
Chilipulver
Zucker
je 1 Stängel Liebstöckel und Koriander, fein gehackt

Die Salatgurke waschen und in Würfel schneiden. Größere Salatgurken schälen. Die Zwiebelwürfel in heißem Öl anschwitzen, die Gurken- und Tomatenwürfel dazugeben, zwei Minuten mit anschwitzen und mit Geflügelfond ablöschen. Salz, Chilipulver und Chilischoten dazugeben, alles gut vermengen, zusammen aufkochen und etwa fünf Minuten sacht weiterkochen. Die Suppe zuletzt pikant abschmecken, die Kräuter dazugeben, unterrühren und zwei Minuten in die Suppe einziehen lassen. Die feinwürzige Suppe auf Tellern verteilen. Je nach Belieben zu jeder Portion eine Chilischote geben.

Legierte Curry-Reissuppe

60 g Langkornreis
40 g Butter oder Margarine
Currypulver
750 ml Hühnerbrühe (Instant)
Salz, weißer Pfeffer
2 Eigelb
100 ml Sahne

Den Reis abbrausen, abtropfen lassen, in heißem Fett glasig anschwitzen, reichlich Currypulver dazugeben und kurz mit anschwitzen. Dann sofort mit Hühnerbrühe auffüllen, alles kurz aufkochen lassen, würzen und 15 Minuten bei schwacher Hitze fertig garen. Eigelb mit der Sahne verrühren und alles in die Suppe rühren. Die Suppe vorher vom Herd nehmen, da sie nicht mehr kochen darf. Die fertige Suppe nochmals abschmecken und anrichten.
Zum Garnieren eignen sich beispielsweise Minzeblätter, frische Kresse, aber auch Pfirsichfächer oder Bananenscheiben mit halben Physalis. Weiterhin Streifchen von Bambussprossen und Wasserkastanien sowie dünne Lotosscheiben.

Dill-Gurkensuppe

600 g	Salatgurke
1 EL	Mehl
40 g	Butter oder Margarine
400 ml	Fleischbrühe
	Salz, weißer Pfeffer
	Rosmarin
1 Bund	Dill, fein gehackt
1	Eigelb, in 1 EL Sahne verquirlt
4	Gurkenfächer und Sprossen
4	Dillzweige

Die Gurken waschen und in kleine Würfel schneiden. Große Gurken schälen. Das Mehl in heißem Fett anschwitzen. Die Gurkenwürfel dazugeben und mit anschwitzen. Dann sofort mit Fleischbrühe auffüllen, unter Rühren aufkochen, würzen und acht Minuten sacht weiter kochen. Dann den Dill und das verquirlte Eigelb in die Suppe rühren und nochmals erhitzen, aber nicht mehr kochen lassen. Die Suppe zuletzt pikant abschmecken, anrichten, mit Gurkenfächern, Sprossen und Dillzweigen garnieren und schnell servieren. Dazu schmeckt frischer Toast.

Gurkensuppe ebenso mit Speisestärke oder Reismehl binden. Die Suppe benötigt eine sehr kurze Kochzeit. Mehl soll allgemein acht bis zehn Minuten auskochen, damit der Mehlgeschmack vergeht.

Dinkelsuppe mit buntem Gemüse

80 g	Dinkel, mittelgrob geschrotet
40 g	Butter oder Margarine
750 ml	Rinderbouillon
je 150 g	Erbsen, Möhrenwürfel und Spargelstücke
	Salz, weißer Pfeffer
1 Prise	Muskatnuss, frisch gerieben
$^1/_3$ Bund	frische Kräuter (Petersilie, Kerbel oder Dill)

Den Dinkel in einer geeigneten Kasserolle bei mittlerer Hitze unter häufigem Umrühren rösten, bis sich der typische Geruch von geröstetem Weizen entwickelt. Dann die Butter dazugeben, die Rinderbouillon angießen, salzen, alles zum Kochen bringen und 12–15 Minuten köcheln lassen. Der Dinkelschrot sollte etwas bissfest bleiben. Die Gemüse dazugeben, würzen, alles aufkochen und drei Minuten köcheln. Die Suppe in rustikalen Suppenschalen anrichten und mit grob gezupften Kräutern überstreuen.

Auf gleiche Weise Suppe mit Grünkern, Wildreis, Nackthafer, Gerste oder Graupen zubereiten. Die Gemüsesorten sind vielfältig zu variieren. Beim Einsatz von frischem Gemüse, wie Brokkoli, Blumenkohl, Kohlrabi, jungen Möhren oder Bohnen, sind diese bereits nach zehn Minuten Garzeit in die Suppe zu geben.

Dreikornsuppe mit Tomaten und Kräutern

je 25 g Buchweizen, Grünkern und Naturreis
1 EL Olivenöl
1 EL Zwiebelwürfel, sehr fein geschnitten
1 l Gemüsebouillon aus gekörnter Gemüsebrühe (Instant)
Salz, weißer Pfeffer
Knoblauch
200 g Tomatenfleischwürfel
1 EL Kräuter, gehackt
4 Kräuterzweige (z. B. Dill, Petersilie, Kerbel, Estragon)

Buchweizen, Grünkern und Naturreis grob schroten. Das Öl in einem Suppentopf erhitzen, die Zwiebelwürfel darin glasig anschwitzen, den Dreikornschrot dazugeben und unter Umrühren einige Minuten braten. Dann mit der Bouillon auffüllen, würzen und köcheln lassen. Die Suppe dabei beobachten, da geschrotete Körner schnell überkochen. Nach 15 Minuten die Tomatenfleischwürfel dazugeben und alles Weitere fünf Minuten fertig köcheln. Die Suppe abschmecken, anrichten, mit Kräutern bestreuen und mit Kräuterzweigen garnieren.

Dieser Vollwertsuppe keinerlei Fleischteile beigeben. Der typisch natürliche Geschmack sollte erhalten bleiben.

Gemüsesuppen, die püriert werden, schmecken intensiver, wenn sie anstelle von Mehl mit Kartoffelwürfeln gekocht werden.

Pikante Eiersuppe mit Kapernsahne

1 EL Zwiebel, gerieben
40 g Butter oder Margarine
1 EL Mehl
1 l Fleischbrühe
Salz, weißer Pfeffer aus der Mühle
2 EL Kräuteressig
4 Eier
4 EL Kapernsahne
Dillzweige

Die Zwiebel in heißem Fett in einem breiten Suppentopf anschwitzen, das Mehl dazugeben und mit anschwitzen. Mit Fleischbrühe ablöschen, glatt rühren, aufkochen, würzen und zehn Minuten sacht weiter kochen. Dann Essig dazugeben und schnell hintereinander die Eier, die vorher in vier Tassen aufgeschlagen wurden, in die heiße Suppe gleiten lassen. Die Eier nur solange gar ziehen lassen, bis das Eiklar stockt. Auf jeden Teller ein Ei und einen Esslöffel Kapernsahne geben. Die Suppe pikant abschmecken und sehr heiß darüber gießen. Zuletzt mit Dillzweigen garnieren und sofort servieren. Dazu schmeckt beispielsweise frischer Knoblauchtoast.

Endiviencremesuppe

500 g Endiviensalat
1 EL Butter
750 ml Fleischbrühe
Salz, Pfeffer
Muskatnuss, frisch gerieben
150 g gekochte Kartoffeln oder gekochter Reis
1 EL Zitronenmelisse, fein gehackt
125 ml Sahne
1 EL Zitronensaft
4 Scheiben geschälte Zitrone
4 Zweige Zitronenmelisse

Den Endiviensalat putzen, waschen, zerpflücken, trocken schleudern und in einem Suppentopf in zerlassener Butter andünsten. Mit der Fleischbrühe auffüllen, würzen und abgedeckt zehn Minuten dünsten. Anschließend Kartoffeln oder

Reis dazugeben und darin fünf Minuten erhitzen. Die Suppe dann sehr fein pürieren. Zitronenmelisse, Sahne und Zitronensaft dazugeben, gut verrühren, nochmals erhitzen, abschmecken und zwei Minuten ziehen lassen. Die Suppe auf Tellern anrichten. Mit Zitronenscheibe und Zitronenmelisse garnieren.

Suppe ebenso aus anderen Salatsorten zubereiten. Anstelle von Kartoffeln oder Reis Quark verwenden, schmeckt herzhafter.

Frische Erbsensuppe mit Artischockenherzen

600 g	*frische grüne Erbsen*
500 ml	*Fleischbrühe*
125 ml	*Schlagsahne*
	Salz, weißer Pfeffer
1 Prise	*Majoranpulver*
2 cl	*trockenen Sherry*
4	*mittelgroße Artischockenherzen (Konserve)*
	Kräuterblättchen

Die Erbsen in der Fleischbrühe garen und mit dem Mixstab fein pürieren, die Sahne dazugeben, pikant abschmecken und fünf Minuten simmern lassen. Inzwischen die Artischockenherzen im eigenen Fond erhitzen. Die Suppe auf Tellern anrichten, die Artischocken auf einem Schaumlöffel abtropfen lassen und auf die Suppe legen, ebenso die Kräuterblättchen. Dazu schmeckt knuspriger Buttertoast.

Grüne Erbsen-Rahmsuppe mit Röstbrotwürfeln

600 g	*grüne Erbsen*
500 ml	*Fleischbrühe*
	Salz, weißer Pfeffer
60 g	*Mehlbutter*
100 ml	*Sahne*
	Röstbrotwürfel

Die Erbsen mit der Fleischbrühe zum Kochen bringen, würzen und bei mittlerer Hitze etwa 15 Minuten köcheln lassen. Garprobe mit einem Löffel vornehmen. Lassen sie sich leicht zerdrücken, ist der Garpunkt erreicht. Die Erbsen dann im Mixer pürieren oder durch ein Sieb streichen, in den Topf zurückgeben und zum Kochen bringen. Mit einem Schneebesen Mehlbutter einrühren. Dabei dürfen keine Klümpchen entstehen. Wenn erforderlich, noch etwas Fleischbrühe dazugeben und alles etwa zehn Minuten köcheln lassen. Dann die Sahne unter ständigem Rühren dazugeben. Zuletzt nochmals abschmecken, sofort anrichten und mit frisch gerösteten Weiß- oder Graubrotwürfeln überstreuen. Je nach Belieben gehackte Petersilie, Majoran oder gehackten Kerbel dazugeben.

Grüne Erbsen-Rahmsuppe ebenso aus konservierten Erbsen zubereiten. Steht keine Fleischbrühe zur Verfügung, industriell hergestelltes Brühpulver verwenden. Qualitätserzeugnisse sind durchaus ein akzeptabler Ersatz für die aufwändige Zubereitung von Grundbrühen.

Diese grüne Erbsensuppe schmeckt auch angereichert mit Pilzen. Dazu eignen sich besonders Austernpilze und Maronen. Erbsensuppe dann mit Sojasauce würzen und mit Minzeblättern garnieren.

Grüne Erbsensuppe, exotisch

500	g	grüne Erbsen
500	ml	Hühnerbrühe
		Salz, weißer Pfeffer
1	EL	Curry
je 1	Prise	Zucker und Ingwerpulver
1	EL	Mehl
60	g	Rosinen, geweicht
100	ml	Sahne
2	EL	Mandelblättchen, frisch geröstet
4		Minzezweige

Die Erbsen mit Fond in die Hühnerbrühe geben, würzen, aufkochen und fünf Minuten kochen. Die Suppe dann fein pürieren, wieder aufkochen, mit Curry, Zucker und Ingwerpulver würzen und die Rosinen dazugeben. Das Mehl mit etwas Wasser anrühren, in die Suppe geben, glatt rühren und zehn Minuten sacht kochen. Zuletzt die Sahne in die Suppe einrühren und pikant abschmecken. Die Suppe auf Tellern anrichten, mit gerösteten Mandelblättchen überstreuen, mit Minzezweig garnieren und schnell servieren. Frisch gerösteten Toast dazu reichen.

Grüne Erbsensuppe mit Kasseler

200	g	grüne, geschälte Erbsen
etwa 1	kg	Kasseler- oder Schinkenknochen
250	g	Kasselerrücken
100	g	grüne Erbsen (Konserve)
		Salz
		Zucker
je 1	Prise	Majoran- und Rosmarinpulver
1	EL	gehackte Petersilie

Die grünen Erbsen und Knochen in etwa 1,5 Liter kaltes Wasser geben und etwa zwei Stunden kochen lassen. Nach einer Stunde den Kasseler dazugeben und mitkochen. Garpunkt des Fleisches mit einer Gabel feststellen. Den fertigen Kasseler und Knochen herausnehmen. Die Erbsen im Mixer fein pürieren und zurück in den Topf geben. Kasseler zuerst in dünne Scheiben, dann in Streifen schneiden und zur Suppe geben, ebenso die grünen Erbsen aus der Dose. Die Suppe kurz aufkochen, kräftig würzen und mit Petersilie bestreut servieren. Frisch geröstete Croûtons gesondert reichen. Erst am Tisch in die Suppe geben, so bleiben sie röstfrisch und knusprig.

Die Garzeit von Hülsenfrüchten und Gemüse verkürzt sich im Schnellkochtopf um etwa 2/3 auf 40 Minuten.

Passierte Erbsen-Kopfsalatsuppe

1		Kopfsalat
1	EL	Zwiebelwürfel
40	g	Butter oder Margarine
400	g	Zuckererbsen
500	ml	Geflügelbouillon
		Salz, weißer Pfeffer
100	g	Crème fraîche
4		kleine Kopfsalatherzen, halbiert und angebraten
		Majoran
4	EL	Sahne, geschlagen

Den Salat putzen, waschen, trocken schleudern und in Streifen schneiden. Die Zwiebelwürfel in heißem Fett blondieren, die Kopfsalatstreifen dazugeben und drei Minuten dünsten. Die Zuckererbsen, Geflügelbrühe und Gewürze dazugeben, alles kurz aufkochen und zugedeckt fünf Minuten fertig köcheln lassen. Die Suppe mit dem Stabmixer pürieren oder durch ein Haarsieb streichen, die Crème fraîche dazugeben, pikant abschmecken und nochmals erhitzen. Die Suppe auf Tellern anrichten, mit den Salatherzen und frischem Majoran garnieren und je Portion um ein Sahnehäufchen ergänzen.

Fenchel-Tomatensuppe

500	g	*kleine Fenchelknollen*
1	EL	*Öl*
1	EL	*Zwiebelwürfel*
500	ml	*Rindsbouillon*
		Salz, weißer Pfeffer
		gemahlener Koriander
1		*Knoblauchzehe, gepresst*
300	g	*Tomaten*
		Essig

Den Fenchel putzen, waschen, längs vierteln und in einen halben Zentimeter breite Stücke schneiden. Das Fenchelgrün beiseite legen. Das Öl in einem Suppentopf erhitzen, die Zwiebelwürfel darin anschwitzen. Dann die Rindsbouillon angießen, den Fenchel dazugeben, würzen, abdecken und zehn Minuten köcheln lassen. Inzwischen die Tomaten überbrühen, häuten, vierteln, Kerne und Stielansätze entfernen. Das Tomatenfleisch in Würfel schneiden, zur Suppe geben und drei Minuten darin köcheln. Die Suppe nachwürzen. Nach Belieben mit einigen Tropfen Essig besonders pikant abschmecken, auf Teller verteilen und mit dem Fenchelgrün garnieren.

Anstelle von Fenchel ebenso Zucchini oder Kohlrabi mit Tomaten kombinieren. Zu beachten ist die unterschiedliche Garzeit der Gemüsesorten. Zu dieser pikanten Gemüsesuppe schmecken frische Roggenbrötchen und trockener Weißwein.

Frühlingssuppe mit Eigelb

je 200	g	*Möhrenstreifen, Spargelstücke und Zuckerschoten*
750	ml	*Hühnerkraftbrühe (siehe Rezept Seite 80)*
		Salz, weißer Pfeffer
		Muskatnuss, frisch gerieben
je 8		*blanchierte Blumenkohl- und Brokkoliröschen*
4		*Eigelb*
1	EL	*gehackte Kräuter*

Die Gemüse in die Hühnerbrühe geben, würzen und zehn Minuten köcheln lassen. Die Suppe kräftig abschmecken, sehr heiß auf vorgewärmten, tiefen Tellern anrichten. Jede Portion mit Blumenkohl- und Brokkoliröschen garnieren, ein Eigelb in die Suppe geben, mit gehackten Kräutern bestreuen und sofort servieren.

Die Suppe muss kochend heiß sein, das Eigelb sollte gerinnen. Dazu schmeckt ofenfrisches Weißgebäck. Frühlingssuppen können mit allen Saisongemüsen kombiniert werden.

Rahmsuppe von Frühlingszwiebeln und Tomaten

300	g	Frühlingszwiebeln
300	g	Tomaten
40	g	Butter oder Margarine
500	ml	Geflügelbrühe
1	Prise	Zucker
		Salz, weißer Pfeffer
		Kräuteressig
150	ml	Sahne
8		Tomatenfilets

Die Frühlingszwiebeln waschen und in feine Scheiben schneiden. Etwas Lauch in Ringe schneiden und zum Garnieren zurücklegen. Die Tomaten waschen, vierteln und die Stielansätze entfernen. Die Zwiebelscheiben in heißem Fett anschwitzen, die Tomatenstücke dazugeben, mit anschwitzen, mit Geflügelbrühe auffüllen, würzen und etwa zehn Minuten sacht kochen lassen. Die Suppe dann mit dem Stabmixer fein pürieren, durch ein Haarsieb streichen, Sahne dazugeben und kurz darunter schlagen. Die Suppe nochmals erhitzen, pikant abschmecken, anrichten, mit Lauchringen und Tomatenfilets garnieren.

Zu dieser Suppe Petersilienpaste extra servieren. Für die Paste gehackte Petersilie mit geriebenem Parmesankäse und Öl vermengen und anschließend mit Salz und frisch gemahlenem Pfeffer würzen.

Klare Gemüsesuppe mit Dinkelklößchen

Klößchen:

125	ml	Gemüsebrühe
30	g	Butter
60	g	Dinkelmehl
1		Ei
		Salz
		Muskatnuss, frisch gerieben

200	g	Möhren, geschält
100	g	Lauch, geputzt und gewaschen
100	g	Schwarzwurzeln, geschält und gewaschen
200	g	Rosenkohl, küchenfertig
500	ml	Gemüsebrühe
		Vollmeersalz
		Muskatnuss, frisch gerieben
		Petersilie, grob gezupft

Für die Klößchen:

Die Brühe mit Butter aufkochen. Das Dinkelmehl zuschütten, unter Rühren aufkochen und solange rühren, bis die Masse sich vom Topfboden löst. Den Topf beiseite stellen. Das Ei in die etwas abgekühlte Masse rühren. Zuletzt die Masse würzen. Mit zwei Kaffeelöffeln Klößchen aus der Masse formen und diese in siedendem Salzwasser gar ziehen lassen. Der Garpunkt ist erreicht, wenn die Klößchen an die Wasseroberfläche steigen.

Die Möhren, Lauch und Schwarzwurzeln schräg in Scheiben schneiden. Dazu ist entsprechend junges Gemüse auszuwählen. Die Gemüsesorten in einen Suppentopf geben, die Gemüsebrühe dazugießen, alles würzen und aufkochen. Dann 15 Minuten sacht weiter kochen. Die Suppe abschmecken, auf Tellern anrichten, die Dinkelklößchen dazugeben, mit Petersilie überstreuen und sehr heiß servieren.

Exotische Gemüsesuppe

100 g	Tomaten
100 g	rote und grüne Gemüsepaprika
100 g	Fenchel
100 g	Sojakeimlinge
100 g	Brokkoli
100 g	Zucchini oder Salatgurke
40 g	Margarine
	Geflügelfond
	Salz, weißer Pfeffer
	Glutal
	Sojasauce
	Chinagewürz

Die Gemüsesorten putzen und waschen. Das Fenchelgrün, Tomaten und Sojakeimlinge zurücklegen. Gemüsepaprika, Fenchel und Zucchini in gleichmäßige Streifen schneiden. Brokkoli entsprechend zerteilen. Die vorbereiteten Gemüse in Margarine anschwitzen, mit heißem Geflügelfond übergießen und zum Kochen bringen. Mit Salz, weißem Pfeffer, Glutal, Sojasauce und Chinagewürz pikant abschmecken und zugedeckt etwa 10 Minuten köcheln lassen. Dann Sojakeime und Tomatenfleischstreifen dazugeben, nochmals erhitzen, nachwürzen und auf Suppentellern anrichten. Mit frischem Fenchelgrün garnieren.

Gemüsebouillon mit Sojaklößchen

1	Zwiebel
600 g	Suppengemüse
750 ml	Gemüsebrühe (Instant)
1 Bund	gemischte Kräuter, küchenfertig
	Salz
1	Lorbeerblatt
	Pfefferkörner
	Petersilie, gehackt

Klößchen:

60 g	Vollsojamehl
2 EL	Sojasauce
1 EL	Petersilie, gehackt
1–2 Eier	(je nach Güteklasse)

Die Zwiebeln schälen, halbieren, mit der Schnittfläche in eine trockene Pfanne legen und kräftig bräunen. Das Suppengrün putzen, waschen, zerkleinern und mit der Gemüsebrühe zum Kochen bringen. Kräutersträußchen, Zwiebel und Gemüse dazugeben und alles etwa 15 Minuten köcheln lassen.

Inzwischen die Klößchen bereiten: Das Sojamehl mit den anderen Zutaten verrühren und zugedeckt 20 Minuten quellen lassen. Von der Sojamasse mit einem nassen Esslöffel kleine Klößchen in kochendes Salzwasser abstechen und darin gar ziehen lassen. Der Garpunkt ist erreicht, wenn die Klößchen an der Oberfläche schwimmen.

Die Gemüsebouillon durch ein Haarsieb passieren und erneut erhitzen. Zuletzt abschmecken und in Tassen anrichten. Die Klößchen zuvor mit einer Schaumkelle aus dem Salzwasser nehmen, in die Tassen füllen und Petersilie dazugeben.

Diese würzige Gemüsebouillon zusätzlich mit sehr feinen Streifen von Möhren und grünem Lauch optisch verbessern.

Ganz schnell lässt sich Gemüsebouillon aus gekörnter Gemüsebrühe bereiten. Zur Geschmacksaktivierung Gemüsestreifen mit den Sojaklößchen dazugeben.

Anstelle von Sojaklößchen Mohnklößchen dazugeben. Aus 40 g Roggenvollkornmehl, 8 cl Magermilch, 20 g Butter, 40 g Mohn und 2 Eigelb Teig bereiten und Klößchen in die Bouillon abstechen.

Gemüse-Nudelsuppe

je 150 g	Möhren, Sellerie, Lauch, küchenfertig
1 EL	Zwiebelwürfel
1 EL	Olivenöl
1 l	Rinderkraftbrühe (s. Rezept S. 59)
	Salz
	Muskatnuss, frisch gerieben
100 g	Nudeln (Hörnchen oder Spirelli)
1 EL	Petersilie, gehackt

Die Möhren und Sellerie in Julienne, den Lauch in Ringe schneiden. Die Zwiebelwürfel in heißem Öl anschwitzen, die Gemüsesorten dazugeben, mit anschwitzen, mit Rinderbrühe ablöschen, würzen und 55 Minuten sacht kochen. Die Nudeln nach den Zubereitungshinweisen vom Hersteller in Salzwasser kochen, kalt abspülen oder blanchieren, in die Suppe geben und zusammen zwei Minuten abkochen. Zuletzt die Petersilie dazugeben und abschmecken.

Nudelsuppen lassen sich geschmacklich vielfältig variieren, beispielsweise mit Tomatenketchup, Sojasauce, Curry oder Pilzpulver.

Gemüsepüreesuppe mit Kartoffelnocken

je 150 g	Sellerie, Möhren und Lauch, küchenfertig
je 100 g	Zwiebelwürfel und geputzte Petersilienwurzel
40 g	Butter oder Margarine
500 ml	Gemüsebrühe
	Salz, weißer Pfeffer
	Muskatnuss, frisch gerieben
1 EL	Petersilie, gehackt

Kartoffelnocken:

100 g	gekochte Kartoffeln, sehr heiß pürieren
1	Eigelb
1 EL	Grieß
	Speisestärke
	Salz
	Muskatnuss, frisch gerieben

Sellerie und Möhren in Würfel, Lauch und Petersilienwurzel in Stücke schneiden. Die Zwiebelwürfel in heißem Fett anschwitzen, mit Gemüsebrühe ablöschen, das zerkleinerte Gemüse dazugeben, würzen, aufkochen und zehn Minuten köcheln lassen.
Inzwischen die Zutaten für die Kartoffelnocken zu einer dicken Masse vermischen, würzen und zehn Minuten quellen lassen. Dann mit einem Kaffeelöffel kleine Nocken in kochendes Salzwasser abstechen und darin gar ziehen lassen. Die fertige Suppe fein pürieren, kräftig abschmecken, auf Tellern anrichten und mit Petersilie überstreuen. Die Kartoffelnocken gut abtropfen lassen und auf die Suppe geben.

Gemüserahmsuppe „halb und halb"

250 g Karotten, fein gewürfelt
250 g Brokkoli
500 ml Fleischbrühe
200 ml Sahne
Salz, weißer Pfeffer

Die Gemüsesorten getrennt in Fleischbrühe gar ziehen lassen und im Mixer pürieren. Dann mit Sahne vollenden und würzen. Die beiden Suppen müssen leicht dicklich gehalten werden. Die Suppen je zur Hälfte auf Suppentellern verteilen. Beim Eingießen der ersten Suppe Teller schräg halten. Die zweite Suppe dann so einfüllen, dass sie nicht ineinander laufen. Mit einem dünnen Stab Muster einbringen und sofort auftragen.

Gorgonzolacremesuppe mit Tomaten

1 EL Schalottenwürfel
20 g Butter oder Margarine
200 g Sahne-Gorgonzola, in kleine Stücke geschnitten
500 ml Gemüsebrühe (Instant)
100 ml trockener Weißwein
100 ml Sahne, leicht geschlagen
1 EL Mehl, in etwas Weißwein glatt eingerührt
Salz, weißer Pfeffer
4 EL Tomatenfleischwürfel, in wenig Olivenöl angedünstet
1 TL grüne eingelegte Pfefferkörner
Basilikumblättchen

Die Schalottenwürfel in der Butter glasig dünsten, den Käse dazugeben und unter Rühren bei schwacher Hitze schmelzen. Dann Brühe sowie Wein dazugeben, aufkochen, mit dem Mehl binden und kräftig würzen. Die würzige Suppe anrichten, Tomatenwürfel, Sahne und Pfeffer darauf verteilen und mit Basilikum garnieren.

Basilikumblätter erhalten ein besonders würziges Aroma, wenn sie kurz in Olivenöl frittiert und dann auf Küchenkrepp abgetropft werden.

Graupen-Gemüsesuppe mit Safran

120 g Graupen, geweicht und abgetropft
1 EL Schalottenwürfel
40 g Butter
750 ml Gemüsebrühe
Salz, Pfeffer
Knoblauchsaft
Safran
2 cl Sherry oder trockener Martini
je 100 g Möhren und Sellerie, in feine Würfel geschnitten
1 dünne Stange grünen Lauch, in Ringe geschnitten
4 EL Sahne, geschlagen
4 TL Kräuter, gehackt (Kerbel, Estragon, Basilikum, Petersilie)

Die Graupen mit den Schalottenwürfeln in Butter andünsten, mit Brühe auffüllen, würzen und etwa 45 Minuten köcheln, bis die Graupen weich sind. Nach 30 Minuten die Gemüsesorten dazugeben. Die fertige Suppe verfeinern und abschmecken. Zuletzt anrichten, mit Sahne behäufen und die Kräuter darüber geben.

Legierte Grießsuppe mit Kräutern

1 EL geklärte Butter
2 EL Grieß
800 ml Kalbsfond
50 g Speckwürfel
50 g Zwiebelwürfel
1 Eigelb
4 EL Sahne
Salz
Muskatnuss, frisch gerieben
1 EL Kräuter, gehackt

Die Butter erhitzen, den Grieß dazugeben und bei ständigem Rühren anschwitzen, sofort mit Brühe auffüllen und köcheln lassen. Inzwischen den Speck auslassen, die Zwiebeln dazugeben, alles blondieren und in die Suppe geben. Zuletzt mit der Mischung aus Ei und Sahne legieren, abschmecken, in Suppentassen verteilen und mit Kräutern überstreuen.

Legierte Grünkernsuppe

500 g Schinkenparüren
100 g Mirepoix, gewürfelt
Öl
60 g Grünkernmehl
1 l Rinderbrühe
Salz, Pfeffer
Muskatnuss, frisch gerieben
2 Eigelb, mit Sahne verquirlt

Die Schinkenparüren und Mirepoix in etwas Öl anrösten, Grünkernmehl dazugeben, kurz anschwitzen, mit Brühe auffüllen, würzen und unter häufigem Umrühren zum Kochen bringen. Dann etwa 30 Minuten köcheln lassen, abschmecken, durch ein Sieb geben, legieren und in Suppentassen anrichten. Als Einlage eignen sich beispielsweise Markklößchen, Röstbrotwürfel, gebratene Schinken- oder Wurstscheiben, gekochte Gemüsestreifen und gehackte Kräuter.

Grünkernsuppe

100 g Grünkern, geweicht
1 EL Schalottenwürfel
1 EL Olivenöl
750 ml Geflügelbrühe
Salz, Pfeffer
Currypaste
1 EL Tomatenketchup
Kräuter, gehackt

Körner abtropfen lassen und mit Schalotten in Öl andünsten. Mit Geflügelbrühe auffüllen, würzen und fertig garen. Die Suppe mit Kräutern garnieren und servieren.

Grünkernsuppe mit Gemüse und Walnüssen

80 g Grünkern in kaltem Wasser geweicht
2 EL Butter
750 ml Fleischbrühe
je 100 g Möhrenstreifen, feine Erbsen und Blumenkohlröschen
Salz, Pfeffer
Kräuter, gehackt
Walnusskerne, grob gehackt

Den Grünkern abtropfen lassen, in Butter andünsten, mit Fleischbrühe auffüllen und zugedeckt etwa zehn bis 15 Minuten ausquellen lassen. Inzwischen die Gemüsesorten in der restlichen

Fleischbrühe etwa zehn Minuten bissfest köcheln lassen. Grünkern und Gemüse dann zusammengeben und vorsichtig vermengen. Pikant würzen und weitere zehn Minuten durchziehen lassen. Die fertige Suppe auf vorgewärmte Teller verteilen und mit gerösteten, grob gehackten Walnusskernen bestreuen.

Grünkohlsuppe mit Eierstich

500 g	*Grünkohl*
750 ml	*Rinderbrühe (Instant)*
	Salz, Pfeffer
	Knoblauch
100 g	*Sahne*
50 g	*Mehlbutter*

Eierstich:

1–2	*Eier*
	Milch
	Salz

Den Grünkohl von den Stielen befreien, gut waschen und in die kochende Brühe geben. Gewürze und Sahne beifügen und alles 15 Minuten kochen. Die Brühe danach abgießen und mit Mehlbutter binden. Den Grünkohl fein pürieren, zur Suppe geben und alles nochmals zehn Minuten köcheln lassen.

Für den Eierstich je nach Belieben ein bis zwei Eier aufschlagen, mit der gleichen Menge Milch verrühren, salzen, in ausgebuttertes Glas- oder Porzellangeschirr geben und etwa zehn Minuten im Wasserbad pochieren. Nach dem Erkalten stürzen und in Rhomben schneiden. Zuletzt die Suppe abschmecken und mit in Rhomben geschnittenem Eierstich servieren.

Die Eierstichmasse kann mit den unterschiedlichsten Geschmacksträgern variiert werden, z. B. mit Kräutern, Tomatenmark, Pistazien, Curry oder Hummermark.

Diese schmackhafte Suppe kann weiter mit Fleisch-, Mark- oder Schinkenklößchen, aber auch mit Croûtons oder gebratenen Wurstscheiben verfeinern werden.

Hirsesuppe mit Gemüsestreifen

80 g	*Hirse*
800 ml	*Gemüsebrühe*
je 100 g	*Möhren-, Sellerie- und Lauchstreifen*
	Salz, weißer Pfeffer aus der Mühle
	Muskatnuss, frisch gerieben
	Kräuter, gehackt (Petersilie, Kerbel, Liebstöckel)

Die Hirse in die Gemüsebrühe geben, zum Kochen bringen und etwa 20 Minuten sacht kochen. Dann die Gemüsestreifen dazugeben und 12 Minuten abgedeckt sacht weiter kochen. Die Vollwertsuppe zuletzt abschmecken, anrichten und mit gehackten Kräutern bestreuen.

In der Vollwertküche wird mit Meersalz, Sesamsalz und Vollmeersalz gewürzt.

Karotten-Orangensuppe mit Curry

1 EL	*Zwiebelwürfel*
40 g	*Butter oder Margarine*
400 g	*Karotten, in feine Würfel geschnitten*
500 ml	*Gemüsebrühe (Instant)*
400 g	*Orangen, in feine Filets geschnitten*
	Salz
	Currypulver
4	*Blättchen Zitronenmelisse oder Kresse*

Die Zwiebelwürfel in heißem Fett anschwitzen, die Karottenwürfel dazugeben, mit Gemüsebrühe auffüllen und zugedeckt zehn Minuten sacht kochen. Dann die Orangenfilets dazugeben, würzen und weitere drei Minuten zugedeckt sacht kochen. Dann mit dem Mixstab fein pürieren, die Sahne dazugeben, nochmals erhitzen und mit reichlich Curry abschmecken. Die Suppe auf Tellern verteilen, mit einem Kräuterzweig und feinen Karottenstreifen garnieren.

Sellerie-Apfel-Curry-Suppe auf gleiche Weise zubereiten.

Karotten-Blumenkohlsuppe mit Kräuterpaste

300 g	*Karotten*
1	*Blumenkohl*
40 g	*Butter*
1 EL	*Zucker*
	Salz, Pfeffer aus der Mühle
750 ml	*Hühnerbrühe (Instant)*

Kräuterpaste:

1 Bund	*glatte Petersilie*
50 g	*Parmesan, gerieben*
40 ml	*Öl*
	Salz

Die Karotten putzen und in kleine, gleichmäßige Würfel schneiden. Den Blumenkohl in sehr kleine Röschen teilen und in Salzwasser waschen. Die Butter in einer Kasserolle erhitzen, Zucker dazugeben und leicht karamellisieren. Dann sofort die Gemüsesorten dazugeben, in Karamell wenden, mit Hühnerbrühe auffüllen, würzen, aufkochen und mit Deckel etwa 15 Minuten garen.
Inzwischen Petersilie fein hacken und mit Parmesan sowie Öl zu einer dicken Paste rühren. Zuletzt leicht salzen. Die Suppe auf Tellern anrichten. Die Kräuterpaste gesondert reichen und je nach Geschmack in die Suppe rühren. Zu dieser deftigen Gemüsesuppe schmeckt sehr gut frisches Baguette.

Karottencremesuppe mit Kiwi

600 g	Karotten, küchenfertig
250 ml	Gemüsebrühe (Instant)
	Salz, weißer Pfeffer
150 ml	Sahne
4 EL	Kiwimark
	dünne Kiwischeiben
	Zitronensaft
	gemahlener Ingwer
1 Prise	Cayennepfeffer
4	Minzezweige

Die Karotten in Würfel schneiden und mit der Gemüsebrühe aufkochen. Dann würzen und abgedeckt zehn Minuten dünsten lassen. Die Karotten im Mixer fein pürieren, zurück in den Topf geben, mit Sahne und Kiwimark verrühren, erhitzen, pikant abschmecken, anrichten und mit dünnen Kiwischeiben belegen. Zusätzlich mit einem Minzezweig garnieren.

Außerdem kann die Suppe mit gehackter Kresse garniert werden.
Des Weiteren Karottensuppe mit Fenchelstreifen und Fenchelgrün kombinieren. Fenchel in die Suppe geben und darin gar ziehen lassen. Das besondere Fenchelaroma ergänzt die Karotten ideal.

Karotten-Rübchensuppe mit Sesambrötchen

350 g	Karotten
350 g	weiße Rübchen
1 EL	Zucker
40 g	Butter
750 ml	Hühnerbrühe
	Salz, weißer Pfeffer
1 Prise	Muskatnuss, frisch gerieben
1 EL	Petersilie, gehackt
4	ofenfrische Sesambrötchen

Die Karotten und Rübchen putzen, waschen und in Würfel schneiden. Den Zucker in zerlassener Butter leicht karamellisieren lassen, die Gemüsewürfel dazugeben, zwei Minuten darin wenden und sofort mit Hühnerbrühe ablöschen. Die Suppe dann würzen, aufkochen und zugedeckt etwa 18 Minuten sacht kochen. Zuletzt die Suppe pikant abschmecken, anrichten, mit reichlich Petersilie überstreuen und mit Sesambrötchen servieren.

Anstelle von weißen Rübchen ebenso Schwarzwurzeln oder Petersilienwurzeln verwenden.

Bördeländer Kartoffelsuppe

1 EL	Zwiebelwürfel
40 g	Butter oder Margarine
500 ml	Rindsbrühe
500 g	Kartoffeln, geschält und in feine Würfel geschnitten
1 Beutel	Suppengemüse, tiefgefroren (Porree, Möhren, Blumenkohl, Erbsen)
	Salz, weißer Pfeffer
1 Prise	Majoran, getrocknet
1 EL	Kräuter, grob gehackte

Die Zwiebelwürfel in heißem Fett anschwenken und mit der Rindsbrühe ablöschen. Dann die Kartoffelwürfel und das Suppengemüse dazugeben, erhitzen, etwa 15 Minuten köcheln lassen, pikant abschmecken, anrichten und grob gehackte Kräuter darüber geben. Roggenbrotcroûtons oder ofenfrisches Roggengebäck dazugeben.

Grüne Kartoffelsuppe

500	g	*rohe Kartoffelwürfel*
500	ml	*Fleischbrühe*
1	EL	*Zwiebelwürfel*
40	g	*Butter oder Margarine*
200	g	*Spinat, tiefgefroren*
		Salz, weißer Pfeffer
		Muskatnuss, frisch gerieben
1	EL	*roter Gemüsepaprika, in feine Streifen geschnitten*

Die Kartoffelwürfel in der Fleischbrühe etwa 15 Minuten sacht kochen. Die Zwiebelwürfel in heißem Fett blondieren, den Spinat dazugeben und zusammen kurz anschwitzen. Die Kartoffeln im Mixer fein pürieren, zu dem Spinat geben, gut vermengen, würzen und etwa fünf Minuten fertig köcheln lassen. Die Suppe abschmecken, anrichten und mit feinen Streifchen von roter Gemüsepaprika bestreuen.

Kartoffelsuppe mit Borretsch

400	g	*geschälte Kartoffeln*
1	EL	*Zwiebelwürfel*
40	g	*Butter oder Margarine*
750	ml	*Geflügel- oder Rinderbrühe*
		Salz, weißer Pfeffer aus der Mühle
1	Bund	*Borretsch mit Blüten*
60	g	*Möhren, fein gewürfelt*
60	g	*Sellerie, fein gewürfelt*

Die Kartoffeln in feine Würfel schneiden. Die Zwiebelwürfel in heißem Fett anschwitzen, die Kartoffelwürfel dazugeben, mit Brühe auffüllen, würzen, aufkochen und zehn Minuten köcheln lassen. Borretschblätter und -blüten von den Stielen zupfen. Die Blüten zurücklegen. Die Blätter waschen, fein hacken, dann zusammen mit den Gemüsewürfeln in die Suppe geben und alles Weitere zehn Minuten sacht kochen. Die Suppe pikant abschmecken, anrichten und mit den besten Borretschblüten garnieren.

So wird die Suppe besonders leicht und sämig: Etwa die Hälfte im Mixer fein pürieren und dann zurück in die restliche Suppe geben.

Legierte Kartoffelsuppe mit Majorancroûtons

500	g	*Kartoffeln, geschält*
$^1/_2$	Bund	*Suppengemüse*
500	ml	*Rinderkraftbrühe (s. Rezept S. 59)*
		Salz, weißer Pfeffer
1		*Eigelb*
125	ml	*Sahne*
1		*Petersilie, grob gehackt*

Croûtons:

2		*Scheiben Toastbrot ohne Rinde*
		Butter zum Rösten
1	Prise	*Salz*
		Majoranpulver

Kartoffeln und Suppengemüse in feine Würfel schneiden und in der Rinderbrühe garen. Die Suppe mit einem Stabmixer fein pürieren, kräftig würzen, kurz aufkochen, beiseite stellen und mit Eier-Sahne legieren.

Für die Croûtons das Toastbrot in gleich große Würfel schneiden, in geklärter Butter goldbraun rösten, salzen und mit Majoranpulver bestreuen. Die Suppe abschmecken und mit gehackter Petersilie anrichten. Die Majorancroûtons dazu reichen.

Legierte Kartoffelsuppe ebenso mit geriebenen, rohen Kartoffeln zubereiten. Die Zubereitungszeit verringert sich hierbei wesentlich. Anstelle von Suppengrün ein Bouquet garni dazugeben und vor dem Legieren herausnehmen.

Super schnell gelingt Kartoffelsuppe mit Kartoffelpüreepulver. Die entsprechende Menge Pulver einfach in die Rinderbrühe rühren, kurz aufkochen, abschmecken und legieren. Zur Aufwertung Streifen von Salatgurken oder Tomatenfleischwürfel dazugeben.

Kartoffel-Schaumsuppe mit Avocado

400 g	Kartoffelwürfel
750 ml	Fleischbrühe
	Salz, weißer Pfeffer
	Kümmel, gemahlen
1	kleine Avocado
	Zitronensaft
1 TL	grob gehackte Petersilie
1/2 EL	Limettenessig
200 g	Crème fraîche
4	Dillzweige
4	Kapuziner-Blüten
	Grüner Pfeffer

Die Kartoffelwürfel in die Brühe geben, würzen, zum Kochen bringen und etwa 10 Minuten sacht weiter kochen. Die Avocado halbieren, entsteinen, schälen und in Spalten schneiden. Zwölf gleichmäßige Spalten mit Zitronensaft überpinseln und beiseite legen. Die restlichen Avocadospalten zu den Kartoffeln geben, ebenso die Petersilie und den Essig. Alles nochmals aufkochen, mit dem Mixstab fein pürieren, die Crème fraîche dazugeben und mit dem Mixstab einrühren, bis die Suppe schön schaumig ist.

Die Suppe abschmecken, nochmals erhitzen und auf Tellern verteilen. Die Avocadospalten fächerförmig auf die Suppe legen, mit einem Dillzweig sowie einer Kapuzinerblüte garnieren, mit etwas grünem Pfeffer überstreuen und sofort servieren.

Diese würzige Suppe kann mit etwas Safran geschmacklich und optisch verbessert werden.

Käse-Kräutersuppe mit Croûtons

1 EL	Mehl
20 g	Butter oder Margarine
750 ml	Fleischbrühe
200 g	geriebener Schnittkäse (Gouda oder Edamer) oder je zur Hälfte Käse und Quark
	Salz, weißer Pfeffer
je 1 EL	Petersilie und Dill, fein gehackt
1	Eigelb, mit 3 EL Sahne verquirlt
1 EL	Schnittlauchröllchen

Croûtons:

2	Scheiben Toast, ohne Rinde
	Butter zum Rösten

Das Mehl in heißem Fett unter Rühren hellgelb rösten, sofort mit warmer Fleischbrühe auffüllen, unter Rühren aufkochen und etwa acht bis zehn Minuten sacht weiter kochen. Den geriebenen Käse unterrühren und schmelzen lassen. Die Käsesuppe würzen, die Kräuter dazugeben, bis kurz vor dem Kochen erhitzen, legieren, beiseite stellen und einige Minuten ziehen lassen.
Inzwischen das Weißbrot entrinden, in Würfel schneiden und in geklärter Butter knackig rösten. Die fertige Suppe abschmecken, anrichten, mit Croûtons überstreuen, mit Schnittlauch garnieren und sehr schnell servieren.

Für diese pikante Käsesuppe können durchaus Käseabschnitte oder ältere Käsestücke verwendet werden.
Käsesuppe ebenso mit Schmelzkäse zubereiten.
Abwandlungen der Käsesuppe:
- *Tomatenmark und Tomatenfleischwürfel*
- *feine Streifchen von Bleichsellerie und roter Gemüsepaprika*
- *blaue, entkernte und halbierte Weintrauben*
- *blondierte Zwiebelwürfel und gebratene Salamistreifchen*
- *kleine blanchierte Brokkoliröschen und Croûtons*
- *säuerliche Apfeljulienne, Currypulver und Zitronensaft*
- *feine Schinkenwürfel und feine grüne Lauchstreifen*
- *saure Sahne und grüner Pfeffer*

Kastaniencremesuppe

400 g	*Esskastanien*
750 ml	*Geflügelbrühe*
200 ml	*Sahne*
	Salz
	Cayennepfeffer
1 Prise	*Zucker*
	Mandelsplitter, Buchecker oder Haselnüsse

Die Esskastanien in der Geflügelbrühe ganz weich garen, etwa 45 Minuten. Kastanien dann fein pürieren, mit Sahne verrühren und pikant würzen. Die Suppe unter häufigem Rühren kurz aufkochen, in Tassen anrichten und mit gerösteten Mandelsplittern, Bucheckern oder Haselnüssen überstreuen.

Anstelle frisch geschälter Kastanien konservierte Esskastanien verwenden. Die Zubereitungszeit wird wesentlich reduziert.

Kerbel-Kressesuppe

750 ml	*Kalbsfond*
3–4	*Eigelb, mit Sahne verquirlt*
je 1/2 Bund	*Kerbel und Kresse, gehackt*
	Salz, weißer Pfeffer

Den Kalbsfond erhitzen, mit Eigelb und Sahne binden, von der Kochplatte nehmen und die Kräuter dazugeben. Zuletzt abschmecken und sofort anrichten.

Kichererbsensuppe

200 g	*Kichererbsen*
750 ml	*Gemüsebrühe (Instant)*
1 EL	*Zwiebelwürfel*
20 ml	*Öl*
1	*Knoblauchzehe, mit Salz zerrieben*
	Salz, weißer Pfeffer
1 Prise	*Cayennepfeffer*
100 ml	*Sahne mit 1 Eigelb verrührt*
1/2 EL	*gehackte Kräuter*
4	*Vollkornbrötchen*

Die Kichererbsen 24 Stunden in Wasser quellen lassen. Dann mit Wasser abspülen und in der Gemüsebrühe aufkochen und etwa zwei Stunden sacht weich kochen. Die Zwiebelwürfel in heißem Öl blondieren und zu den Kichererbsen geben. Ebenso den Knoblauch. Alles zehn Minuten köcheln lassen, mit dem Stabmixer fein pürieren, abschmecken, nochmals kurz aufkochen, beiseite stellen und legieren. Die Suppe abschmecken, in Tassen anrichten, mit gehackten Kräutern bestreuen und mit Vollkornbrötchen servieren.

Kichererbsensuppe mit Croûtons

250 g	*Kichererbsen*
1 l	*Rinderbrühe*
	Salz, weißer Pfeffer
	Tabasco
1 EL	*Zwiebelwürfel*
40 ml	*Öl*
je 150 g	*grüne Lauchstreifen und Tomatenfleischwürfel*
1	*Knoblauchzehe, mit Salz zerrieben*
1 EL	*Tomatenmark*
4	*Scheiben Toastbrot*
	Butter zum Rösten

Die Erbsen über Nacht in Wasser einweichen. Am nächsten Tag mit Rinderbrühe zum Kochen bringen, würzen und zugedeckt etwa zwei Stunden köcheln lassen. Den sich an der Oberfläche bildenden Schaum mit einem Schaumlöffel mehrmals abschöpfen. Die Zwiebelwürfel in heißem Öl blondieren, die Lauchstreifen, den Knoblauch dazugeben und einige Minuten darin anschwitzen. Lauchstreifen, Tomatenfleischwürfel und Tomatenmark zur Suppe geben, gut verrühren, abschmecken und drei Minuten aufkochen lassen.
Das Toastbrot entrinden, in Würfel schneiden und in heißer Butter goldbraun rösten. Die Croûtons gesondert reichen und erst am Tisch zur Suppe geben, damit sie schön knusprig bleiben.

Kräuter-Kartoffelsuppe

	einige Zweige frische Kräuter (Petersilie, Kerbel, Dill, Sauerampfer)
1 EL	*Zwiebel- oder Schalottenwürfel*
20 g	*Butter*
750 ml	*Hühnerbrühe*
300 g	*Kartoffelwürfel, mehlig kochend*
1	*Eigelb*
150 ml	*Sahne*
	Salz
	Tabasco
1 TL	*weißer Balsamico-Essig*
	Kräuterblättchen

Die Kräuter waschen, entstielen und grob hacken. Je einige Zweige zur Garnitur zurückhalten. Die Zwiebeln in Butter andünsten, mit der Brühe auffüllen, die Kartoffeln dazugeben und köcheln lassen. Nach 10 Minuten die Kräuter untermischen und zusammen weitere fünf Minuten köcheln. Dann die Suppe pürieren, Eigelb mit Sahne verrühren und damit die Suppe legieren, anschließend würzen. Mit Kräuterblättchen garnieren.

Legierte Kräutersuppe

2 Bund	*Kräuter, gehackt*
1 EL	*Mehl*
40 g	*Butter oder Margarine*
1 l	*Rinderkraftbrühe (s. Rezept S. 59)*
	Salz, weißer Pfeffer
1 Prise	*Muskatnuss, frisch gerieben*
2	*Eigelb*
100 ml	*Sahne*
	grob gezupfte Kräuter

Die Kräuter verlesen, waschen, trocken schleudern, fein hacken und im Mixer pürieren. Das Mehl im erhitzten Fett anschwitzen, Fleischbrühe dazugeben, würzen und etwa acht Minuten kochen lassen. Dann das Kräuterpüree dazugeben, erhitzen und einige Minuten sacht kochen. Die Suppe vom Herd nehmen, mit Eier-Sahne legieren, pikant abschmecken, in heißen Suppentassen anrichten, mit gezupften Kräuterblättchen bestreuen und sofort servieren.

Die Suppe auf Tellern anrichten und mit Eiachteln, Eischeiben oder pochiertem Wachtelei garnieren.

Auf die gleiche Weise Suppe aus einer Kräuterart zubereiten, z. B. Petersilie oder Basilikum. Legierte Suppen werden in der modernen Küche gern ohne Mehl zubereitet. Um die richtige Konsistenz zu erreichen, je Portion ein Eigelb einsetzen.

Feine Kresserahmsuppe

2–3		*Kästchen Kresse*
2	EL	*Zwiebelwürfel oder Schalotten*
40	g	*Butter*
125	ml	*Weißwein*
500	ml	*Fleischbrühe*
		Salz, weißer Pfeffer
1	Prise	*Knoblauchpulver*
1	EL	*Speisestärke*
200	g	*Crème double*
		Knoblauchcroûtons

Die Kresse waschen, putzen und grob zerschneiden. Vier zarte Kressesträußchen zum Garnieren zurücklegen. Die Zwiebelwürfel und Kresse in Butter anschwitzen, mit Weißwein und Fleischbrühe auffüllen, würzen und abschmecken. 15 Minuten sacht köcheln lassen. Dann mit Speisestärke binden, pürieren und zurück in den Topf geben. Die Suppe mit Crème double vermengen, erneut erhitzen und pikant abschmecken. Die Suppe auf Tellern anrichten, mit Kressesträußchen garnieren und sehr heiß servieren. Knoblauchcroûtons gesondert reichen.

Kressesüppchen mit Ziegenkäse

2	EL	*Zwiebelwürfel*
20	g	*Butter*
750	ml	*Gemüsebrühe*
		Kräutersalz,
		Pfeffer aus der Mühle
		Muskatnuss, frisch gerieben
2		*Knoblauchzehen, gepresst*
1–2	EL	*Reismehl*
100	ml	*Sahne*
2		*Kästchen Kresse*
5	cl	*trockener Weißwein*
		Ziegenkäse

Zwiebelwürfel in Butter glasig dünsten, mit Gemüsebrühe ablöschen und würzen. Reismehl mit Sahne verquirlen, zur Suppe geben und aufkochen. Kresse waschen, grob schneiden, etwa ein Viertel zum Garnieren zurücklegen. Kresse in die Suppe einrühren und kurz aufkochen. Zuletzt Weißwein dazugeben, abschmecken, anrichten, Ziegenkäse darüber bröckeln und mit Kresse garnieren.

Löwenzahnsüppchen mit Tofu
Wie Kressesüppchen zubereiten. Anstelle Kresse sehr jungen Löwenzahn verwenden. Besonders zarte Blätter zum Garnieren verwenden. Statt Ziegenkäse streifig geschnittenen Tofu auf die angerichtete Suppe geben.

Kürbis-Fenchel-Suppe mit gerösteten Kürbiskernen

600 g	Kürbis, geschält, entkernt
200 g	Fenchel
1 EL	Zwiebelwürfel
20 g	Butter
	Salz, weißer Pfeffer
	Zitronensaft
100 ml	Sahne
2 EL	Kürbiskerne
80 g	Schinkenstreifen
	Butter zum Braten
	Balsamico-Essig (dunkel)
4	Roggenstangen

Kürbisfleisch in Würfel schneiden, den Fenchel putzen, waschen und in Streifen schneiden. Die Zwiebelwürfel in Butter blondieren, Kürbis und Fenchel dazugeben, etwas Wasser angießen, würzen und 30 Minuten zugedeckt köcheln lassen. Die Suppe dann im Mixer pürieren oder durch ein Haarsieb streichen, in den Topf zurückgeben, die Sahne dazugeben und abschmecken. Zwischendurch die Kürbiskerne und Schinkenstreifen in Butter unter häufigem Schwenken goldbraun braten. Die Suppe in Tassen anrichten, mit Kürbiskernen bestreuen, Schinkenstreifen sowie Balsamico darüber geben und sofort mit Roggenstangen servieren.

Steht ein kleiner Kürbis bis etwa 2 kg zur Verfügung, die Suppe im Kürbis servieren. Den Kürbis waschen und trocken tupfen. Am Stielansatz etwa 1/3 als Deckel abschneiden, Fruchtfleisch von Kürbis und Deckel lösen. Vom unteren Ende etwa eine 2 cm dicke Scheibe gerade abschneiden. Der Kürbis muss einen festen Stand haben. Den Kürbis in die Backröhre stellen und bei etwa 50 °C erhitzen. Den Deckel nicht auflegen, sondern neben dem Kürbis erhitzen. Die fertige Suppe im Kürbis servieren. Mit dieser Servierform wird bei Ihren Gästen garantiert der so genannte Aha-Effekt ausgelöst.

Kürbis-Käsecremesuppe

1 kg	Kürbis
1 EL	Zwiebelwürfel
40 g	Butter oder Margarine
500 ml	Gemüsebrühe oder Hühnerfond (Instant)
	Salz, Pfeffer
	Muskatnuss, frisch gerieben
1 Prise	Cayennepfeffer
1 EL	Speisestärke
4 EL	Sahne
150 g	Emmentaler Käse
je 4 TL	Sojakeimlinge und Kürbiskerne, geröstet
4	Kräuterzweige

Den Kürbis schälen, Fasern und Kerne entfernen und das Fruchtfleisch in Würfel schneiden. Die Zwiebelwürfel in heißem Fett anschwitzen. Die Kürbiswürfel dazugeben und mit anschwitzen. Dann mit Brühe auffüllen, würzen, zugedeckt zehn Minuten simmern lassen und mit Speisestärke binden. Die Suppe fein pürieren oder durch ein Sieb streichen. Die Sahne hinzgeben, den Käse in die Suppe reiben und darin schmelzen lassen. Die fertige Suppe pikant abschmecken, nochmals erhitzen und in Tassen füllen. Mit gerösteten Sojakeimlingen und Kürbiskernen bestreuen, mit Kräuterzweigen garnieren und mit frischem Roggenbrot servieren.

Kürbissuppe mit Nelkenschmant

600 g	Gartenkürbis, küchenfertig
500 ml	Rinderbrühe
	Salz
	Essig
je 1	Spritzer Tabasco und Knoblauchsaft
100 g	Crème fraîche oder saure Sahne
1 EL	Nelkenöl, oder gemahlene Gewürznelke
	Streifen von roten Gemüsepaprika

Den Kürbis in Würfel schneiden, in eine Kasserolle geben, mit der Rinderbrühe auffüllen, würzen und zum Kochen bringen. Dann etwa zehn Minuten simmern lassen, mit dem Stabmixer fein pürieren und nochmals heiß stellen.
Inzwischen Crème fraîche oder saure Sahne mit Nelkenöl oder gemahlener Gewürznelke aromatisieren. Die Suppe in Tassen anrichten, mit Nelkenschmant überziehen und mit sehr feinen Streifen von roter Gemüsepaprika überstreuen.

Kürbissuppe schmeckt besonders gut mit gerösteten Kürbiskernen, gegarten Kürbisblüten oder Kürbiskernöl.

Kürbis lässt sich gut mit außergewöhnlichen Zutaten variieren, z. B. Kürbissuppe mit Orangensaft, Orangenschale und Zitronenthymian oder mit Knoblauch aromatisiert und mit gerösteten Kürbis- oder Pinienkernen verfeinert.

Kürbissuppe mit Kokosmilch zubereitet und mit Safran, Koriander und Ingwer gewürzt wird zum außergewöhnlichen Suppen-Highlight.

Klare Knoblauchsuppe mit Ei

750 ml	Rinderkraftbrühe (siehe Rezept Seite 59)
2–3	Knoblauchzehen, geschält
4 cl	Weinbrand
	Salz, Pfeffer
4	Eier
1 EL	Petersilie, gehackt

Die Kraftbrühe in einem Topf erhitzen. Die Knoblauchzehen in der Knoblauchpresse ausdrücken. Den Knoblauchsaft und Weinbrand in die Kraftbrühe geben und mit Salz und weißem Pfeffer kräftig abschmecken. Die Eier auf Teller oder in Suppentassen aufschlagen, mit der kochenden Kraftbrühe übergießen, mit gehackter Petersilie bestreuen und sofort servieren.

So wirkt die würzige Suppe noch attraktiver: Auf das Ei etwas Ketchup geben. Die Eier in der Mikrowelle garen.

Für diese Suppe ist grundsätzlich frischer Knoblauch zu verwenden. Ob ausgepresst oder geschält und mit Salz zerrieben, beides ist möglich. Knoblauchsuppe kann in mehreren Varianten zubereitet werden:

- *Rinderkraftbrühe, Knoblauch, Zitronensaft, Weißwein, Weintrauben*
- *Rinderkraftbrühe, Knoblauch, Tomatenfleischwürfel, Champignonscheiben, Zitronensaft*
- *Rinderkraftbrühe, legiert, Knoblauch, Paprikapulver, Tabasco*
- *Rinderkraftbrühe, Knoblauch, Streifen frischer Salatgurke, Tomatenfleischstreifen, Croûtons*

Knoblauchsuppe mit Tomaten

1 EL Zwiebelwürfel
30 g Butter oder Margarine
1 EL Mehl
500 ml Rinderbrühe (Instant)
Salz, weißer Pfeffer
400 g Tomaten
6 Knoblauchzehen
100 ml Sahne, halbsteif geschlagen
4 Kräuterzweige
Tomatenchips

Die Zwiebelwürfel in heißem Fett glasig anschwitzen, das Mehl dazugeben und alles unter häufigem Rühren hellgelb werden lassen. Dann Rinderbrühe angießen, Suppe mit Schneebesen glatt rühren, mit Salz und Pfeffer würzen und zehn Minuten kochen lassen.
Inzwischen die Tomaten am runden Ende kreuzweise einschneiden, in einem Sieb oder Durchschlag kurz in kochendes Wasser halten oder mit kochendem Wasser übergießen, abkühlen lassen und häuten. Tomaten dann vierteln und streifig schneiden. Zuvor Kerne und Stielansätze entfernen. Tomatenstreifen in die Suppe geben. Die Knoblauchzehen schälen und mit einer Knoblauchpresse den Saft in die Suppe pressen. Die Suppe gut verrühren, aufkochen und zwei Minuten köcheln lassen. Dann die Sahne darunter heben, die Suppe abschmecken, je nach Belieben evtl. mit Knoblauch nachwürzen. Die pikante Suppe anrichten und mit Kräuterblättern garnieren, dazu eignen sich Petersilie, Kerbel, Dill, Estragon und Kresse. Tomatenchips anlegen.

Die Suppe schmeckt auch mit Schnittlauchröllchen und frischen Croûtons.

Statt mit Tomaten, kann die Knoblauchsuppe auch mit Blattspinat zubereitet werden. Dazu schmecken Butter-Croûtons.

Kohlrabi-Kartoffelsuppe

400 g junger Kohlrabi mit Blättern
400 ml Gemüsebrühe (Instant)
200–300 g Kartoffeln, gerieben
100 ml Sahne
Salz
Muskatnuss, frisch gerieben

Kohlrabi von den Blättern befreien. Die so genannten zarten Herzblättchen waschen und beiseite legen. Kohlrabi schälen, waschen, feinblättrig oder in kleine Würfel schneiden und mit der Brühe zum Kochen bringen. Dann würzen, Topf abdecken und köcheln lassen. Nach acht Minuten die geriebenen Kartoffeln darunter rühren und nochmals zehn Minuten unter öfterem Rühren fertig garen. Zuletzt die Sahne dazugeben, abschmecken, auf Tellern anrichten und mit den zarten Blättchen garnieren.

Statt mit Kohlrabi die Suppe ebenso mit jungen weißen Rübchen, Karotten, jungem Sellerie oder Teltower Rübchen zubereiten.

Kopfsalat-Cremesuppe mit Croûtons

2	*Salatköpfe*
1	*Zwiebel, fein gewürfelt*
	Butter zum Andünsten
750 ml	*Geflügelbrühe*
1 Prise	*Zucker*
	Salz, weißer Pfeffer aus der Mühle
	sehr fein geriebene Muskatnuss
	Saft von einer Zitrone
150 g	*Crème fraîche*
40 g	*Butter*
	Croûtons
	Kresse

Den Salat putzen, waschen und abtropfen lassen. Die zarten, inneren Herzblättchen beiseite legen und die anderen Blätter grob zerschneiden. Dann die Zwiebelwürfel in etwas Butter andünsten, den grob geschnittenen Salat zugeben und bei starker Hitze unter Rühren zusammenfallen lassen, Brühe dazugießen und würzen. Topf abdecken und alles acht Minuten langsam kochen lassen. Die Salatstreifen aus dem Fond nehmen, im Mixer fein pürieren, zurück in den Fond geben und alles nochmals erhitzen, dann Crème fraîche dazugeben und verrühren. Zuletzt die kalte Butter mit einem Schneebesen unterrühren. Nochmals abschmecken, auf Suppentellern verteilen, frisch geröstete Croûtons darüber geben und mit den zarten Salatblättern und Kresse garnieren.

Lauchcremesuppe mit Pumpernickel-Röstis

500 g	*Lauch*
30 g	*Butter oder Margarine*
500 ml	*Rinderbouillon*
	Salz, weißer Pfeffer, frisch geriebene Muskatnuss
1 TL	*Zitronensaft*
1 EL	*Kartoffelstärke*
100 g	*Crème fraîche*
2	*Scheiben Pumpernickel, in Butter geröstet*

Den Lauch putzen, waschen und in etwa 1,5 Zentimeter starke Stücke schneiden. Einige der grünen Lauchspitzen zum Garnieren zurücklegen. Die Lauchstücke in zerlassener Butter anschwitzen, mit Rinderbrühe auffüllen, würzen, zum Kochen bringen und abgedeckt zehn Minuten köcheln lassen. Dann mit Kartoffelstärke binden, zwei Minuten kochen, Crème fraîche einrühren und im Mixer pürieren. Die Suppe nochmals erhitzen und pikant abschmecken. Pumpernickel in Würfel schneiden oder zerbröckeln und in geklärter Butter rösten. Den zurückgelegten Lauch in Ringe oder Streifen schneiden, in kochendem Salzwasser blanchieren und sofort zum Abtropfen in ein Sieb gießen. Die Suppe auf Tellern anrichten und mit Pumpernickel-Röstis sowie blanchiertem Lauch überstreuen.

Anstelle von Pumpernickel ebenso dunkles Roggenbrot verwenden. Das Brot entrinden und in kleine Würfel schneiden. Roggenbrot bröckelt nicht.

Der besondere Clou:

Statt dem blanchierten Lauch frittierte Lauchstreifen auf die Suppe geben. Aus dem weißen Ende der Lauchstange feine, etwa fünf Zentimeter lange Streifen schneiden und etwa 40 bis 60 Sekunden in heißem Olivenöl frittieren bis sie hellbraun und knusprig sind. Dann auf Küchenkrepp abtropfen lassen, salzen und sofort zur Suppe geben.

Klare Linsensuppe mit Kresse

100 g Möhren
100 g Sellerie
40 g grüne Linsen
40 g rote Linsen
800 ml Rinderkraftbrühe
1 EL Balsamico- oder Kräuteressig
Salz, Pfeffer
1 Prise Zucker
2 Kästchen Kresse

Möhren und Sellerie putzen, waschen und in gleichmäßige, kleine Würfel schneiden. Die Gemüsewürfel zusammen mit den grünen Linsen in die Brühe geben und 30 Minuten sacht kochen. Dann die roten Linsen dazugeben und weitere zehn Minuten sacht kochen. Die Suppe pikant abschmecken, auf vorgewärmte Teller geben und mit Kressesträußchen garnieren.

Die Suppe schmeckt auch ohne die Zugabe von Räucherfleisch oder Würstchen, sie kann aber sehr einfach mit der Zugabe von gerösteten Kürbiskernen aufgewertet werden.

Mais-Gemüsesuppe

750 ml Rinderkraftbrühe
je 150 g Möhren- und Selleriewürfel, bissfest gegart
100 g Lauch, in Ringe geschnitten und blanchiert
200 g Maiskörner (Konserve)
Meersalz, Pfeffer
Tabasco
Kleine, längs halbierte Maiskolben (Konserve)

Die Gemüse in die Brühe geben, aufkochen, kräftig mit Meersalz, Pfeffer, Tabasco abschmecken und kurz simmern lassen. Die Suppe auf Tellern anrichten, mit den Maiskölbchen belegen und sofort servieren.

Wer diese Suppe etwas schärfer bevorzugt, sollte feine Ringe von roter und grüner Chilischote dazugeben. Als Garnitur eignen sich besonders Korianderblättchen.

Mais-Paprika-Schinkensuppe

2 rote Gemüsepaprika
100 g roher Schinken
1 EL Zwiebeln
40 g Butter oder Margarine
500 ml Fleischbrühe
2 EL Tomatenmark
400 g Maiskörner (Konserve)
Salz, weißer Pfeffer
je 1 Prise Thymianpulver und Knoblauch
grob gezupfte Petersilie

Die Gemüsepaprika waschen, putzen und würfeln, den Schinken in sehr feine Streifen schneiden. Die Zwiebelwürfel in heißem Fett anschwitzen, Gemüsepaprika und Schinkenstreifen dazugeben, alles hellbraun anschwitzen, mit Fleischbrühe ablöschen und zehn Minuten köcheln lassen. Dann Tomatenmark und Maiskörner dazugeben, alles gut vermengen und etwa fünf Minuten verkochen.

Die fertige Suppe kräftig und pikant abschmecken. Evtl. etwas Rotweinessig dazugeben. Die Suppe anrichten und mit Petersilienblättchen garnieren. Dazu schmeckt beispielsweise herber Landwein oder eiskalter Wodka.

Mangoldcremesuppe mit Roquefort

500 g	*Mangold*
20 g	*Butter*
1 EL	*Zwiebelwürfel*
500 ml	*Fleischbrühe*
	Salz, Pfeffer
	Muskatnuss, frisch gerieben
100 ml	*Sahne*
80 g	*Roquefortkäse, fein zerbröckelt*

Den Mangold putzen, d. h. zuerst den Strunk abschneiden, die einzelnen Blätter waschen und von den Blattrippen abstreifen. Die Rippen klein schneiden. Einige sehr zarte Blätter zurücklegen. Die Rippen und Blätter in heißem Fett mit den Zwiebelwürfeln anschwitzen, mit Fleischbrühe auffüllen, würzen, aufkochen und abgedeckt köcheln lassen. Dann mit dem Mixstab fein pürieren, die Sahne dazugeben und erhitzen. Die restlichen zarten Blätter in sehr feine Streifen schneiden und in die Suppe geben. Die Suppe noch einige Minuten ziehen lassen. Dann sofort auf heißen Tellern anrichten und mit dem fein zerbröselten Roquefort überstreuen.

Ebenso Spinat- oder Salatrahmsuppe zubereiten. Anstelle von Roquefort auch frisch geröstete Croûtons auf die Suppe geben.

Maronenschaumsüppchen mit Trüffel

250 g	*Maronen, geschält (Konserve)*
je 100 g	*Karotten, Sellerie und Schalotten, in Würfel geschnitten*
20 g	*Butter*
100 ml	*Portwein*
etwa 750 ml	*Geflügelfond*
	Salz, weißer Pfeffer
	Dunkler Balsamico-Essig
150 ml	*Sahne*
40 g	*Walnüsse, grob gehackt und geröstet*
	schwarze Trüffel, in dünne Scheiben geschnitten, nach Belieben
	Kräuterzweige

Maronen und Gemüse in heißer Butter gut anrösten, mit Portwein ablöschen, mit Geflügelfond auffüllen, würzen, aufkochen und etwa 20 Minuten köcheln. Dann mit dem Zauberstab fein pürieren und die Sahne darunter schlagen. Zuletzt abschmecken, auf Tellern anrichten, die Walnüsse darüber geben und die Trüffelscheibchen darauf drapieren. Zuletzt mit Kräuterzweigen belegen.

Mit einer Scheibe Gänseleberparfait oder gebratener Gänseleber wird dieses Süppchen noch exquisiter.

Meerrettich-Sahnesuppe mit Apfelstreifen

40 g	*Butter oder Margarine*
1 EL	*Mehl*
750 ml	*Rinderbrühe*
	Salz
	Essig
1 Prise	*Zucker*
	weißer Pfeffer
4 EL	*Meerrettich, gerieben*

125 ml	Sahne
200 g	Apfelstreifen, mariniert, in Butter erhitzt
4	Kräuterzweige

Die Butter in einem Suppentopf erhitzen, das Mehl dazugeben, anschwitzen, mit Fleischbrühe auffüllen, unter Rühren aufkochen, würzen und zehn Minuten sacht kochen lassen. Dann Meerrettich und Sahne dazugeben, die Suppe erhitzen und abschmecken. Suppe auf Tellern anrichten, die Apfelstreifen darüber verteilen und mit einem Kräuterzweig garnieren.

Rotbäckige Äpfel gründlich waschen und ungeschält verarbeiten. Der optische Effekt wird damit verbessert.
Wer die Suppe sehr scharf mag, kann zusätzlich mit etwas Wasabi, grüne Meerrettichpaste aus Japan, nachwürzen.

Möhren-Orangensuppe

800 ml	Möhrensuppe (siehe Rezept Seite 55)
6 EL	Orangensaft, frisch gepresst
4 cl	Sherry
	Tabasco
	Ingwerpulver
4 EL	Sahne, geschlagen
4	Orangenscheiben
4	Dillzweige

Möhrensuppe mit Orangensaft und Sherry verfeinern, erhitzen und pikant abschmecken. Auf Suppentellern anrichten, jeweils mit einem Esslöffel geschlagener Sahne behäufen und mit einer Scheibe geschälter Orange und Dillzweig garnieren.

Von ungespritzten Orangen die Schale mit einem Ziselierer sehr dünn rundherum abschneiden, kurz blanchieren, abtropfen lassen und auf die angerichtete Suppe geben. Zu dieser herzhaften Suppe schmecken beispielsweise Knusper-Croûtons besonders gut.

Morchelrahmsüppchen mit Sherry

200 g	Morcheln (frisch oder aus der Dose) oder getrocknete Morcheln, eingeweicht, dann das Einweichwasser mit verwenden
1 EL	Schalotten, gehackt
20 g	Butter
1 EL	Mehl
125 ml	Sherry
500 ml	Kalbsfond
	Salz, weißer Pfeffer
	Zitronensaft
125 ml	Sahne
	Kerbelblättchen

Die Morcheln sorgfältig putzen, waschen und je nach Größe vierteln oder in Scheiben schneiden. Die Schalotten in heißer Butter anschwitzen, die Morcheln dazugeben, hellbraun dünsten, mit Mehl bestäuben, kurz weiter dünsten und sofort mit Sherry und Kalbsfond ablöschen. Die Suppe gut verrühren, würzen, aufkochen und zehn Minuten köcheln lassen. Dann die Sahne dazugeben, pikant abschmecken, anrichten und mit Kerbelblättchen bestreuen.

Morcheln zählen zu den Delikatesspilzen. Da sie selten frisch auf den Markt kommen, muss oft auf Dosenpilze zurückgegriffen werden. Die Morcheln werden wegen ihres außergewöhnlichen Duftes und Aromas oft als Würzpilze verarbeitet.

Nudel-Gemüsesuppe

750	ml	*Gemüsebrühe (Instant)*
200	g	*Bandnudeln, al dente gekocht*
4	EL	*Erbsen*
2	EL	*Maiskörner (Konserve)*
4	EL	*Möhrenrhomben, gegart*
		Salz, Pfeffer
		Muskatnuss, frisch gerieben
		Tabasco
1	TL	*Sojasauce*

Die Brühe aufkochen. Nudeln und Gemüse dazugeben, würzen und einige Minuten köcheln lassen. Sehr heiß anrichten und beispielsweise mit Kräutern garnieren.

Oliven-Tomaten-Cremesuppe

2	EL	*Zwiebelwürfel*
1	EL	*Olivenöl*
750	ml	*Fleischbrühe*
200	g	*grüne Oliven, entsteint*
200	g	*Tomatenfleischwürfel*
		Salz, weißer Pfeffer
1	Prise	*Thymianpulver*
1	TL	*Kräuteressig*
125	ml	*Weißwein*
120	g	*Knoblauch-Crème fraîche*

Die Zwiebelwürfel in heißem Öl anschwitzen, mit Fleischbrühe auffüllen und zehn Minuten köcheln lassen. Die Oliven und Tomatenfleischwürfel dazugeben, würzen, alles gut vermengen und zugedeckt weitere zehn Minuten sacht kochen. Dann im Mixer fein pürieren, die Suppe zurück in den Topf geben, den Wein und die Knoblauch-Crème fraîche dazugeben. Alles gut verrühren, abschmecken und nochmals erhitzen. Die fertige Suppe auf Tellern anrichten und bunt garnieren.

Zum Garnieren können z. B. halbe, mit Tomaten gefüllte Oliven, entsteinte schwarze Oliven, Tomatenfleischwürfel, geröstete Pinienkerne und gezupfte Kresse verwendet werden.

Paprika-Mais-Suppe

je 1	*Gemüsepaprika (rot, gelb, grün)*
1 EL	*sehr feine Zwiebelwürfel*
1 EL	*Olivenöl*
750 ml	*Rindsbouillon*
	Salz, weißer Pfeffer
200 g	*Maiskörner (Konserve)*
100 g	*Crème fraîche*
1 TL	*Speisestärke*
	Schnittlauch, gehackt
	Maiskölbchen (Konserve)

Die Gemüsepaprikas waschen und vierteln. Dann Stielansätze, Rispen sowie Kerne entfernen und die Viertel in gleich große, dünne Streifen schneiden. Die Zwiebelwürfel in heißem Öl anschwitzen, die Gemüsepaprikastreifen dazugeben und mit anschwitzen. Dann mit Rindsbouillon auffüllen, würzen, aufkochen lassen und etwa fünf Minuten abgedeckt köcheln lassen. Die Maiskörner dazugeben, die Crème fraîche mit Speisestärke verrühren und in die Suppe geben, alles kurz aufkochen lassen. Die Suppe zuletzt abschmecken, anrichten und mit Schnittlauch sowie Maiskölbchen garnieren.

Pastinakensuppe mit Tomaten

1 EL	*Zwiebelwürfel*
1 EL	*Olivenöl*
500 g	*Pastinaken, geschält und in Würfel geschnitten*
500 ml	*Geflügelbrühe (Instant)*
	Salz, weißer Pfeffer
	Kreuzkümmel
	Knoblauchsaft
100 ml	*Sahne*
100 g	*Tomatenfleischwürfel*
	Schnittlauchröllchen

Die Zwiebelwürfel in heißem Öl andünsten, die Pastinaken dazugeben und unter Rühren kurz anbraten. Dann mit der Brühe auffüllen, würzen und etwa 30 Minuten köcheln lassen. Die Suppe im Mixer fein pürieren, pikant abschmecken und nochmals erhitzen. Sofort auf Tellern anrichten und mit der Sahne, Tomaten und Schnittlauch garnieren.

Patissoncremesuppe

je 250	*grüne und gelbe Patisson*
500 ml	*Gemüsebrühe (Instant)*
100 g	*Kartoffelwürfel, gegart*
100 ml	*Sahne*
	Salz, weißer Pfeffer
1 TL	*weißer Balsamico-Essig*
	Tabasco
	Sprossen

Die Patisson quer halbieren, in Scheiben schneiden und zum Garnieren vier Esslöffel Patisson zurücklegen. Den Rest in die Gemüsebrühe geben, aufkochen und fünf Minuten köcheln lassen. Dann die Kartoffeln dazugeben, alles mit dem Zauberstab pürieren, die Sahne dazugeben und aufschlagen. Die Suppe pikant abschmecken, in Tassen anrichten und mit Patisson sowie Sprossen belegen.

Petersilienwurzelschaumsuppe mit Tomatenfilets

500 g	*Petersilienwurzeln, küchenfertig*
100 g	*Mirepoix*
20 g	*Butter*
500 ml	*Fleischbrühe*
	Salz, weißer Pfeffer
	Zitronensaft
50 ml	*Sahne*
100 ml	*Weißwein*
40 g	*Sahne, geschlagene*
100 g	*Tomatenfilets, in Butter erhitzt*
	Petersilienzweige

Petersilienwurzeln und Mirepoix in feine Würfel schneiden, in heißer Butter leicht anrösten, mit Fleischbrühe ablöschen, würzen und etwa 20 Minuten zugedeckt sacht kochen lassen. Dann mit dem Mixstab fein pürieren. Sahne und Weißwein unterrühren und nochmals erhitzen. Zuletzt abschmecken und die geschlagene Sahne unterheben. Die Suppe auf Tellern verteilen, mit Tomatenfilets und Petersilienzweig garnieren und beispielsweise ofenfrisches Weißgebäck dazu reichen.

Petersiliensuppe mit Grießnocken

1–2 Bund	*Petersilie*
400 g	*Kartoffeln, geschält, in Würfel geschnitten*
1 EL	*Zwiebelwürfel*
750 ml	*Geflügelbrühe*
	Salz, weißer Pfeffer
	Muskatnuss, frisch gerieben
125 ml	*Sahne*

Nocken:

1 EL	*weiche Butter*
1	*Ei*
4 EL	*Grieß*
	Salz
	Muskatnuss, frisch gerieben

Die Petersilie gründlich waschen und grob hacken. Zum Garnieren einige Blättchen beiseite legen. Kartoffeln, Zwiebelwürfel und Petersilie mit der Brühe zum Kochen ansetzen, kurz aufkochen, würzen und 20 Minuten köcheln lassen.
Für die Nocken Butter und Ei schaumig rühren, den Grieß unterrühren, würzen und 20 Minuten quellen lassen. Erscheint die Masse zu trocken oder zu weich, etwas Milch oder Grieß hinzufügen.
Die Suppe im Mixer pürieren, mit der Sahne verrühren, abschmecken und heiß

stellen. Von der Grießmasse Nocken in siedendes Salzwasser abstechen und zehn Minuten ziehen lassen. Die Suppe auf Tellern anrichten, die fertigen Nocken dazugeben und mit Petersilienblättchen garnieren.

Zur intensiveren Geschmacksbildung je zur Hälfte Kartoffeln und Petersilienwurzeln verwenden und zur besseren Farbgebung etwas Brokkoli beifügen.

Grüne Pfeffersuppe mit Schnittlauchsahne

40 g	*Butter oder Margarine*
1 EL	*Mehl*
800 ml	*Rinderkraftbrühe (siehe Rezept Seite 59)*
	Salz
	Estragonessig
2	*Eigelb, mit Sahne verquirlt*
4 EL	*Schnittlauchsahne*
	Knoblauch
	grüner Pfeffer nach Belieben
je 2	*rote und grüne Peperoni*

Aus Butter und Mehl Schwitze bereiten, mit Rinderkraftbrühe auffüllen, aufkochen, würzen und zehn Minuten köcheln lassen. Die Suppe vom Herd nehmen, legieren, grünen Pfeffer dazugeben und fünf Minuten darin ziehen lassen.

Für die Schnittlauchsahne geschlagene Sahne mit Schnittlauchröllchen verrühren und mit etwas Knoblauch würzen. Die Suppe in Tassen anrichten, mit Schnittlauchsahne behäufen, mit einigen grünen Pfefferkörnern sowie Ringen von roter und grüner Peperoni überstreuen.

Köstliche Pilzsuppe

400 g	*gemischte Pilze (Champignons, Maronen und Pfifferlinge)*
1 EL	*Zwiebelwürfel*
40 g	*Butter oder Margarine*
1 EL	*Mehl*
750 ml	*Fleischbrühe*
	Salz, weißer Pfeffer
1 Prise	*Cayennepfeffer*
	Pilzpulver
1 TL	*Zitronensaft*
2	*Eigelb, mit Sahne verquirlt*
1 TL	*gehackte Petersilie*

Die Pilze putzen, waschen und in gleich große Scheiben bzw. Stücke schneiden. Die Zwiebelwürfel in heißem Fett anschwitzen, die Pilze dazugeben, mit Mehl bestäuben und alles anschwitzen. Sofort heiße Fleischbrühe angießen und zusammen aufkochen lassen. Die Gewürze und das Pilzpulver dazugeben und abgedeckt zehn Minuten sacht kochen. Die fertige Suppe pikant mit Zitronensaft abschmecken, mit der Eiersahne legieren, sofort anrichten und mit Petersilie bestreuen.

Auf gleiche Weise Suppe von einer Pilzart zubereiten.

Pikante Pilzsuppe

60 g	Bauchspeckwürfel
60 g	Zwiebelwürfel
400 g	Gemischte Pilze, küchenfertig
600 ml	Fleischbrühe
2–3 EL	Fleischglace (Conv.)
	Salz, Pfeffer
100 ml	Sahne

Die Speckwürfel auslassen, Zwiebelwürfel dazugeben und alles leicht bräunen. Dann die Pilze dazugeben und anschwitzen lassen. Größere Pilze sind entsprechend zu zerteilen. Fleischbrühe, Fleischglace und Gewürze dazugeben, alles kurz aufkochen und etwa zehn Minuten fertig köcheln lassen. Die Suppe auf Tellern verteilen, die Sahne dazugeben und z. B. mit Kräutercroûtons servieren.

Für die Kräutercroûtons Weißbrot rund ausstechen (Durchmesser etwa 1–2 cm) und dick mit Kräuterbutter bestreichen, anschließend gratinieren.

Pilzconsommé

je 150 g	Austern, Shiitakepilze und Champignons, küchenfertig
	Olivenöl
1 l	Rinderkraftbrühe (siehe Rezept Seite 59)
	Salz, Pfeffer
1 TL	Sojasauce
	Tabasco
	Worchestershiresauce
1 Bund	Kerbel

Die geschnittenen Pilze in einem breiten Gefäß in etwas heißem Olivenöl kurz anschwitzen, sofort mit der Kraftbrühe auffüllen, würzen und etwa zehn Minuten köcheln lassen. Die pikante Suppe in Tassen anrichten und mit Kerbelsträußchen garnieren.

Die Zubereitung erfolgt besonders schnell bei Verwendung von Convenience Pilzen.

Pilzcremesuppe mit Kerbel

500–600 g	Gemischte Pilze (Maronen, Pfifferlinge, Austernpilze, usw.)
1 EL	Zwiebelwürfel
40 g	Butter oder Margarine
500 ml	Hühnerbouillon (Instant)
125 ml	Sahne
2	Eigelb
4 cl	trockener Sherry
1/2 Bund	Kerbel, fein gehackt (einige Blätter zum Garnieren zurückhalten)
	Salz, weißer Pfeffer
	Tabasco

Die Pilze putzen, sorgfältig waschen und abtropfen lassen, anschließend in gleichmäßige, kleine Stücke schneiden. Die Zwiebelwürfel in heißem Fett blondieren, die Pilze dazugeben und braten. Dieser Vorgang ist zeitaufwändig, da sich je nach Pilzart rasch viel Feuchtigkeit bildet. Den Topf von der Platte nehmen und heiße Hühnerbrühe angießen, sofort mit der Eier-Sahne legieren, Sherry, Kerbel und Gewürze dazugeben und abgedeckt fünf Minuten köcheln lassen. Die Suppe darf keinesfalls noch mal kochen. Pilzsuppe zuletzt abschmecken, anrichten und mit Kerbelblättchen garnieren.

Wird pürierte Suppe bevorzugt, sind die Pilze nicht gleichmäßig zu schneiden, die angebratenen Pilze werden püriert. Anschließend gibt man die anderen Zutaten dazu. Für die Garnierung sind vier oder acht gleichgroße halbe Pilze zurückzuhalten.

Pilzsüppchen mit Madeirasahne

500 g	*gemischte Pilze, küchenfertig*
1 EL	*Zwiebelwürfel*
40 g	*Butter oder Margarine*
500 ml	*Rinderbrühe*
100 g	*Lauchstreifen*
100 g	*Tomatenfleischwürfel*
	Salz, weißer Pfeffer
	Rotweinessig
	Sojasauce
4 EL	*Madeirasahne (geschlagene Sahne mit etwas Madeira verrührt)*
4	*Kräuterzweige*

Die Pilze in feine Streifen schneiden. Die Zwiebelwürfel in heißem Fett blondieren, die Pilze dazugeben und anschwitzen. Dann mit Rinderbrühe auffüllen, die Lauchstreifen und Tomatenwürfel dazugeben, würzen und zusammen zehn Minuten sacht fertig kochen. Die Suppe pikant abschmecken, anrichten, mit Madeirasahne behäufen und mit einem Kräuterzweig garnieren.

Klare Sagosuppe mit Gemüsestreifen

1 l	*Rinderkraftbrühe (siehe Rezept Seite 59)*
50 g	*Sago*
je 50 g	*sehr feine Gemüsestreifen von Möhren, Sellerie und Gemüselauch*
	Salz
	Muskatnuss, frisch gerieben
	Kerbelblättchen, grob gezupft

Die Rinderbrühe in einem geeigneten Topf aufkochen, den Sago unter Rühren in die Brühe geben und etwa 30 Minuten köcheln lassen. Nach 20 Minuten die Gemüsestreifen dazugeben und würzen. Die fertige Suppe abschmecken, anrichten und mit Kerbelblättchen bestreuen.

Sago ist in den letzten Jahren etwas in Vergessenheit geraten. Zum Andicken von Kaltschalen, Obstsuppen oder auch Geflügelsuppe ist er besonders geeignet, denn die Suppen sehen sehr appetitlich aus.

Klare Sauerkrautsuppe mit Knoblauchcroûtons und Blattsalat

1	*mittelgroße Zwiebel, fein gewürfelt*
40 g	*Butter oder Margarine*
500 ml	*Sauerkrautsaft*
500 ml	*Rinderbrühe (Instant)*
	Salz, weißer Pfeffer aus der Mühle
	Blattsalat, küchenfertig

Croûtons:

100 g	*Roggenbrot, in dünne Scheiben geschnitten*
	Butter zum Anbraten
	Knoblauchsalz

Die Zwiebelwürfel in heißem Fett leicht blondieren. Sauerkrautsaft und Rinderbrühe dazugießen, würzen, zum Kochen bringen und etwa zehn Minuten simmern lassen.

Inzwischen das Brot entrinden, zuerst längs in Streifen und dann in kleine Würfel schneiden. Die Brotwürfel in heißem Fett knusprig braten, mit Knoblauchsalz würzen und gesondert in einem vorgewärmten Gefäß anrichten.

Von dem Blattsalat vier gleich große, besonders gut gewaschene Blätter beiseite legen. Den restlichen Salat in feine Streifen schneiden. Die Suppe abschmecken und sehr heiß auf Teller füllen. Salatstreifen darüber verteilen, Salatblatt anlegen und sofort servieren. Die Croûtons erst am Tisch in die Suppe geben, damit sie richtig knusprig bleiben.

Knoblauchcroûtons schmecken besonders aromatisch, wenn die geschälte Knoblauchzehe mit Salz zerrieben wird.

Anstelle von Blattsalat ebenso gezupften Friséesalat, aber auch frischen Sauerampfer verwenden.

Klare Selleriesuppe mit Grünkernklößchen

Je 250 g	*Stauden- und Knollensellerie, küchenfertig*
1	*gespickte Zwiebel*
	Salz, Pfeffer aus der Mühle
1 l	*kalte Gemüsebrühe*
	Sellerieblättchen, grob gezupft

Klößchen:

60 ml	*Milch*
40 g	*Butter*
40 g	*Mehl*
40 g	*Grünkernmehl*
60 g	*Magerquark*
1	*Ei*
	Salz, weißer Pfeffer
	Kümmel, gemahlen

Das Gemüse in feine Würfel schneiden und in einen Suppentopf geben. Die Zwiebel, Gewürze und Rinderbrühe dazugeben, alles zum Kochen bringen und etwa 30 Minuten köcheln. Wenn das Gemüse zu weich wird, entstehen Trübstoffe. Die Brühe in einen anderen Suppentopf passieren, abschmecken und heiß stellen.

Für die Klößchen Milch und Butter mit etwas Salz zum Kochen bringen. Den Topf von der Herdplatte nehmen, Mehl- und Grünkernmehl zusammen dazugeben und mit einem Holzlöffel zum Kloß rühren. Den Topf wieder auf die Herdplatte stellen und den Teigkloß abbrennen, bis sich am Topfboden ein weißer Belag bildet. Den Mehlkloß in ein anderes Gefäß geben, das Ei langsam darunter rühren, würzen und die Masse etwas abkühlen lassen. Den Quark ausdrücken und darunter mengen. Die Masse zehn Minuten ruhen lassen. Dann mit einem Esslöffel Klößchen von der Masse in die heiße Brühe abstechen und darin gar ziehen lassen. Der Garpunkt ist erreicht, wenn die Klößchen an der Oberfläche schwimmen. Die Brühe mit den Klößchen anrichten und mit Sellerieblättchen bestreuen.

Klare Spargelsuppe

800 ml klare Spargelsuppe
300 g weiße und grüne Spargelspitzen, blanchiert
Kerbel- oder Petersilienzweige
grüne, abgeschnittene Spargelstangen

Die Spargelspitzen in der Spargelsuppe kurz aufkochen, pikant abschmecken und in passendem Geschirr anrichten. Kräuterblättchen zur Suppe geben und die grünen Spargelstangen anlegen. Schnell zu Tisch bringen.

Quittensuppe mit Gemüse

1 EL Zwiebelwürfel
40 g Butter oder Margarine
200 g Möhren, in Stifte geschnitten
500 ml Gemüsebrühe
500 g Quitten
Salz, weißer Pfeffer
1 Prise Kümmel, gemahlener
Zucker
Rotweinessig
200 g Rote Bete Kugeln (Konserve)
2 EL Petersilie, grob gezupfte

Die Zwiebelwürfel in heißem Fett anschwitzen, die Möhrenstifte dazugeben, mit Rinderbrühe auffüllen und zugedeckt fünf Minuten sacht kochen. Inzwischen die Quitten waschen, schälen, vierteln und die Kerngehäuse herausschneiden. Die Viertel quer in dünne Scheiben schneiden, zu den Möhrenstiften geben, würzen und zugedeckt 15 Minuten dünsten. Dann die Rote-Bete-Kugeln dazugeben, die Suppe verrühren, pikant abschmecken und zwei Minuten ziehen lassen. Auf Suppentellern anrichten und mit grob gezupfter Petersilie bestreuen.

Die süß-sauren Quitten geben Speisen einen besonderen herzhaften Geschmack. In der Kombination mit Gänse- oder Schweinefleisch sowie Weiß- oder Rotkohl eignen sich Quitten hervorragend für einen herzhaften Eintopf.

Radieschenblätter-Cremesuppe mit Pumpernickel-Croûtons

2 Bund Radieschen
1 EL Zwiebelwürfel, sehr fein geschnittene
40 g Butter
100 g Doppelrahm-Frischkäse
100 g Crème fraîche
600 ml Fleischbrühe aus gekörnter Brühe
Salz, weißer Pfeffer
1 Prise Muskatnuss, frisch gerieben
Zitronensaft
1 EL Pumpernickel, in feine Würfel geschnitten

Die Radieschen putzen und sorgfältig waschen, die sehr zarten Blättchen beiseite legen. Vier gleich große Radieschen zum Garnieren zurückbehalten. Die Zwiebelwürfel in der Butter glasig braten und in der Zwischenzeit Radieschen, Doppelrahm-Frischkäse und Crème fraîche im Mixer fein pürieren. Die Zwiebelwürfel mit der Fleischbrühe ablöschen, das Radieschenpüree dazugeben, alles gut verrühren, zum Kochen bringen, würzen und zehn Minuten köcheln lassen. Die Suppe zuletzt pikant abschmecken, auf Tellern anrichten und jeweils mit einem Radieschen garnieren. Pumpernickel-Croûtons dazu reichen.

Diese Suppe schmeckt auch kalt sehr gut und ist eine gute Empfehlung für heiße Sommertage.

Ravioli mit Pilzen in Safranconsommé

1 l	*Hühnerconsommé, Konserve*
8	*Ravioli (Convenience)*
100 g	*gemischte Pilze, küchenfertig*
	Safranfäden
	Tabasco
60 g	*Möhrenstreifen, als „Stroh" frittiert*
	Kräuterblättchen

Hühnerconsommé erhitzen, Ravioli, Pilze sowie Gemüse dazugeben, zusammen aufkochen, würzen und 5 Minuten simmern lassen. Sofort auf Tellern anrichten und mit Möhrenstroh und Kräuterblättchen garnieren.

Möhrenstroh, auch als Möhrenspaghetti bezeichnet, wird mit einem speziellen Gemüsehobel hergestellt und anschließend frittiert.

Rieslingschaumsuppe mit Spargel

200 ml	*Riesling (trockener Weißwein)*
500 ml	*Hühnerbouillon (Instant)*
	Salz, weißer Pfeffer
200 ml	*Sahne, steif geschlagen*
12–20	*Spargelspitzen, je nach Belieben*
4	*Kräuterzweige (Dill, Petersilie oder Estragon)*

Wein und Bouillon aufkochen, kräftig würzen und einige Minuten köcheln lassen. Dann die Schlagsahne mit einem Schneebesen langsam in die Suppe rühren. Die Suppe vom Herd nehmen und abschmecken. Die Spargelspitzen in vorgewärmte Suppentassen aufteilen, die Suppe anrichten, mit Dillzweigen garnieren und sofort servieren.

Diese pikante Suppe kann anstelle von Spargel auch mit Wachtelklößchen angerichtet werden. Wachtelbrustfleisch fein pürieren, mit Sahne aufmontieren, würzen, Klößchen in Kalbsbrühe abstechen und darin gar ziehen lassen.

Rucola-Tomaten-Cremesuppe

200	g	*Rucola*
30	g	*Butter*
1	EL	*Schalottenwürfel*
600	ml	*Geflügelfond*
1		*Knoblauchzehe, mit Salz zerrieben*
		Salz, weißer Pfeffer
1	TL	*weißer Balsamico-Essig*
		Tabasco
150	ml	*Sahne*
125	ml	*Weißwein*
200	g	*Cocktailtomaten, halbiert*

Rucola putzen, waschen, in kleine Stücke schneiden und in Butter mit Schalottenwürfeln anschwitzen. Etwa 25 schöne Rucolablätter zur Seite legen. Den angeschwitzten Rucola sofort mit Fond auffüllen, würzen und fünf Minuten köcheln lassen.

Inzwischen die Rucolablätter trocken schleudern, in heißem Olivenöl knusprig frittieren und auf Küchenkrepp abtropfen lassen. Sahne sowie Weißwein zur Suppe geben, zusammen kurz aufkochen und im Mixer oder mit dem Zauberstab fein pürieren. Zuletzt die Tomaten dazugeben und pikant abschmecken. Die Suppe auf Tellern anrichten und die frittierten Rucolablätter darüber geben.

> *Salatblätter oder Gemüse zum Frittieren sorgfältig abtrocknen oder trocken zuschleudern, da die Spritzgefahr von heißem Fett sonst sehr groß ist.*

Rosenkohl-Currysuppe

1	EL	*Zwiebelwürfel*
40	g	*Kürbiskernöl*
400	g	*Rosenkohl, küchenfertig*
200	g	*Kartoffelwürfel, roh*
600	ml	*Gemüsebrühe*
1	EL	*Curry*
		Salz, Pfeffer
		Muskatnuss, frisch gerieben
		Rohrzucker
80	g	*Crème fraîche*
4	EL	*Sahne, geschlagen, mit Zimt verrührt*

Die Zwiebeln in Öl anschwitzen, Rosenkohl und Kartoffeln und Gemüsebrühe dazugeben, ebenso die Gewürze und etwa 15 Minuten zugedeckt garen. Etwa 20 kleine Rosenkohlköpfe zur Garnitur herausnehmen. Den Rest fein pürieren, Crème fraîche dazugeben und pikant abschmecken.

Die fertige Suppe auf Tellern anrichten und die Röschen in Blätter zerlegt mit Zimtsahne dazugeben.

Rosenkohlcremesuppe mit Muskatcroûtons

400	g	*Rosenkohl, küchenfertig*
60	g	*Speck oder Fettränder von Kochschinken*
1	EL	*Zwiebelwürfel*
		Salz, Pfeffer aus der Mühle
600	ml	*Rindsbouillon*
125	ml	*Sahne*

Croûtons:

1		*Scheibe Toastbrot*
		Butter zum Rösten
1	Prise	*Salz*
		Muskatnuss, frisch gerieben

Die Rosenkohlröschen vierteln oder grob hacken. Von acht Röschen jeweils drei zusammenhängende Blätter am Stielende abschneiden und für die Garnierung zurückhalten. Speck oder Schinkenfett in feine Würfel schneiden und in einer geeigneten Kasserolle ausbraten. Die Zwiebelwürfel dazugeben und glasig braten. Dann den vorbereiteten Kohl in die Kasserolle geben, einige Minuten unter häufigem Schwenken mit braten und würzen. Mit der Bouillon auffüllen und alles zehn Minuten köcheln lassen. Inzwischen die zurückgelegten Rosenkohlblättchen in kochendem Salzwasser blanchieren, kalt abschrecken und warm stellen. Die Suppe mit dem Stabmixer fein pürieren oder durch ein Haarsieb streichen, nochmals erhitzen und kräftig abschmecken. Die Sahne halbsteif schlagen und unter die Suppe heben. Dazu die Suppe vom Herd nehmen.

Zwischendurch das Toastbrot entrinden, in gleich große Würfel schneiden, in heißer Butter knusprig braten und mit reichlich frisch geriebener Muskatnuss und etwas Salz würzen.

Die Suppe auf Tellern verteilen, mit den Kohlblättchen garnieren und servieren. Die Muskatcroûtons erst am Tisch dazugeben, da sie knusprig bleiben sollen.

Rote-Bete-Cremesuppe mit Kürbis

600 g	*Rote Bete*
500 ml	*Rinderbrühe*
100 g	*Backpflaumen, entsteint, in Wasser geweicht*
	Salz
	Zimtpulver
1 Prise	*Nelkenpulver*
	Zucker
	Rotweinessig
1 EL	*Speisestärke*
125 ml	*Crème fraîche*
100 g	*Kürbis, mariniert (Konserve)*
4	*Minzeblätter*

Die Rote Bete waschen, schälen, in feine Würfel schneiden und in der Rinderbrühe zum Kochen bringen. Nach zehn Minuten die Backpflaumen dazugeben, würzen und weitere zehn Minuten sacht kochen lassen. Dann mit dem Mixstab fein pürieren, erneut aufkochen, mit Speisestärke binden und die Crème fraîche darunter schlagen. Die fertige Suppe pikant abschmecken. Den marinierten Kürbis in Würfeln, Kugeln oder Streifen dazugeben und erhitzen. Die Suppe auf Tellern anrichten und mit Minzeblätter garnieren.

Diese pikante Suppe kann ebenso mit Melonenkugeln, Salatgurkenjulienne oder konservierten Maiskörnern kombiniert werden.

Rote-Bete-Suppe schmeckt auch kalt sehr gut. Dann anstelle von Rinderbrühe leichten Weißwein und Wasser verwenden.

Rote-Bete-Suppe mit Weinapfelspalten

500 g	*Rote Bete, küchenfertig*
750 ml	*Rinderbrühe*
	Salz, frisch gemahlener Pfeffer
	Zitronensaft
1 Prise	*Zucker*

1 TL Balsamessig
100 g säuerliche Apfelspältchen
100 ml Weißwein
125 ml Sahne

Die Rote Bete in feine Würfel schneiden, mit der Rinderbrühe aufkochen, würzen und bei mittlerer Hitze in 20 Minuten fertig garen.
Inzwischen die Apfelspältchen zwei Minuten in Weißwein pochieren und warm stellen.
Die Suppe mit dem Stabmixer fein pürieren und abschmecken. Zuletzt die Sahne halbsteif schlagen und unter die Suppe ziehen. Die Suppe auf Tellern anrichten, die Apfelspältchen darüber verteilen, beispielsweise mit frischen Apfelchips sowie Kräuterblättchen garnieren und servieren. Dazu schmecken frische Kümmel- oder Gewürzhörnchen.

Die roten Knollen sind sehr gesund. Sie enthalten vor allem Vitamine des B-Komplexes, Kalium, Phosphor und Eisen. Bei Zugabe von etwas Honig und Zitronensaft wird der erdige Geschmack verringert.
Die Suppe ebenso anrichten und zusätzlich mit einem Tupfer Knoblauch-Crème fraîche verfeinern.

Rotkohlcremesuppe mit Apfelstreifen

500 g Rotkohl, küchenfertig
60 g Speckwürfel
1 EL Zwiebelwürfel
125 ml Rotwein
500 ml Rinderbrühe
Salz
Rotweinessig
Zucker
Nelkenpulver
Zimtpulver
100 g Crème double
150 g Apfeljulienne, in Weißwein pochiert

Den Rotkohl in feine Streifen schneiden oder hobeln. Die Speckwürfel auslassen, Zwiebelwürfel und Rotkohl dazugeben und alles gut anschwitzen. Dann mit Rotwein und Rinderbrühe ablöschen, kräftig würzen, 20 Minuten zugedeckt gar ziehen lassen und mit dem Mixstab fein pürieren. Die Suppe nochmals erhitzen, Crème double darunter rühren, pikant abschmecken, auf Tellern anrichten und die Apfeljulienne darüber verteilen.

Rucolasuppe mit Parmesan

1 EL Schalottenwürfel
20 g Butter oder Margarine
500 ml Gemüsebrühe (Instant)
200 g Kartoffelwürfel
Salz, weißer Pfeffer
Knoblauchsaft
Tabasco
250 g Rucola
125 ml Sahne
60 g Parmesan, gerieben oder gehobelt

Die Schalotten in Butter andünsten, mit Brühe auffüllen, Kartoffeln und Gewürze dazugeben und etwa 15 Minuten köcheln lassen. Inzwischen Rucola putzen, waschen, trocken schütteln und fein hacken. Einige sehr schöne Blätter zum Garnieren zurücklegen. Rucola und Sahne zur Suppe geben, kurz aufkochen und passieren. Zuletzt kräftig abschmecken und anrichten. Die Suppe mit Parmesan und Rucola garnieren.

Sauerampfersuppe mit Sprossen

200–300 g	Sauerampfer, küchenfertig
30 g	Butter
750 ml	Fleischbrühe
150 g	Crème fraîche
	Salz, weißer Pfeffer
	Weißwein
	Zitronensaft
	Sprossen
	Sauerampferblätter

Den Sauerampfer hacken, in Butter anschwitzen, mit Fleischbrühe und Crème fraîche auffüllen, würzen und 5 Minuten köcheln lassen. Dann fein pürieren und pikant abschmecken. Dazu frisch gepressten Zitronensaft und weißen Pfeffer aus der Mühle verwenden. Alles auf Tellern mit Sprossen anrichten und mit besonders schönen Blättern am Teller dekorieren.

Diese deftige Suppe schmeckt auch mit verschiedenen Croûtons, mit Paprika edelsüß, Knoblauchpulver, Curry, fein gehackten Kräutern, fein geriebenem Käse oder mit Krebs- bzw. Hummerbutter.

Schalottensuppe mit Käsecroûtons

400 g	Schalotten mit Lauch
20 g	Olivenöl
125 ml	Weißwein (Silvaner oder Riesling)
500 ml	Fleischbrühe
	Salz, weißer Pfeffer
	Kümmel, gemahlen
1 TL	Knoblauchessig
40 g	Mehlbutter
100 g	Crème double
	Lauchröllchen

Käsecroûtons

4	Scheiben Toast- oder Graubrot
100 g	Käse, fein gerieben
1	Eigelb
20 g	Butter
	Worchestersauce
	Tabasco

Die Schalotten und den Lauch in Würfel oder Stücke schneiden und in heißem Fett anschwitzen. Einige Lauchröllchen zum Garnieren zurücklegen. Die Schalotten mit Weißwein und Fleischbrühe auffüllen, würzen und zehn Minuten köcheln lassen. Dann mit Mehlbutter binden, nochmals zehn Minuten sacht kochen lassen, im Mixer pürieren und zurück in den Topf geben.

In der Zwischenzeit aus Toast- oder Graubrot acht runde Croûtons im Durchmesser von etwa drei Zentimeter ausstechen. Reibekäse, Eigelb und Butter und Gewürze zu einer würzigen Käsecreme verarbeiten. Die Croûtons damit gleichmäßig bestreichen und bei Bedarf gratinieren.

Die Suppe mit Crème double verrühren, erhitzen, pikant abschmecken, mit Käsecroûtons und Lauchröllchen anrichten.

Selleriecremesuppe mit Walnusskernen

500 g Sellerieknolle
500 ml Fleischbrühe
30 g Butter
1 EL Mehl
125 ml Sahne
Salz, weißer Pfeffer
1 Prise Zucker
Zitronensaft
2 EL Walnusskerne
4 EL geschlagene Sahne
4 Petersilienstängel oder Selleriegrün

Die Sellerieknolle waschen, schälen, nachwaschen und in kleine Würfel schneiden. Die Selleriewürfel mit 250 ml Fleischbrühe zum Kochen bringen und zugedeckt 15 Minuten garen. Inzwischen Butter zerlassen, das Mehl dazugeben und anschwitzen lassen. Mit der restlichen Fleischbrühe sowie dem Selleriefond auffüllen, mit einem Schneebesen glatt rühren und fünf Minuten unter häufigem Rühren kochen. Die Selleriewürfel im Mixer pürieren oder durch ein Haarsieb streichen und in die Suppe geben, ebenso die Sahne. Die Suppe pikant abschmecken und heiß stellen.

Die Walnusskerne grob hacken und in einer trockenen Pfanne unter Schwenken kurz rösten. Die würzige Suppe in vorgewärmten Tellern anrichten, auf jede Portion eine Sahnehaube geben, die Nüsse darüber streuen und mit Petersilie oder Selleriegrün garnieren. Selleriecremesuppe schmeckt auch mit geröstetem Schwarzbrot oder Käsetoast.

Unter die fertige Suppe einen Esslöffel frisch geriebenen, rohen Sellerie geben. Der frische, typische Geschmack gibt der Suppe das besondere Flair. Der besondere Selleriegeschmack wird durch die Zugabe von Blauschimmelkäse noch würziger. Etwa 80 g Käse in die fertige Suppe einrühren.

Rote Selleriesuppe

900 ml Selleriesuppe
(siehe Rezept Seite 181)
100 g Rote Bete, küchenfertig
Salz, weißer Pfeffer
Kümmel, gemahlen

Selleriecremesuppe mit frischer, geriebener oder pürierter Roter Bete vermengen und einige Minuten simmern lassen. Die Suppe mit Salz, Pfeffer und Kümmel abschmecken.

Spargelsuppe mit Paprika und Kräutern

400 g Stangenspargel
750 ml Geflügelbrühe (Instant)
40 g Butter oder Margarine
1 EL Mehl
1 EL Paprikapulver, edelsüß
1 rote Gemüsepaprika, in sehr feine Streifen geschnitten
1 Eigelb, mit Sahne verquirlt
Salz, weißer Pfeffer
Kräuter, gezupft (z. B. Petersilie, Dill, Kerbel oder Estragon)

Den Spargel waschen, am Kopf beginnend schälen, nachwaschen, abtropfen lassen und in zwei Zentimeter lange Stücke schneiden. Die Köpfe zum Garnieren verwahren. Die Spargelstücke in die Geflügelbrühe geben und etwa zehn Minuten darin garen. Inzwischen aus Butter oder Margarine und Mehl eine Mehlschwitze herstellen, mit dem Spargelfond auffüllen, paprizieren und fünf Minuten köcheln lassen. Dann die Spargelstücke und die Paprikastreifen dazugeben und zusammen weitere fünf Minuten sacht kochen lassen. Mit dem Eigelb-Sahne-Gemisch legieren und beiseite stellen. Die Spargelsuppe zuletzt abschmecken, anrichten und mit Spargelköpfen und grob gezupften Kräutern garnieren.

Spinatsuppe mit Pfeffercroûtons

1	EL	*Zwiebelwürfel*
40	g	*Butter*
400	g	*Spinat, küchenfertig*
750	ml	*Geflügelbrühe*
		Salz
		Muskatnuss, frisch gerieben
1		*Scheibe Toast*

Croûtons:

1		*Scheibe Toastbrot*
		Butter
		Pfeffer aus der Mühle

Die Zwiebelwürfel in Butter anschwitzen, Spinat hinzugeben und dünsten, bis er zusammenfällt. Brühe aufgießen, würzen, Toastbrot dazugeben und etwa fünf Minuten köcheln lassen. Dann fein pürieren und heiß stellen. Für die Pfeffercroûtons Toastbrot in feine Würfel schneiden, in Butter rösten, etwas salzen und mit reichlich Pfeffer, frisch aus der Mühle, würzen. Die Suppe in Tellern anrichten und mit Pfeffercroûtons überstreuen.

Diese leichte Spinatsuppe besonders schnell mit gefrierkonserviertem oder konserviertem Spinat zubereiten. Die leichte Bindung ebenso mit Mehl herstellen. Anstelle Croûtons ebenso Chips verwenden.

Staudensellerie-Cremesuppe

1	EL	*Mehl*
30	g	*Butter oder Margarine*
750	ml	*Gemüsebrühe (Instant)*
150	g	*Crème fraîche*
400	g	*Selleriestängel – in sehr dünne Scheiben geschnitten*
		Salz, weißer Pfeffer, frisch gemahlen
		weißer Balsamico-Essig

Das Mehl in heißem Fett hellgelb anschwitzen, mit der Gemüsebrühe auffüllen, aufkochen und einige Minuten kochen lassen, damit der Mehlgeschmack vergeht. Dann Crème fraîche dazugeben, gut verrühren, Sellerie in die Suppe geben – alles zum Kochen bringen, würzen und etwa zwei Minuten köcheln lassen. Die Suppe anrichten und mit gehacktem Selleriegrün oder gehackter Petersilie bestreuen. Sehr heiß servieren.

Die harten Fäden an den Stängelaußenseiten sind sorgfältig abzuziehen.

Je zur Hälfte Crème fraîche und Doppelrahmfrischkäse verwenden, dann schmeckt die Suppe noch frischer.

Steinpilzcremesuppe mit Petersiliensahne

400 g Steinpilze
1 EL Zwiebelwürfel
40 g Butter oder Margarine
Salz, weißer Pfeffer
600 ml Geflügelbrühe (Instant)
150 ml Sahne
4 EL Sahne, geschlagen
1 EL Petersilie, gehackt

Die Steinpilze putzen, waschen und in Scheiben schneiden. Vier besonders schöne kleine Pilze längs halbieren, beiseite legen und gesondert in Salzwasser blanchieren. Die Zwiebelwürfel in heißem Fett anschwitzen, die Pilzscheiben dazugeben, mit anschwitzen, würzen, mit Geflügelbrühe auffüllen, zehn Minuten köcheln lassen und mit dem Stabmixer fein pürieren. Dann die Sahne dazugeben, die Suppe nochmals erhitzen und pikant abschmecken.

Die Petersilie vorsichtig mit der geschlagenen Sahne verrühren und leicht salzen. Die Suppe auf Tellern anrichten, jeweils zwei Pilzhälften mit der Schnittfläche nach oben auf die Suppe geben und je einen Esslöffel Petersiliensahne. Die Suppe sehr schnell servieren. Dazu schmeckt herber Tischwein.

Auf gleiche Weise Suppen von Champignons, Maronen oder Mischpilzen zubereiten.

Tofu-Suppe mit Gemüse

je 100 g Streifen von Möhren, Sellerie und Porree
750 ml Fleischbrühe
200 g Tofu
1 EL Sojasauce
Salz
Knoblauchpulver
Petersilie, grob gehackte
Sprossen

Die Gemüsestreifen in die Fleischbrühe geben und etwa acht Minuten köcheln lassen. Inzwischen den Tofu in Streifen schneiden und mit Sojasauce marinieren. Tofu in die Suppe geben und etwa fünf Minuten ziehen lassen. Die Suppe pikant abschmecken, anrichten, mit Petersilie garnieren und mit Sprossen überstreuen.

Tapioka-Kräutersuppe

200 g Kräuter (z. B. Petersilie, Kerbel, Kresse, Estragon, Liebstöckel)
1 TL Kräutermischung, getrocknet
40 g Butter oder Margarine
750 ml Fleischbrühe
Salz, weißer Pfeffer
40 g Tapioka
2 Eigelb
125 ml Sahne
1 EL Schnittlauchröllchen

Die Kräuter putzen, waschen, trockentupfen, fein hacken, in heißem Fett fünf Minuten dünsten und mit Fleischbrühe aufgießen. Die Suppe dann würzen, aufkochen lassen. Tapioka unter Rühren einrieseln und die Suppe weitere 15 Minuten köcheln lassen. Das Eigelb-Sahne-Gemisch mit etwas Suppe verquirlen, in die Suppe rühren und bis kurz vor dem Kochen erhitzen. Die Suppe vom Herd nehmen, pikant abschmecken, anrichten und mit Schnittlauch bestreuen. Dazu schmecken beispielsweise ofenfrische Kräuterhörnchen und herber Weißwein.

Süppchen Duo – Cappuccino von Tomate und Apfel

je 500 ml	*Tomaten- und Apfelsüppchen (siehe Rezept Seite 184 und 188)*
200 ml	*Schlagsahne*
	Tomaten- und Apfelchips zum Garnieren

Die sehr heißen Suppen in vorgewärmte kleine Tassen füllen, geschlagene Sahne dazugeben und aufschäumen. Zuletzt die jeweiligen Chips anlegen.

Tomatencremesuppe mit Zimtsahne

800 g	*Tomaten, küchenfertig*
1 Bund	*Mirepoix, in Stücke geschnitten*
30 g	*Butter oder Margarine*
350 ml	*Hühnerbrühe*
	Salz, weißer Pfeffer aus der Mühle
150 g	*Crème fraîche*
	Gin
4 EL	*Sahne, geschlagen, mit Zimtpulver vermischt*

Tomaten und Mirepoix anschwitzen und mit Hühnerbrühe auffüllen. Alles weich kochen, fein pürieren, pikant abschmecken und mit Crème fraîche und etwa Gin verfeinern. Die pikante Suppe nochmals erhitzen, auf Tellern verteilen und mit Zimtsahne gefällig garnieren.

Diese Suppe weiterhin mit Tomatenröschen, Tomatenfilets (als Blume arrangiert), Dillzweigen, Kapuziner- oder Borretschblüten garnieren.

Tomatensuppe mit Käseflädle

800 g	*Fleischtomaten*
1 EL	*Zwiebelwürfel*
40 g	*Butter oder Margarine*
1 EL	*Mehl*
	Kräuter, gehackt
	Salz, weißer Pfeffer
	Kräuterblätter

Käseflädle:

etwa je 150 g	*Schmelzkäse und Sahne*

Die Tomaten waschen, putzen, dabei den Stielansatz entfernen und die Früchte in grobe Stücke zerteilen. Die Zwiebelwürfel in heißem Fett anbraten, das Mehl dazugeben und drei Minuten mit anbraten. Die Tomatenstücke und Kräuter dazugeben, würzen, alles gut verrühren, zum Kochen bringen, abdecken und 15 Minuten köcheln lassen. Inzwischen den Schmelzkäse mit etwas Sahne mit einer Gabel vermengen, in ein Wasserbad stellen und zu einer dickflüssigen Masse glatt rühren.

Die Tomaten durch ein Haarsieb streichen oder im Mixer pürieren, erneut erhitzen, kräftig würzen und auf Tellern anrichten. Den Käse mit einem Esslöffel in dünne Fäden auf die Suppe ziehen. Dabei ist Kreativität gefragt und den Käse nicht einfach in die Suppe geben, sondern individuelle Gebilde oder sogar filigrane Zeichnungen gestalten. Zuletzt mit einigen frischen Kräuterblättchen garnieren.

Damit der Käse an der Oberfläche bleibt, muss diese Tomatensuppe etwas dick sein. Nur sehr fleischige Tomaten ergeben die erforderliche Konsistenz. Steht eine mindere Qualität zur Verfügung, sollte gleich etwas Mehlbutter dazugegeben werden.

Je nach Fettgehalt der Käsesorte ist Sahne beizugeben. In jedem Fall muss die Fadenbildung erhalten bleiben. Wenn die Arbeit mit den Käsefäden zu aufwändig ist, streut man Reibekäse über die Suppe.

Wirsingsuppe mit Tomaten

etwa

500 g	*Wirsing, geschnitten*
500 ml	*Geflügelbrühe*
300 g	*Tomatenscheiben*
	Salz, weißer Pfeffer aus der Mühle
	Muskatnuss, frisch gerieben
1 TL	*Schnittlauchröllchen*

Den Wirsing in der Geflügelbrühe dünsten. Einige Minuten vor dem Garpunkt die Tomatenfleischscheiben dazugeben, vermengen, kräftig würzen und fertig garen. Die Suppe abschmecken, mit Schnittlauchröllchen bestreuen und sofort servieren.

Gehackte Nüsse dazugeben – die herzhafte Suppe schmeckt zauberhaft.

Zitronensüppchen mit Artischockenherzen

1 l Rinderkraftbrühe (siehe Rezept Seite 59)
4 EL Zitronensaft
Salz, grüner Pfeffer
Sojasauce, hell
Tabasco
Zitronenmelisseblättchen
Zitronenschale, fein, ziseliert
6 Artischockenherzen (Konserve)
4 EL Tomatenfleischwürfel

Die Rinderbrühe mit Zitronensaft und Gewürzen aromatisieren. Die Artischockenherzen in Salzwasser erhitzen, abtropfen lassen, auf vier Tellern verteilen und blütenförmig auseinander biegen. Grünen Pfeffer und Tomatenfleischwürfel darüber geben, alles mit der heißen Zitronensuppe übergießen und beispielsweise mit Chesterstangen servieren.

Zwiebel-Apfelsuppe

je 200 g Rote und weiße Zwiebeln, geschält
2–3 Frühlingszwiebeln mit Lauch, küchenfertig
60 g Butter oder Margarine
750 ml Rinderbrühe
1 Bouquet garni
100 ml Weißwein
20 g Speisestärke
300 g säuerlicher Apfel, in Streifen geschnitten
Salz, weißer Pfeffer
Sherryessig
2 TL Schnittlauchröllchen

Die Zwiebeln in dünne Ringe schneiden, ebenso die Frühlingszwiebeln, dann den Lauch in Röllchen schneiden und einen Esslöffel Frühlingszwiebeln beiseite legen. Die Butter in einer Edelstahlkasserolle erhitzen, die Zwiebeln dazugeben, anschwitzen, mit Rinderbrühe auffüllen, salzen und das Bouquet garni dazugeben. Die Kasserolle abdecken und die Zwiebeln 15 Minuten dünsten. Den Wein dazugeben, mit Speisestärke binden, die Apfelstreifen dazugeben, alles vermengen aufkochen und einige Minuten sacht weiter kochen lassen. Die fertige Suppe pikant abschmecken, in Tassen anrichten, mit Zwiebellauch und Schnittlauchröllchen bestreuen und beispielsweise mit frischen Kräuterzweigen und Knoblauchcroûtons servieren.

Zwiebel-Käse-Rahmsuppe

300 g Zwiebelstreifen
30 g Knoblauchbutter
600 ml Gemüsefond (Instant)
200 g Schmelzkäse
Salz
Tabasco
Knoblauchsaft
1 EL Basis für Rahmgemüse (Fertigprodukt)
100 g Crème fraîche

Die Zwiebelstreifen in Knoblauchbutter andünsten, mit Gemüsefond auffüllen, Schmelzkäse dazugeben und etwa fünf Minuten köcheln lassen. Dann mit Basis für Rahmgemüse oder einer Mehlschwitze binden, abschmecken und zwei Minuten mit Crème fraîche verkochen. Die pikante Suppe anrichten und garnieren. Zum Garnieren beispielsweise Kräuterblättchen, Buttercroûtons und rote Pfefferkörner verwenden.

Für ein feineres Aroma etwas Weißwein und Paprikamark dazugeben.

Weiße Zwiebelsuppe mit Kresse

300 g		*Zwiebeln, in Scheiben geschnitten*
60 g		*Butter*
1 EL		*Mehl*
750 ml		*Milch*
		Salz, weißer Pfeffer
1 TL		*gekörnte Brühe*
		gebackene Zwiebelringe
1		*Kästchen Kresse*

Die geschnittenen Zwiebeln in zerlassener Butter dünsten, ohne dass sie Farbe annehmen. Sie sollen langsam zergehen. Dann sofort mit Mehl bestäuben, anschwitzen, mit Milch auffüllen, würzen und zum Kochen bringen. Alles etwa 15 Minuten köcheln lassen. Die Suppe in Tassen anrichten und mit gebackenen Zwiebelringen sowie frischer Gartenkresse garnieren.

Zur Verfeinerung und Bereicherung der Suppe Knoblauch-, Kräuter- oder Käsecroûtons reichen und mit etwas Cognac aromatisieren.

Zwiebelcremesuppe mit Croûtons

600 g	*Zwiebeln, geschält*
60 g	*Speckwürfel*
170 ml	*Milch*
	Salz, weißer Pfeffer
1 TL	*weißer Balsamico-Essig*
1 Prise	*Zucker*
30 g	*Butter oder Margarine*
1 EL	*Mehl*
500 ml	*Fleischbrühe*
1	*Eigelb*
125 ml	*Sahne*
1 EL	*Zwiebellauch- oder Schnittlauchröllchen*

Croûtons:

1	*Scheibe Toastbrot*
	Butter zum Rösten

Die Zwiebeln in dünne Scheiben schneiden, die Speckwürfel auslassen, die Zwiebel dazugeben und glasig anschwitzen. Mit Milch auffüllen, würzen und abgeschmeckt zehn Minuten sacht kochen. Dann passieren und warm stellen. Butter oder Margarine erhitzen, das Mehl dazugeben und anschwitzen. Mit Fleischbrühe auffüllen, aufkochen und mindestens fünf Minuten kochen lassen. Das Zwiebelpüree dazugeben und einige Minuten sacht weiterkochen, mit Eiersahne legieren und vom Herd nehmen. Das Toastbrot entrinden, in Würfel schneiden und in heißer Butter goldgelb rösten. Die Zwiebelsuppe in Tassen anrichten, Zwiebellauch- oder Schnittlauchröllchen und Croûtons darüber streuen.

Zwiebelcremesuppe mit einigen Perlzwiebeln als Einlage aufwerten.

Nach Belieben zum Auffüllen weniger Fleischbrühe verwenden und dafür Weißwein und etwas Cognac dazugeben. Die Suppe erhält dadurch einen besonderen Geschmack.

Suppen mit Obst

Apfelsüppchen mit Rosinen

500 g	säuerliche Äpfel
	Zimt
500 ml	Wasser
40 g	Butter
1 EL	Mehl
125 ml	Weißwein
	Zucker
	Zitronensaft
60 g	Rosinen, geweicht

Äpfel waschen, vierteln, Kerngehäuse herausschneiden, Äpfel in Spalten oder Würfel schneiden, würzen, mit Wasser zu Mus kochen und passieren. Die Butter zerlassen, Mehl dazugeben und hellgelb anschwitzen. Anschließend mit Weißwein aufkochen, bis das Mehl ausgekocht ist. Dann das Apfelmus dazugeben, vermengen und kurz aufkochen lassen. Gegebenenfalls mit etwas Zucker oder Zitronensaft abschmecken. Das Apfelsüppchen sehr heiß anrichten und mit Rosinen bestreuen.

Zur Verfeinerung einige Suppenmakronen dazugeben.

Aprikosensüppchen mit Nüssen

500 g	frische, entsteinte Aprikosen
500 ml	Aprikosennektar
100 ml	Weißwein
	Zucker
4 cl	Aprikosenbrandy
60 g	Haselnüsse

Die Aprikosen in Aprikosennektar und Weißwein zugedeckt zehn Minuten sacht kochen. Acht halbe, besonders schöne Aprikosen beiseite legen. Die restlichen Aprikosen mit dem Stabmixer fein pürieren. Die Suppe mit etwas Zucker und Aprikosenbrandy abschmecken und auf Tellern anrichten. Jeweils zwei Aprikosenhälften auf die heiße Suppe legen und mit grob gehackten Haselnüssen bestreuen.

Aprikosensüppchen mit Sahnehäufchen

500 g	Aprikosen
200 ml	Weißwein, Wasser
100 g	Zucker
3 EL	Paniermehl
1 Prise	Salz
	Zimt
	abgeriebene Zitronenschale
2	Eigelb
2 EL	Sahne
80 ml	Sahne, geschlagen
8–12	Suppenmakronen oder feine Mandelplätzchen

Aprikosen waschen, halbieren und entsteinen. Etwa zwölf gleich große Früchte aussuchen, mit etwas Wasser und Weißwein dünsten und heiß stehen lassen. Die anderen Aprikosen mit Zucker, Paniermehl, Salz, Zimt und Zitronenschale sowie Wasser und Weißwein etwa 12 Minuten kochen und anschließend passieren. Eigelb mit Sahne verrühren und damit die Suppe legieren. Die Zugabe des restlichen Wassers und Weißweins ist sorgsam zu dosieren. Es soll etwa ein Liter fertige Suppe übrig bleiben. Die Suppe darf nicht mehr kochen, da sonst das Eigelb gerinnt. Die Aprikosenhälften auf Suppentellern verteilen, die Suppe drübergeben und mit Sahnehäufchen garnieren. Zur weiteren Verfeinerung einige Suppenmakronen oder feine Mandelplätzchen dazugeben.

Aprikosensuppe ebenso aus getrockneten und vorgeweichten Aprikosen zubereiten. Der Kochprozess verlängert sich entsprechend.

Brotsuppe mit Aprikosen

100 g	*halbe Aprikosen, getrocknete*
200 g	*Mischbrot, in dünnen Scheiben*
350 ml	*Buttermilch*
2 EL	*Zucker*
1 Prise	*Salz*
1	*Zimtstange*
	Zitronensaft
2 cl	*Aprikosenbrandy*
4 EL	*Weißwein*

Die Aprikosen über Nacht in 500 ml Wasser einweichen. Die Aprikosen in ein Sieb gießen, das Wasser auffangen, das Brot darin einweichen und etwa eine Stunde quellen lassen. Dann durch ein Sieb in eine Kasserolle streichen, die Buttermilch, Zucker, Salz, Aprikosen und Zimtstange dazugeben, aufkochen und etwa 20 Minuten simmern lassen. Die Zimtstange dann herausnehmen. Die Suppe mit Zitronensaft, Aprikosenbrandy und Weißwein verfeinern, pikant abschmecken und in Tassen anrichten.

Diese Suppe schmeckt auch kalt sehr gut.

Holundersuppe mit Grießklößchen

600 g	*Holunderbeeren*
120 g	*Zucker*
125 ml	*trockener Rotwein*
1	*Zimtstange*
	Streifen Zitronenschale (unbehandelt)
2	*Gewürznelken*
20 g	*Speisestärke*
12	*Grießklößchen*

400ml Wasser in einer Kasserolle erhitzen. Beeren von den Stielen abstreifen, in einem Sieb mit kaltem Wasser vorsichtig abbrausen, abtropfen lassen und in das kochende Wasser geben. Ebenso Zucker, Rotwein, Zimt, Zitronenschale und Gewürznelken. Die Beeren etwa zwölf Minuten sacht kochen, mit Speisestärke binden, nochmals aufkochen lassen und mit Grießklößchen anrichten.

Wer die Beerenschalen nicht mag, die Suppe einfach durch ein Haarsieb passieren. Als Einlage Apfeljulienne verwenden. Zur Verfeinerung etwas Crème fraîche darüber geben.

Diese würzige Suppe schmeckt auch kalt sehr gut.

Anstelle von Grießklößchen eignen sich auch Dampfnudeln, Makronen, Eierkuchenstreifen und Baiserflocken.

Suppen mit weiteren Zutaten

Einfache Biersuppe mit Ei und Croûtons

1 l	Bier, hell
	abgeriebene Schale einer halben, nicht chemisch behandelten Zitrone
1	Zimtstange
1 Prise	Kardamom
	Salz, Zucker
1 TL	gekörnte Rinderbrühe
1–2	Scheiben Toastbrot
	geklärte Butter
4	Eigelb

Das Bier in einer Edelstahlkasserolle erhitzen, würzen und kurzzeitig aufkochen. Inzwischen das Toastbrot in Würfel schneiden und in heißer Butter rösten. Eigelb in vorgewärmte Tassen geben. Die Suppe pikant abschmecken und kochend heiß in die vorbereiteten Tassen füllen. Das Eigelb soll dabei zerfließen und in Fäden gerinnen. Die Croûtons apart reichen.

Schwarzbiersuppe

750 ml	Schwarzbier
40 g	Butter
200 g	Schwarzbrot ohne Rinde
1	Zimtstange
1	kleine Zitrone, gepresst
	Salz
2	Eier
2 EL	Sahne

Das Schwarzbrot in Würfel schneiden, in eine geeignete Kasserolle geben, ebenso Butter, Schwarzbier und Zimt. Alles aufkochen und etwa zehn Minuten köcheln lassen. Dann mit dem Stabmixer fein pürieren. Vorher die Zimtstange entnehmen. Die Suppe pikant abschmecken, kurz aufkochen, vom Herd nehmen und mit Eier-Sahne legieren. Die Suppe sehr heiß auftragen.

Biersuppen sind vielfältig zuzubereiten. Die Bindung ist mit Brot, Mehl oder Stärke möglich. Typische Ingredienzen sind Zimt und Zitronensaft. Von unbehandelten Zitronen abgeriebene Zitronenschale mit verwenden.

Biersuppen ebenso anteilig mit Milch oder Sahne zubereiten.

Blauschimmelkäsesüppchen mit Pumpernickelklößchen

750 ml	Milch oder Fleischbrühe
40 g	Butter
250 g	Blauschimmelkäse
	Salz, weißer Pfeffer
1 Prise	Knoblauch
	Kresse

Pumpernickelklößchen:

100 g	Pumpernickel
1–2	Eier

Milch oder Brühe mit Butter erhitzen, Käse in kleine Stückchen zerteilen, dazugeben und mit einem Mixstab glatt rühren.

Die Gewürze dazugeben und alles etwa acht Minuten fertig köcheln lassen.
In der Zwischenzeit Pumpernickel fein reiben oder pürieren und mit einem Ei verkneten. Von der Masse Klößchen in kochendes Salzwasser abstechen und gar ziehen lassen. Die Suppe auf Tellern anrichten und mit Pumpernickelklößchen und Kresse garnieren.

Würzige Gorgonzola-Rahmsuppe

1 säuerlicher Apfel
Sherry zum Marinieren
1 EL Zwiebelwürfel
40 g Butter oder Margarine
500 ml Rindsbouillon (Instant)
300 g Gorgonzola
125 ml Sahne
Salz, weißer Pfeffer
4 Petersilienzweige
feine Streifen von roter Gemüsepaprika

Den Apfel schälen, halbieren und das Kerngehäuse entfernen. Die Apfelhälften in feine Würfel schneiden und mit etwas Sherry marinieren. Die Zwiebelwürfel in heißem Fett anschwitzen, mit Rindsbouillon ablöschen und zum Kochen bringen. Inzwischen den Käse mit einer Gabel zerdrücken, mit der Sahne verrühren, in die Suppe geben und glatt rühren. Zuletzt die Apfelwürfel dazugeben und alles zugedeckt fünf Minuten köcheln lassen. Die fertige Suppe abschmecken und sehr heiß in Tassen anrichten. Jede Portion mit einem Petersilienzweig und roten Paprikastreifen garnieren.

Diese pikante Suppe ebenso mit Blauschimmel- oder Roquefortkäse zubereiten. Anstelle des säuerlichen Apfels Birnenwürfel oder sehr feine Würfel von Staudensellerie verwenden.

Haferflockensuppe

4–6 EL Haferflocken
40 g Butter
750 ml Rinderkraftbrühe (s. Rezept Seite 59)
Salz, weißer Pfeffer
Muskatnuss, frisch gerieben
100 ml Sahne
1 EL Petersilie, gehackt

Die Haferflocken in zerlassener Butter kurz anschwitzen, mit der Fleischbrühe auffüllen, würzen und etwa zehn Minuten kochen lassen. Zuletzt die Sahne dazugeben, die Suppe würzig abschmecken und mit gehackten Kräutern servieren.

Kräutersüppchen mit Wachtelei

150–200 g gemischte Kräuter, wie Petersilie, Estragon, Kresse, Pimpernelle
30 g Butter
1 EL Zwiebelwürfel
750 ml Geflügelbrühe
200 g Sahne
Salz, weißer Pfeffer aus der Mühle
40 g kalte Butterflöckchen
4 Wachteleier, gekocht, halbiert

Die Kräuter gut waschen, trocken schwenken, putzen, grobe Stiele entfernen und fein hacken. Vorher von jeder Kräuterart einige Blättchen zum Garnieren zurücklegen. Die Zwiebelwürfel in Butter anschwitzen, mit Brühe aufgießen, Sahne hinzugeben, würzen und aufkochen. Dann Kräuter und kalte Butter dazugeben und mit dem Stabmixer zu einer schaumigen Suppe bearbeiten. Zuletzt nochmals erhitzen, abschmecken, in Tassen anrichten und mit den Kräutern sowie jeweils mit zwei halben Wachteleiern, mit der Schnittfläche nach oben, garnieren.

Auf diese Zubereitungsart sind spezielle Süppchen von einer Kräuterart herzustellen. Je nach Jahreszeit ist z. B. Sauerampfer, Löwenzahn, Dill, Bärlauch oder Borretsch zu verwenden. In jedem Fall sind frische Kräuter erforderlich. Mit welken und überlagerten Kräutern wird der arteigene, typische Geschmack nicht erreicht.

Pikante Käsesuppe mit Pumpernickel-Croûtons

60 g	*Butter*
1 EL	*Mehl*
750 ml	*Fleischbrühe*
100 ml	*Weißwein*
200 g	*Schmelzkäse mit Kräutern*
	Salz, weißer Pfeffer
	Muskatnuss, frisch gerieben
50 g	*Pumpernickel, gewürfelt*
	frische Kräuter, gehackt

40 g Butter zerlassen, Mehl dazugeben und hellgelb anschwitzen. Dann mit etwas Fleischbrühe so verrühren, dass keine Klümpchen entstehen. Die restliche Fleischbrühe und den Weißwein dazugeben und alles etwa sieben Minuten kochen. Inzwischen Käse in kleine Stücke schneiden, in die Suppe geben und unter Rühren auflösen, pikant abschmecken. Den Pumpernickel in der restlichen Butter rösten und anschließend mit Kräutern über die Suppe streuen und sehr heiß servieren.

Anstelle von Schmelzkäse kann geriebener Schnittkäse verwendet werden. Zur Verfeinerung weiterhin Sahne oder frische Butter dazugeben.

Süßes Mandelsüppchen

250 ml	*Kaffeesahne*
60 g	*Butter*
200 g	*Marzipan*
4 cl	*Rum*
80 g	*Mandelsplitter, geröstet*
	Minzeblätter
	Spritzgebäck

Kaffeesahne und Butter erhitzen. Marzipan zerkleinern, dazugeben und langsam unter ständigem Rühren darin auflösen. Das glatt gerührte Mandelsüppchen etwa zehn Minuten köcheln lassen, mit Rum verfeinern, in Tassen anrichten, mit gerösteten Mandelsplittern überstreuen und mit Minzeblättern sowie Spritzgebäck anrichten.

Die gehaltvolle Suppe in kleinen Tassen anrichten.

Süße Milchsuppe mit Mandeln und Schneeklößchen

750 ml	*Milch*
60 g	*Zucker*
1 Prise	*Salz*
$^{1}/_{2}$	*Vanilleschote*
3–4	*Eigelb, mit 2 EL Sahne verquirlt*
80 g	*Mandelblättchen, geröstete*

Klößchen:

2	*Eiklar*
1 EL	*Puderzucker*
$^{1}/_{2}$ TL	*Zimtpulver*

Die Milch, den Zucker, eine Prise Salz und die Vanille in einen Topf geben, aufkochen, vom Herd nehmen und legieren. Für die Klößchen das Eiklar zu einem steifen Schnee schlagen. Danach den Puderzucker dazugeben.
In der Zwischenzeit die Milchsuppe in vier Teller gießen und mit gerösteten Mandelblättchen bestreuen. Mit einem Kaffeelöffel Schneeklößchen abstechen, auf die Suppe geben, mit Zimtpulver bestreuen und sofort servieren. Möchte man die Schneeklößchen garen, diese auf die Suppe im Topf geben, abdecken und mit gar ziehen lassen.

Roggenbrotsuppe mit Petersilienpaste

1 EL	*Zwiebelwürfel*
30 ml	*Öl*
600 ml	*Fleischbrühe*
300 g	*Roggenbrotwürfel*
	Salz, Pfeffer
	Muskatnuss, frisch gerieben
2 EL	*Crème fraîche*

Petersilienpaste:

3 EL	*gehackte Petersilie*
50 g	*Reibekäse*
1 EL	*Olivenöl*
	Salz, Pfeffer

Die Zwiebelwürfel in heißem Öl blondieren, mit Fleischbrühe auffüllen, die Brotwürfel dazugeben, würzen und zehn Minuten sacht kochen. Die Suppe dann mit dem Stabmixer fein pürieren, Crème fraîche dazugeben, pikant abschmecken. Für die Petersilienpaste Petersilie mit Reibekäse und Öl verrühren, mit Salz und Pfeffer würzen. Die Paste in der Suppe oder extra servieren.

Schneckenrahmsuppe mit Kräutercroûtons

1 EL	*Zwiebelwürfel*
40 g	*Butter oder Margarine*
1 EL	*Mehl*
600 ml	*Kalbsfond*
	Knoblauchzehe, mit Salz zerdrückt
	Salz, Pfeffer aus der Mühle
	Estragonessig
100 ml	*Weißwein*
150 g	*Schnecken mit Fond (Konserve)*
125 ml	*Sahne*
	Kräutercroûtons

Die Zwiebelwürfelchen in heißem Fett schwitzen, mit Mehl bestäuben und Schwitze bereiten. Mit Kalbsfond ablöschen, aufkochen, würzen und zehn Minuten köcheln lassen. Dann Weißwein, Schnecken mit Fond und Sahne dazugeben, alles kurz aufkochen, pikant abschmecken und mit Kräutercroûtons anrichten. Kräutercroûtons: Roggen- oder Weißbrottaler mit einem Durchmesser von max. vier Zentimeter mit Kräuterbutter bestreichen und gratinieren.

Schnittlauchsuppe mit Wachtelei

1	El	*Zwiebelwürfel*
40	g	*Butter oder Margarine*
500	ml	*Fleischbrühe (Instant)*
1–2		*Stangen Lauch, küchenfertig, in Stücke geschnitten*
200	g	*Sellerie, küchenfertig, in Stücke geschnitten*
200	g	*Kartoffeln, geschält, in Würfel geschnitten*
1/2	Bund	*Petersilie, gewaschen, grob geschnitten*
		Salz, weißer Pfeffer
		Tabasco
100	g	*Crème fraîche*
1 bis 2	Bund	*Schnittlauch, in gleich große Röllchen geschnitten*
4		*Wachteleier, gekocht, geschält, halbiert*
		Schnittlauchstängel

Die Zwiebelwürfel in heißem Fett anschwitzen. Die Fleischbrühe dazugeben, ebenso Gemüse, Kartoffeln, Petersilie und Gewürze. Den Topf abdecken, den Inhalt zum Kochen bringen und 15 Minuten garen. Dann im Mixer fein pürieren, wieder in den Topf geben. Crème fraîche und Schnittlauch hinzufügen, erneut erhitzen und abschmecken. Die fertige Suppe auf Tellern anrichten, mit zwei halben Wachteleiern, mit der Schnittfläche nach oben, und einigen etwa drei bis vier Zentimeter langen Schnittlauchstängeln belegen. Dazu schmecken frische Chesterstangen und leichter Tischwein.

Auf gleiche Art Petersilien-, Kerbel- oder auch Majoransuppe zubereiten.

Würzige Schwarzbrotsuppe

300	g	*Schwarzbrot ohne Rinde*
750	ml	*Rinderbrühe*
		Salz, schwarzer Pfeffer aus der Mühle
		Muskatnuss, frisch gerieben
		Kümmel, gemahlen
60	g	*Butter*
4	EL	*Crème fraîche*
		Petersilie, gehackt

Das Brot in feine Würfel schneiden, in die Brühe geben und etwa zehn Minuten darin weich kochen. Dann mit einem Mixstab fein pürieren, kräftig würzen, die Butter dazugeben und die Suppe nochmals aufkochen. Die Suppe zuletzt abschmecken, mit gehackter Petersilie und Crème fraîche anrichten und rasch servieren.

Walnusscremesuppe mit gerösteten Pistazien

200 g	Walnusskerne, geschält
250 ml	Milch
500 ml	Kalbs- oder Geflügelfond (Instant)
	Salz, weißer Pfeffer
	Tabasco
1 EL	Speisestärke
125 ml	Sahne
4 EL	Sahne, geschlagen
2 EL	Pistazien, gehackt und geröstet

Die Walnusskerne fein mahlen, Milch und Fonds in einen Suppentopf gießen, die gemahlenen Walnusskerne dazugeben, verrühren, würzen, aufkochen und zehn Minuten sacht weiter kochen. Sofort mit Speisestärke binden und weitere zwei Minuten köcheln lassen. Dann die Sahne mit einem Mixstab kurz darunter schlagen. Die fertige Suppe abschmecken, auf Tellern anrichten, jede Portion mit einem Esslöffel Sahne behäufen und mit gerösteten, gehackten Pistazien bestreuen.

Diese Suppe auf die gleiche Weise aus Mandeln, Hasel- oder Paranüssen zubereiten.

Weinbergschnecken-Kräutersuppe

1/3 Bund	Petersilie
1/3 Bund	Dill
20 g	Schalotten, sehr fein gehackt
40 g	Butter oder Margarine
	Knoblauchzehe, geschält, mit Salz zerdrückt
200 g	Weinbergschnecken mit Fond (Konserve)
250 ml	Kalbsbrühe
150 ml	Weißwein
	Salz, weißer Pfeffer aus der Mühle
2	Eigelb
100 ml	Sahne

Die Kräuter verlesen, waschen, trocken schleudern und fein schneiden. Die Schalottenwürfel in heißem Fett glasig dünsten, die Kräuter und Knoblauch dazugeben und kurz mitdünsten. Ebenso die Schnecken mit Fond, die Kalbsbrühe und Weißwein dazugeben, würzen und fünf Minuten köcheln lassen. Die Suppe zuletzt mit Eier-Sahne legieren, abschmecken und sofort in Kaffeetassen mit einer Chesterstange servieren.

Weinsuppe mit Käseklößchen

1 EL	Zwiebelwürfel, sehr fein geschnitten
40 g	Butter oder Margarine
1–2 EL	Mehl
250 ml	trockener Weißwein
500 ml	Hühnerbrühe (Instant)
	Salz, weißer Pfeffer aus der Mühle
2	Eigelb
100 ml	Sahne
	Kräuterblätter

Klößchen:

100 g	Doppelrahm-Frischkäse
1–2 EL	Käse, gerieben
1	Ei
2 TL	Speisestärke
	Salz
1 TL	Kräuter, fein gehackt

Die Zwiebelwürfel in heißem Fett anschwitzen, mit Mehl bestäuben und zusammen hellgelb rösten. Dann sofort mit Wein und Hühnerbrühe auffüllen, würzen, aufkochen und zehn Minuten köcheln lassen.

Für die Klößchen Frisch- und Reibekäse mit dem Ei verrühren, Speisestärke, Salz und Kräuter dazugeben und zu einer dicken Käsemasse verkneten. Von der Käsemasse mit einem nassen Teelöffel kleine Klößchen in kochendes Salzwasser abstechen und drei Minuten gar ziehen lassen. Die Suppe zuletzt mit Eier-Sahne legieren, abschmecken, mit Käseklößchen anrichten und mit Kräuterblättchen garnieren.

Weinsuppe „Blütenzauber"

Einen wahren Blütenzauber kann servieren, wer die Weinsuppe statt Käseklößchen mit Blüten serviert. Geeignet sind hierfür beispielsweise Blüten von Kapuziner, Ringelblumen, Zucchini, Borretsch, Malven, Hornveilchen, Bohnen, Chrysanthemen, Dahlien, Rosen, Fuchsien oder auch Geranien und Cosmeen. Die Suppe sehr heiß auf Tellern anrichten und mit zwei bis drei verschiedenen Blüten dekorieren.

Weinsuppe mit Rosinen, Eischnee und Zimtcroûtons

400 ml	*Weißwein, Wasser*
1 EL	*Zucker*
1	*Zimtstange*
$^1/_4$	*Vanillestange*
20 g	*Speisestärke*
2	*Eigelb*
125 ml	*Sahne*
100 g	*geweichte Rosinen*
2	*Eiklar*
1 TL	*Puderzucker*

Croûtons:

40 g	*Weißbrotwürfel*
	Butter
	Zimtpulver

Wein, Wasser und Gewürze in einer Edelstahlkasserolle erhitzen. Die Speisestärke mit etwas Wasser verrühren, in den Wein geben, unter ständigem Rühren ein bis zwei Minuten kochen lassen. Vom Herd nehmen und mit der Eier-Sahne legieren. Zimt- und Vanillestange herausnehmen, die Rosinen abtropfen lassen und in die Weinsuppe geben.

Eiklar mit Puderzucker zu steifem Schnee schlagen. Die Suppe in Tassen anrichten, Eischneehäufchen mit einem Teelöffel von dem Eischnee abstechen und auf die Suppe geben, ebenso einige Zimtcroûtons. Zum Garen der Eimasse Tassen kurz in die Mikrowelle stellen. Weißbrotwürfel in Butter rösten und mit Zimtpulver würzen.

Weinsuppe ebenso aus Rotwein oder Apfelwein (dann mit Apfelspalten) bereiten oder mit einer Sahnehaube servieren. Dazu Eischnee auf die Suppe geben, glatt streichen und gratinieren.

Weinsuppe kann auch kalt gereicht werden.

Süße Weinsuppe mit Salbeiblüten

1 EL	Stärkemehl
3	Eigelb
400 ml	Weißwein
1 EL	Zucker
40 g	Butter
	Zimtstange
100 g	geschlagene Sahne
	Salbeiblüten

Das Stärkemehl in 400 ml Wasser rühren. Eigelbe, Wein, Zucker nach Geschmack, Butter und Zimtstange dazugeben. Alles in eine geeignete Kasserolle geben und unter ständigem Rühren mit dem Schneebesen zum Kochen bringen. Zuletzt die Sahne unterheben, die schaumige Suppe sofort in heiße Teller füllen, mit Salbeiblüten garnieren und servieren.

Anstelle von Weißwein ebenso Rot- oder Obstwein verwenden und als Einlage besonders kleine Weinbeeren und geweichte Rosinen in die Suppe geben.

Als besonderen Clou einige getrocknete Heidelbeeren und rote Pfefferkörner darüber streuen.

Süße Zitronensuppe

2–3	Zitronen
200 ml	Weißwein
	Zucker nach Belieben
20 g	Speisestärke
2–3	Eier
	Sahne
	Puderzucker

Die Zitronen sorgfältig waschen, trocken tupfen und hauchdünn schälen. Die Schalen mit 500 ml Wasser in eine Edelstahlkasserolle geben und abgedeckt zehn Minuten sacht kochen. Dann durch ein Sieb in einen Edelstahltopf gießen. Die Zitronen auspressen, den Saft zusammen mit dem Weißwein in den Zitronenfond gießen, Zucker dazugeben und aufkochen. Die Speisestärke mit etwas Wasser verquirlen, in die Suppe rühren, kurz aufkochen lassen und von der Herdplatte nehmen.

Die Eier trennen. Die Eigelbe mit etwas Sahne verquirlen und in die Suppe rühren. Eiklar mit etwas Puderzucker zu steifem Schnee schlagen, von dem Eischnee mit einem Kaffeelöffel Klößchen abstechen bei schwacher Hitze in der Suppe gar ziehen lassen. Die Klößchen sind gar, wenn sie an der Oberfläche schwimmen. Die Suppe nicht kochen lassen, abschmecken und auf Tellern anrichten.

Die Suppe schmeckt auch kalt sehr gut und kann entsprechend dosiert als Dessert angeboten werden.

Froschschenkelsuppe mit Sauerampfer

1	EL	*Schalottenwürfel*
40	g	*Butter*
250	ml	*Weißwein*
500	ml	*Hühnerbrühe (s. Rezept S. 78)*
400	g	*Froschschenkel, tiefgefroren, küchenfertig*
1		*Knoblauchzehe, mit Salz zerrieben*
2	EL	*Mehl*
2		*Eigelb, mit Sahne verquirlt*
		Sauerampferblätter, in feine Streifen geschnitten

Die Schalottenwürfel in Butter anschwitzen. Mit Weißwein und Geflügelbrühe auffüllen, die Froschschenkel und Knoblauch dazugeben, salzen, und abgedeckt zehn Minuten leicht köcheln lassen. Die Froschschenkel dann aus dem Fond nehmen und entbeinen. Das Mehl mit Wasser glatt rühren, in die Suppe geben und zehn Minuten köcheln. Die Suppe passieren, kurz aufkochen, legieren und vom Herd nehmen. Die Sauerampferstreifen darunter geben, ebenso das Froschschenkelfleisch. Die Suppe pikant abschmecken und sehr heiß anrichten.

Anstelle von Sauerampfer ebenso Chiffonade von Kopfsalat verwenden.

Senfcremesuppe mit pochiertem Ei

40	g	*Butter oder Margarine*
1	EL	*Zwiebelwürfel*
1	Bund	*Suppengrün, küchenfertig, fein geschnitten*
1		*Peperoni, in Ringe geschnitten*
1	EL	*Mehl*
800	ml	*Rinderbrühe*
200	g	*Crème fraîche*
2–3	EL	*Senf, mittelscharf*
		Salz, Pfeffer
		Zucker
		Essig
4		*Eier, pochiert*
je 4		*Dillzweige und Radieschenscheiben*

Zwiebelwürfel, Suppengemüse und Peperoni in heißem Fett anschwitzen, mit Mehl bestäuben und zwei Minuten anschwitzen. Rinderbrühe aufgießen und unter häufigem Umrühren aufkochen und etwa zehn Minuten sacht weiter kochen. Die Suppe dann passieren, Crème fraîche und Senf dazugeben, alles verrühren, pikant abschmecken und einige Minute weiter kochen lassen. Die Suppe anrichten, je ein Ei darüber geben und mit einem Dillzweig und Radieschen garnieren.

Anstelle von pochiertem Ei ebenso gehacktes Ei oder Eierscheiben in die Suppe geben.

Zur Aufwertung kann diese Suppe weiterhin mit Hackfleisch zubereitet werden.

Tomatenpüreesuppe mit Eierkuchensäckchen

200 g Tomatenpüree
500 ml Rinderbrühe
1 Prise Salz
1 Prise Cayennepfeffer
1 TL Sherryessig

Eierkuchensäckchen:

40 g feine Speckwürfel
1 kleine Zwiebel, gehackt
80 g Tomatenfleischwürfel
Salz, Pfeffer
4 dünne Eierkuchen, Durchmesser etwa 15 cm
Porreestreifen

Tomatenpüree mit Rinderbrühe vermengen, würzen, aufkochen und zehn Minuten sacht weiterkochen. Inzwischen die Speckwürfel auslassen, die Zwiebel dazugeben und zusammen leicht bräunen. Die Tomatenfleischwürfel in das Panaché geben, würzen und drei Minuten anschwitzen. Die Eierkuchen auf einer Arbeitsplatte bereitlegen und Tomatensalpikon häufchenweise direkt auf die Mitte der Eierkuchen verteilen. Die Eierkuchen nach oben wie ein Säckchen zusammenfalten, mit Porreestreifen zusammenbinden und heiß stellen. Die Tomatensuppe pikant abschmecken, auf Tellern anrichten und auf jede Suppe ein Eierkuchensäckchen setzen.

Diese Zubereitungsart ist auf alle Gemüsecremesuppen zu übertragen. Die Füllungen für die Eierkuchen sind beliebig zu variieren, z. B. Fisch-, Wild- oder Geflügelsalpikon. Ebenso erfreuen sich scharf gewürzte Obst- und Gemüsekombinationen zunehmender Beliebtheit.

„Ein guter Eintopf tut Magen und Seele gut."

Eintöpfe

Frische Zutaten, eine kräftige Brühe, geschmackvolle Kräuter und Gewürze, Kreativität und ein Topf: Eintöpfe, auch als Suppentöpfe bekannt, sind sättigende Mahlzeiten aus vielfältig zusammengestellten Zutaten. Es gibt deftige Rezepte für die kalte Jahreszeit und leichte Rezepte für die warmen Monate des Jahres. Gebräuchliche Zutaten sind Fleisch oder Fisch, Gemüse, Hülsenfrüchte, frische Kräuter, Eier und Milchprodukte. Aus diesen Zutaten lassen sich leicht bodenständige oder auch kulinarisch anspruchsvolle Eintöpfe zubereiten.

Speisen aus nur einem Topf standen am Beginn jeder Esskultur. Der Eintopf ist eines der ältesten bekannten Gerichte und hat in vielen Ländern eine lange Tradition. Einige bekannte internationale Eintopfgerichte sind Cassoulet, Erbseneintopf, Gulasch und Ratatouille. Oft wurden auch Reste von Speisen am nächsten Tag für Eintöpfe verwendet.

Mittlerweile steht der Eintopf nicht mehr im Ruf der Alltäglichkeit oder des „Arme-Leute-Essens". Ganz zu Recht hat der Eintopf in der Feinschmeckergastronomie seinen festen Platz erhalten.

Zubereitungstipps

- Grundsätzlich sind für einen schmackhaften Eintopf frische Zutaten erforderlich. Minderwertige und zu lange gelagerte Zutaten sollten nicht verwendet werden.
- Sehr wichtig ist, dass die Zutaten dem Eintopf entsprechend der Garzeit zugegeben werden. Nur so bleibt der Biss der Zutaten erhalten und sie werden nicht zu weich gekocht.
- Um den ursprünglichen Geschmack und das Aroma der Zutaten zu erhalten, sollten Eintöpfe abgedeckt zubereitet werden.
- Frisch gehackte Kräuter sollten erst zuletzt zugegeben werden, damit das

unverwechselbare Aroma nicht zerstört wird.

- Die Zubereitung von Eintöpfen in der Mikrowelle ist ideal, da so die Inhaltsstoffe und die Farben der Zutaten bestmöglich erhalten bleiben.

Serviertipps

- Für das Servieren von Eintöpfen gibt es passendes und formschönes Geschirr. Auf den folgenden Seiten sind einige Anrichtevarianten dargestellt.
- Eintöpfe sind sehr heiß in vorgewärmtem Geschirr zu servieren.
- Am besten wird zu Eintopf frisches Brot gereicht oder Roggen- und Weißgebäck.

Grundsätzlich sind alle Rezepte als Vorschlag zu sehen. Selbstverständlich können Zutaten,

- die nicht zur Verfügung stehen oder
- die nicht erwünscht sind,

ausgetauscht bzw. ausgelassen werden. Speziell beim Eintopf können der Fachmann und der interessierte Laie ihre Fantasie wie bei kaum einem anderen Gericht entfalten und ihre Kreativität ausleben.

Das Plädoyer für den Eintopf wäre nicht vollständig, würde das für ihn Typische nicht besonders erwähnt werden:

In einem Eintopfgericht vereinen sich vielerlei hochwertige Zutaten zu einem schmackhaften Ganzen.

Eintöpfe mit Fleisch

Berliner Bollen-Fleischtopf

800 g	*Lammfleisch*
	Fleischbrühe
	Salz, Pfeffer
	Lorbeerblatt
	Knoblauchzehen
600 g	*kleine Zwiebelchen*
800 g	*Kartoffelwürfel*
	Petersilie oder Schnittlauch, fein gehackt

Das Fleisch mit Fleischbrühe gerade bedecken und mit den Gewürzen zum Kochen bringen. Dann entschäumen, Zwiebeln und Kartoffelwürfel dazugeben, alles vermengen, würzen und zugedeckt bei geringer Hitze fertig garen. Zuletzt abschmecken, Lorbeerblatt entfernen, den Eintopf anrichten und mit fein geschnittenem Schnittlauch oder gehackter Petersilie überstreuen.

Anstelle von Zwiebelchen können ebenso Zwiebelwürfel oder geschnittener Zwiebellauch verwendet werden.

Blumenkohleintopf „einmal anders"

500 g	*Schweinefleisch, geschnetzelt*
2 EL	*Zwiebelwürfel*
100 ml	*Olivenöl*
1 kg	*Blumenkohlröschen*
	Salz, weißer Pfeffer
	Muskatnuss, frisch gerieben
1,5 l	*Gemüsebrühe (Instant)*
150 g	*Bandnudeln*
	Petersilie, gehackt
	getrocknete Tomaten, in Streifen geschnitten

Geschnetzeltes Fleisch und Zwiebelwürfel in heißem Öl anbraten, Blumenkohlröschen dazugeben, kurz anschwitzen, würzen, mit Gemüsebrühe auffüllen und etwa zehn Minuten köcheln lassen. Inzwischen die Nudeln al dente kochen, gut abspülen und in heißem Öl goldbraun braten. Anschließend alles zum Blumenkohl geben, gut vermengen und nochmals etwa fünf Minuten köcheln lassen. Zuletzt abschmecken und mit reichlich gehackter Petersilie und getrockneten Tomaten anrichten.

Rustikaler Bohneneintopf

400 g	*Kasselerfleischwürfel*
1 EL	*Zwiebelwürfel*
1 EL	*Olivenöl*
1 l	*Fleischbrühe (Instant)*
400 g	*grüne Bohnen, tiefgefroren*
200 g	*Kartoffelwürfel*
200 g	*Zuckerschoten, schräg geschnitten (rhombenförmig)*
400 g	*rote Bohnen (Konserve)*
200 g	*Cocktailtomaten, halbiert*
	Salz, Pfeffer
	Zucker
	Bohnenkraut
1 TL	*Estragonessig*

Fleisch zusammen mit Zwiebeln in heißem Öl kurz anschwitzen und mit Brühe auffüllen. Die grünen Bohnen, Kartoffeln und Zuckerschoten dazugeben, würzen und etwa zehn Minuten köcheln lassen. Dann die roten Bohnen sowie die Cocktailtomaten beifügen und zusammen aufkochen. Zuletzt abschmecken und sehr heiß anrichten.

Bohnen-Hammel-Eintopf

600 g	*Hammelfleisch (Schulter oder Brust)*
60 g	*Bauchspeckwürfel*
2 EL	*Zwiebelwürfel*
1 l	*Fleischbrühe*
	Salz
600–800 g	*grüne Bohnen, küchenfertig*
500 g	*Kartoffelwürfel*
	Pfeffer
1 Prise	*Knoblauchpulver*
2	*Stängel Bohnenkraut*
	Oregano
	Dost
	Estragon
	Thymian
1	*Lorbeerblatt*
1 EL	*Petersilie, grob gehackt*

Das Hammelfleisch in Würfel schneiden. Die Speckwürfel in einem Suppentopf auslassen, die Zwiebelwürfel und das Hammelfleisch dazugeben, anbraten, mit der Fleischbrühe auffüllen, salzen und eine Stunde abgedeckt köcheln lassen. Die Bohnen in etwa 1,5 Zentimeter lange Stücke schneiden und zusammen mit den Kartoffelwürfeln und den Gewürzen zu dem Fleisch geben, kurz aufkochen und abgedeckt in etwa 15 Minuten fertig garen. Den Eintopf zuletzt kräftig abschmecken, anrichten und mit Petersilie bestreuen.

Bohnen haben unterschiedliche Garzeit, gegen Ende der Garzeit ist deshalb der richtige „Biss" festzustellen. Grundregel: Stangenbohnen 15 Minuten, Buschbohnen und Prinzessbohnen 10 Minuten garen.

Brokkoli-Rindfleisch-Topf mit Käseklößchen

500 g	*Rindfleisch*
1	*Zwiebel*
50 ml	*Öl*
1 Bund	*Suppengrün*
	Lorbeerblatt
	Salz, weißer Pfeffer
800 g	*Brokkoli*
4	*Tomaten*
1–2 EL	*Sojasauce*
200 g	*Bandnudeln*

Käseklößchen:

50 g	*Butter*
100 g	*Käse, gerieben*
1	*Ei*
50 g	*Mehl*
	Salz

Rindfleisch wie für Gulasch schneiden und die Zwiebeln würfeln. Das Öl in einem Topf erhitzen, die Zwiebelwürfel darin leicht blondieren, das Fleisch dazugeben und unter ständigem Rühren anbraten. Dann sofort 1,5 Liter Wasser, Suppengrün und Gewürze dazugeben und alles etwa eine Stunde köcheln lassen. Das Lorbeerblatt und Suppengrün herausnehmen. Inzwischen Brokkoli putzen, waschen und in Röschen teilen. Die längeren Stiele in Stücke schneiden, alles zu dem Fleisch geben und weitere zehn Minuten kochen. Die Tomaten häuten, vierteln, entkernen, in Streifen schneiden und etwa fünf Minuten vor dem Ende der Garzeit in den Eintopf geben. Zuletzt Sojasauce und gekochte Bandnudeln hinzufügen und abschmecken.

Käseklößchen:

Die Butter schaumig rühren, die anderen Zutaten dazugeben und alles zu einer dicklichen Masse verrühren. Dann mit zwei Teelöffeln kleine Klößchen in kochendes Salzwasser abstechen und bei schwacher Hitze etwa zehn Minuten darin ziehen lassen. Käseklößchen vor dem Servieren zum Eintopf geben.

Auf die gleiche Weise Blumenkohl-Rindfleisch-Eintopf zubereiten und diesen mit gehackter Petersilie verfeinern.

Bunte Finken – Abwandlung einer norddeutschen Spezialität

200 g	*weiße Bohnen, eingeweicht*
600 g	*Schweinebauch, geräuchert*
300 g	*grüne Bohnen, geschnitten*
2	*Zwiebeln, in Scheiben geschnitten*
je 200 g	*Möhrenstreifen, weiße Rübchen oder Selleriewürfel, Lauchstreifen und Kartoffelwürfel*
	Salz, Pfeffer
	Lorbeerblatt
	Petersilie, gehackt

Die weißen Bohnen mit etwa 1,5 Liter Einweichwasser zum Kochen bringen, dann den Schweinebauch dazugeben und in etwa eine Stunde gar kochen. Nach 40 Minuten Kochzeit grüne Bohnen, Zwiebeln, Gemüsewürfel, Kartoffeln und Gewürze dazugeben. Am Ende der Kochzeit das Fleisch herausnehmen, in Würfel schneiden und wieder in die Suppe geben. Den pikanten Eintopf zuletzt mit Salz und frisch gemahlenem Pfeffer abschmecken, anrichten, mit reichlich Petersilie überstreuen und beispielsweise mit Bauernbrot oder ofenfrischen Schusterjungen servieren.

Chinakohl-Eintopf mit Pökelzunge

etwa 600 g	*Kalbszunge, gepökelt*
1	*gespickte Zwiebel*
400 g	*Kartoffelwürfel*
1 kg	*Chinakohl*
1 EL	*Zwiebelwürfel*
60 g	*Butter oder Margarine*
	Salz, weißer Pfeffer
1 Prise	*Knoblauchpulver*
200 g	*Tomatenfleischwürfel*
1 EL	*Petersilie, gehackt*

Die gepökelte Kalbszunge in einer Kasserolle in etwa 1,5 Liter Wasser und einer gespickten Zwiebel garen. Der Garpunkt ist nach ungefähr 1,5 Stunden erreicht und wird mit Fingerdruck an der Zungenspitze festgestellt. Die Zunge aus dem Kochwasser nehmen, mit kaltem Wasser abschrecken und später enthäuten. Die Kartoffelwürfel in einen Suppentopf geben, die Zungenbrühe passieren, dazugeben, alles kurz aufkochen und sacht weiter kochen. Den Chinakohl putzen, waschen, vierteln und in Streifen schneiden. Die Zwiebelwürfel in heißem Fett anschwitzen, den Chinakohl dazugeben und mit anschwitzen. Nach etwa zehn Minuten Garzeit den Chinakohl zu den Kartoffeln geben, alles gut vermengen, würzen, aufkochen und weitere zehn Minuten köcheln lassen. Zwei Minuten vor dem Ende der Garzeit die Tomatenfleischwürfel dazugeben, nochmals aufkochen und nach würzen. Die Kalbszunge in mundgerechte Scheiben schneiden und im Eintopf erhitzen.

Den Eintopf in einer geeigneten Terrine anrichten. Zuletzt mit gehackter Petersilie bestreuen und sehr heiß, z. B. mit röstfrischen Croûtons oder Roggenbrot, servieren.

Statt Tomaten können ebenso Möhrenjulienne oder rote Paprikawürfel als Farbtupfer eingesetzt werden.

Die Zubereitungszeit ist wesentlich kürzer, wenn anstelle der Kalbszunge Kochschinken verwendet wird, dann sollte man gekörnte Brühe zugeben.

Chinakohl-Eintopf mit Rauchfleisch

1 kg Chinakohl
600 g Kartoffeln
400 g Rauchfleisch
1 EL Zwiebelwürfel
40 ml Öl
750 ml Gemüse- oder Rinderbrühe
1–2 Möhren, in Julienne geschnitten
Salz, weißer Pfeffer
Kümmel
4 EL grüne Erbsen (Konserve)
1 EL Petersilie, gehackt

Den Chinakohl putzen, vierteln und in mundgerechte Stücke schneiden. Die Kartoffeln schälen, waschen und würfeln, das Rauchfleisch in Streifen schneiden und die Zwiebelwürfel in heißem Öl anschwitzen. Das Rauchfleisch dazugeben und kurz anbraten. Dann die Brühe aufgießen, Chinakohl, Möhrenjulienne und Kartoffeln dazugeben, alles gut vermengen, würzen, aufkochen und zugedeckt 20 Minuten gar dünsten. Zuletzt die Erbsen zufügen, den Eintopf abschmecken, anrichten und mit gehackter Petersilie bestreuen. Dazu schmeckt frisches Roggenbrot oder Roggenbrötchen.

Bunter Gemüseeintopf im Tontopf

500 g mageres Schweinefleisch
Salz, weißer Pfeffer
Muskatnuss, frisch gerieben
1 kg Gemüse je nach Saison, z. B. Blumenkohl, Möhren, Kohlrabi, Sellerie, Lauch, Bohnen, Erbsen, Brokkoli, Weißkohl
400 g Kartoffelwürfel
1 EL Zwiebelwürfel
1 EL Kräuter, gehackt (z. B. Petersilie, Liebstöckel, Rosmarin und Thymian)
1 l kräftige Rinderbouillon
Butterflocken
Teigrand

Zuerst den Tontopf mit Deckel etwa 20 Minuten in kaltes Wasser legen, damit der Ton viel Feuchtigkeit aufnehmen kann. Das Schweinefleisch in Würfel schneiden und würzen. Die zur Verfügung stehenden Gemüsesorten putzen, waschen und in gleich große Stücke zerteilen. Gemüse würzen und mit Kartoffeln, Zwiebelwürfeln, Gewürzen, den gehackten Kräutern sowie den Fleischwürfeln vermengen und in den Tontopf schichten. Zuletzt die Rinderbouillon angießen, einige Butterflocken darüber geben, den Tontopf mit einem Teigrand hermetisch verschließen oder versiegeln und in die geheizte Bratröhre auf die unterste Schiene stellen. Bei einer Temperatur von etwa 200 °C eine Stunde garen. Den Tontopf erst am Tisch öffnen. Das volle Aroma und der herrliche Duft der verschiedenen Gemüsesorten entschädigt für die aufwändige Zubereitung.

Die Zubereitung im Tontopf oder Römertopf ist bei den meisten Eintöpfen möglich. Die unterschiedlichen Garzeiten der Gemüse sind dabei aber zu beachten. Tomaten eignen sich z. B. nicht zum Garen im Tontopf.

Gemüse-Lamm-Eintopf

600 g	*Lammfleisch ohne Knochen (Blatt oder Schulter)*
100 ml	*Öl*
2 EL	*Zwiebelwürfel*
1 l	*Rinderbouillon*
	Salz, weißer Pfeffer
	Knoblauchpulver
600 g	*Kartoffeln*
1 kg	*Suppengemüse, tiefgekühlt oder verschiedene frische Gemüse*
	Kräuter, grob gehackte

Das Fleisch wie für Gulasch in Würfel schneiden und in heißem Öl kräftig anbraten. Dann die Zwiebelwürfel dazugeben, kurz mit anbraten, Bouillon angießen, würzen, abdecken und 45 Minuten schmoren. Inzwischen die Kartoffeln in Würfel schneiden. Frisches Gemüse ebenso vorbereiten, dazu eignen sich grüne Bohnen, Möhren, Blumenkohl und Kohlrabi. Des Weiteren aber auch Kombinationen mit Auberginen, Tomaten, Zucchini, Gemüsepaprika, Okraschoten und grünen Gurken. Kartoffelwürfel und Gemüse zum Fleisch geben, würzen, wenn erforderlich etwas Brühe nachgießen, mit dem Fleisch vermengen, aufkochen und je nach Gemüsekombination fertig garen.

Den Eintopf kräftig abschmecken, in geeigneten Terrinen anrichten und mit grob gehackten Kräutern überstreuen. Ofenfrisches Weißgebäck oder Baguette kann dazu gesondert gereicht werden.

Graupen-Eintopf mit Gemüse

150 g	*Graupen*
100 g	*Schinkenspeck*
500 g	*Rindfleisch (Bug), in Würfel geschnitten*
1	*gespickte Zwiebel*
	Salz, weißer Pfeffer
	Zucker
400 g	*Kartoffelwürfel*
200 g	*Möhrenwürfel*
300 g	*grüne Brechbohnen, aus der Dose*
1 EL	*Petersilie, gehackt*

Die Graupen in Wasser ansetzen, einige Minuten aufkochen, auf ein Sieb gießen und kalt abbrausen. Den Speck in mundgerechte Streifen schneiden und das Wasser in einem großen Topf aufkochen. Die Graupen, Rindfleisch und gespickte Zwiebeln dazugeben, salzen, abdecken und etwa eine Stunde sacht kochen. Die Speckstreifen in einer Stielpfanne auslassen, anbraten und zum Eintopf geben, ebenso Kartoffel- und Möhrenwürfel. Alles vermengen, würzen und abgedeckt weitere 15 Minuten sanft kochen. Fünf Minuten vor dem Ende der Garzeit die Brechbohnen dazugeben. Die fertige Suppe kräftig abschmecken, anrichten und mit Petersilie überstreuen.

Graupen werden auch als Gerste bezeichnet. Es sind geschälte Gerstenkörner. Es gibt sie von grob bis sehr fein. Die gebräuchlichsten sind die Perlgraupen. Graupen schmecken gut mit Hammelfleisch und besonders mit Pökelrippchen.

Graupeneintopf schmeckt sehr gut mit gepökeltem Entenfleisch. Anstelle des Rindfleischs, Entenfleisch einsetzen.
Diesen deftigen Eintopf ebenso als Suppe reichen. Dann besonders die Einsatzmengen von Fleisch und Speck entsprechend reduzieren.

Grüner Bohnen-Eintopf mit Knackwurstscheiben

1 kg	grüne Bohnen
100 g	Speckwürfel
100 g	Zwiebelwürfel
750 ml	Fleischbrühe
400 g	Kartoffelwürfel
2	Stängel Bohnenkraut
1	Stängel Thymian
	Salz, weißer Pfeffer
400 g	Knackwurstscheiben
	Zitronensaft
1 EL	Petersilie, gehackt

Die Bohnen waschen, putzen und dabei fädeln. Dann in etwa zwei Zentimeter lange Stücke schneiden. Die Speckwürfel in einen Suppentopf auslassen. Die Zwiebelwürfel dazugeben, zusammen blondieren und mit Fleischbrühe ablöschen. Die Bohnen und Kartoffeln dazugeben, ebenso die Kräuter, Salz und Pfeffer. Den Eintopf aufkochen, abdecken und 20 Minuten sacht weiter kochen. Dann die Wurstscheiben dazugeben und darin einige Minuten durchziehen lassen. Die Kräuterzweige entnehmen, den fertigen Eintopf mit etwas Zitronensaft oder Essig abschmecken, anrichten und mit Petersilie bestreut servieren.

Grünkohl-Eintopf mit gebratenen Wurstscheiben

1 kg	Grünkohl, geputzt, ohne Strunk und Rippen
200 g	Bauchspeckwürfel
1 EL	Zwiebeln, gehackt
1 l	Rinderbrühe von gekörnter Brühe
400 g	Kartoffelwürfel
	Salz, weißer Pfeffer
400 g	Kochwurst- oder Salamischeiben

Den Grünkohl waschen, in etwa zwei Liter kochendem Salzwasser blanchieren, abtropfen lassen und grob hacken. Die Bauchspeckwürfel auslassen, die Zwiebeln dazugeben, alles leicht bräunen, mit der Brühe ablöschen, die Kartoffeln und den Grünkohl dazugeben, würzen, alles gut vermengen, kurz aufkochen und in etwa 15 Minuten fertig garen. Die Wurstscheiben in einer trockenen Pfanne auf beiden Seiten anbraten und heiß stellen. Den Eintopf kräftig abschmecken, anrichten und mit den Wurstscheiben belegen. Dazu passt z. B. frisches, geröstetes Weißbrot und ein kräftiger Landwein.

Anstelle der Wurstscheiben kann man den Grünkohl-Eintopf mit Schinken, Kasseler oder geräucherter Gänsebrust zubereiten.

Gurken-Eintopf mit Fleischklößchen

Klößchen:

500 g	*gemischtes Hackfleisch*
2–3	*Eier*
	Paniermehl
	Salz, weißer Pfeffer
	gespickte Zwiebel

Gurkeneintopf:

etwa 2,5 kg	*Salatgurke*
1 EL	*Zwiebelwürfel*
60 g	*Butter oder Margarine*
	Salz, weißer Pfeffer
1 Prise	*Cayennepfeffer*
$^1/_2$	*Zitrone, gepresst*
1 EL	*Estragonessig*
1 Prise	*Zucker*
125 ml	*Crème fraîche*
200 g	*Tomatenfleischwürfel*
$^1/_2$ Bund	*Dill, grob geschnitten*

Für die Klößchen: Hackfleisch mit den Eiern vermengen, Paniermehl dazugeben, kräftig würzen und zu einer dicken Fleischmasse verarbeiten. Nebenbei 750 ml Wasser mit etwas Salz und einer gespickten Zwiebel zum Sieden bringen. Von der Fleischmasse walnussgroße Klößchen formen, in das Wasser geben und etwa zehn Minuten darin gar ziehen lassen. Die Klößchen dann herausnehmen und warm stellen, die Brühe aufbewahren.

Die Gurken schälen, waschen und längs halbieren. Die Kerne mit einem Esslöffel entfernen und die Gurkenhälften in etwa 1 cm starke Stücke schneiden. Die Zwiebelwürfel in heißem Fett anschwitzen, die Gurken dazugeben, drei Minuten braten, würzen, die Fleischklößchenbrühe dazugeben und alles zugedeckt etwa fünf Minuten sacht weiter kochen. Den Eintopf pikant abschmecken, mit Crème fraîche verrühren, mit Fleischklößchen und Tomatenwürfeln anrichten, mit Dill bestreuen und beispielsweise mit frisch geröstetem Toast oder Roggenbrot servieren.

Kalbfleisch-Fenchel-Eintopf

600–800 g	*mageres Kalbfleisch, in Würfel geschnitten*
1 EL	*Zwiebelwürfel*
60 g	*Butter oder Margarine*
500 ml	*Gemüsebouillon*
200 g	*Möhrenwürfel*
1 kg	*Fenchel, geputzt, geviertelt, in Stücke geschnitten*
200 g	*Kartoffelwürfel*
	Salz, Pfeffer
1 EL	*gemischte Kräuter, grob gehackt*

Das Fleisch zusammen mit den Zwiebelwürfeln in heißem Fett anbraten, mit Gemüsebouillon ablöschen und zugedeckt etwa 45 Minuten köcheln. Dann Gemüse und Kartoffeln dazugeben, würzen und weitere 15 Minuten garen. Den fertigen Eintopf pikant abschmecken, anrichten, mit Kräutern bestreuen und sofort servieren. Dazu schmeckt beispielsweise frisches Baguette oder ofenwarmes Weißgebäck, das durchaus auch in die Brühe gestippt werden kann.

Möhreneintopf mit Kasselerrippchen

1,6 kg	*Kasselerrippchen*
1	*gespickte Zwiebel*
1 kg	*Möhren*
600 g	*Kartoffeln*
	Salz, weißer Pfeffer aus der Mühle
1 Prise	*Zucker*
1 EL	*Petersilie, gehackt*

Die Rippchen mit Wasser bedecken, die Zwiebel dazugeben, alles zum Kochen bringen und etwa eine Stunde schwach kochen lassen. Inzwischen die Möhren und Kartoffeln schälen, waschen, in etwa einen Zentimeter große Würfel schneiden und zu den Rippchen geben. Wenn erforderlich, Fleischbrühe dazugeben. Alles kurz aufkochen und in etwa 15 Minuten fertig garen. Die Rippen und die gespickte Zwiebel aus der Suppe nehmen, die Knochen ausbrechen, das Fleisch in Würfel schneiden und wieder in die Suppe geben. Den fertigen Eintopf pikant abschmecken, anrichten, mit Petersilie bestreuen und sehr heiß servieren.

Diesen wohlschmeckenden Eintopf ebenso mit geräuchertem Schweinebauch, geräuchertem Eisbein oder als besondere Spezialität mit geräucherter Gänsebrust zubereiten.

Kartoffel-Rindfleisch-Topf mit Majoran

600 g	*Rindfleisch*
2	*Zwiebeln*
1 l	*Rinderbrühe*
	Salz, Pfeffer
1	*Lorbeerblatt*
1 TL	*weißer Balsamico-Essig*
800 g	*Kartoffelwürfel*
je 200 g	*Möhren- und Selleriewürfel*
200 g	*Lauchstange, in Ringe geschnitten*
2 EL	*Majoranblätter, fein geschnitten*

Das Rindfleisch wie für Gulasch in Würfel schneiden. Die Zwiebeln schälen und quer halbieren. Einen Suppentopf stark erhitzen, die Zwiebeln mit der Schnittfläche auf den Topfboden legen und goldbraun rösten. Die Rinderbrühe dazugießen, die Fleischwürfel, Salz und Gewürze dazugeben, alles aufkochen und etwa 40 Minuten köcheln lassen. Anschließend die Kartoffeln und Gemüse dazugeben, alles gut verrühren und zugedeckt 20 Minuten fertig garen. Dann den Majoran darunter mengen und einige Minuten ziehen lassen. Die Zwiebeln und das Lorbeerblatt herausnehmen. Zuletzt den Eintopf abschmecken und anrichten.

Kohlrabi-Eintopf mit Rauchfleisch

600 g	*Rauchfleisch, in Würfel geschnitten*
2 EL	*Zwiebelwürfel*
40 ml	*Öl*
1 l	*Gemüsebrühe (Instant)*
4–5	*Kohlrabi, Herzblättchen zum Garnieren zurücklegen*
600 g	*Kartoffeln*
	Salz, Pfeffer
	Muskatnuss, frisch gerieben
200 g	*Karotten, in Scheiben geschnitten*
200 g	*Erbsen, tiefgekühlt*
	Kräuter, gehackt

Das Fleisch mit den Zwiebelwürfeln in heißem Öl kurz anbraten, mit Brühe auffüllen, aufkochen und zugedeckt etwa 20 Minuten köcheln lassen. Kohlrabi und Kartoffeln in mundgerechte Würfel schneiden, zu dem Fleisch geben, würzen und zusammen zehn Minuten leicht weiter kochen. Dann Karotten und Erbsen dazugeben und alles nochmals zehn Minuten köcheln lassen. Den deftigen Eintopf anrichten, mit reichlich gehackten Kräutern bestreuen und mit zarten Herzblättchen garnieren.

Für diesen Gemüsetopf lassen sich die Zutaten beliebig variieren. Anstelle von Rauchfleisch kann z. B. Geflügelbrustfleisch verwendet werden.

Kohlrübeneintopf mit geräuchertem Schweinebauch

1,2 kg	Kohlrüben
600 g	Schweinebauch, geräuchert
2 EL	Zwiebelwürfel
40 g	Schweineschmalz
1 l	Fleischbrühe
	Salz, weißer Pfeffer
	Muskatnuss, frisch gerieben
2	Lorbeerblätter
1 Prise	Zucker
1 TL	Essig
400 g	Kartoffelwürfel
1 EL	Petersilie, gehackt

Die Kohlrüben schälen, waschen und in Würfel schneiden. Den Schweinebauch zuerst in Scheiben und dann in mundgerechte Streifen schneiden. Die Zwiebelwürfel in heißem Fett anschwitzen, die Fleischstreifen dazugeben, alles leicht bräunen und sofort mit Fleischbrühe auffüllen. Kohlrüben dazugeben, würzen, aufkochen, abdecken und etwa 20 Minuten sacht weiterkochen lassen. Dann die Kartoffelwürfel dazugeben, untermengen und zusammen fertig garen. Den Eintopf zuletzt pikant abschmecken, anrichten und mit gehackter Petersilie überstreuen.

Kohlrüben schmecken weiterhin mit Gänseklein oder geräucherter Entenbrust. Kohlrüben werden auch als Steckrüben bezeichnet. In Norddeutschland heißen sie Wruken. Sie enthalten besonders viel Vitamin C und Calcium.

Kräuter-Gemüse-Eintopf mit Eigelb

600 g	Rinderhackfleisch
2 EL	feine Zwiebelwürfel
	Salz, weißer Pfeffer
	Tabasco
	Sojasauce
400 g	Kartoffelwürfel, roh
800 g	frische Kräuter und Gemüse (Petersilie, Liebstöckel, Kerbel, Bohnenkraut, Koriander, Majoran, Dill, Porree, Kopfsalat, Spinat, Karotten, Blumenkohlröschen)
4	Eigelb
4 TL	Tomatenketchup
4 TL	Schnittlauchröllchen

Das Rindfleisch in kaltem Wasser verrühren, die Zwiebelwürfel dazugeben, würzen, alles kurz aufkochen und sacht weiter kochen lassen. Nach etwa 20 Minuten die Kartoffelwürfel dazugeben und weitere zehn Minuten sacht kochen. Inzwischen die Kräuter und Gemüse verlesen, waschen, trocken schleudern, fein hacken, in den Eintopf geben, untermengen, nachwürzen und alles in zehn Minuten fertig garen. Den pikanten Eintopf abschmecken und sehr heiß anrichten. Auf jede Portion ein rohes Eigelb in die Mitte setzen, mit etwas Ketchup überziehen, in der Mikrowelle garen und mit Schnittlauchröllchen überstreuen. Dann beispielsweise mit frischem Landbrot servieren.

Je nach Möglichkeit Wildblattgemüse anstelle von Spinat oder Kopfsalat verwenden, dazu eignen sich junge Blätter von Brennnesseln, Huflattich, Bärlauch, Lungenkraut, Scharbockskraut, Beifuß oder auch Hopfensprossen, Löwenzahn und Schafgarbe.

Kürbis-Kartoffel-Eintopf

500 g	Kasselerkamm ohne Knochen
2 EL	Zwiebelwürfel
60 g	Butter oder Margarine
600 g	Kartoffelwürfel
	Salz, weißer Pfeffer
	Currypulver
	Essig
	Zucker
800 g	Kürbis
100 g	Crème fraîche
1/2 Bund	Dill, grob gezupft

Das Fleisch in Würfel schneiden, mit etwa einem Liter Wasser zum Kochen ansetzen, kurz aufkochen und sacht weiter kochen lassen. Die Zwiebelwürfel in Butter anschwitzen, die Kartoffelwürfel dazugeben und mit anschwitzen, nach 30 Minuten Garzeit zum Kasseler geben, würzen, abdecken und etwa zehn Minuten weiter garen. Fünf Minuten vor Ende der Garzeit den Kürbis dazugeben, den Eintopf pikant abschmecken, kurz aufkochen und fertig garen. Den pikanten Eintopf anrichten und mit Crème fraîche sowie grob gezupftem Dill vollenden. Dazu passt z. B. frisches Baguette oder ofenwarmes Weißgebäck.

Anstelle der Kartoffeln ebenso Schmorgurken, Tomaten oder Zucchini verwenden. Des Weiteren lohnt sich die Kombination mit Möhren, Lauch, Steckrüben und Gemüsepaprika.

Bei der Zubereitung in der Mikrowelle Bräunungsgeschirr verwenden.

Lamm-Auberginen-Tomateneintopf

2 EL	Zwiebelwürfel
60 ml	Öl
800 g	Fleischwürfel von magerem Lammfleisch
2	Knoblauchzehen, mit Salz zerdrückt
	Salz, Pfeffer
800 g	Auberginen
600 g	Tomaten
2 EL	Tomatenmark
1 EL	Kräuter, gehackt
4 EL	Crème fraîche

Die Zwiebelwürfel in heißem Öl anschwitzen, die Lammfleischwürfel dazugeben, rundherum kräftig anbraten, würzen, mit etwa einem Liter Wasser auffüllen und aufkochen, dann sacht weiter kochen lassen. Die Auberginen waschen, Stängelansatz herausschneiden, je nach Größe vierteln oder längs noch kleiner zerteilen und in Scheiben schneiden. Die Tomaten überbrühen, häuten, halbieren, entkernen und in ebenso große Stücke wie die Auberginen schneiden. Nach etwa einstündiger Garzeit des Fleisches die Auberginen dazugeben, würzen und zehn Minuten garen. Tomatenstücke, Tomatenmark und gehackte Kräuter in den Eintopf geben, alles gut verrühren und weitere drei Minuten sacht kochen. Den fertigen Eintopf abschmecken, anrichten und mit Crème fraîche und gezupften Kräutern servieren. Dazu schmeckt beispielsweise frisches Baguette.

Die Kombination von Lammfleisch und Gemüse ist schier unbegrenzt. Besonders eignen sich Lauch, Kohlrabi und Bohnen, aber ebenso Gurken, Zucchini, auch Artischocken und Erbsen. Wichtig ist, die unterschiedliche Garzeit der Gemüse zu beachten. Neben Kartoffeln eignen sich Graupen oder Hirse zum Binden.

Lammeintopf mit Graupen

120 g	*Gerstengraupen*
800 g	*Lammschulter ohne Knochen*
	Salz, weißer Pfeffer
1	*Knoblauchzehe, mit Salz zerrieben*
2	*gespickte Zwiebeln*
je 200 g	*Möhren- und Selleriewürfel*
2	*dünne Lauchstangen, küchenfertig in Ringe geschnitten*
1 Bund	*Petersilie, grob gehackt*

Die Graupen mit kaltem Wasser bedecken und über Nacht quellen lassen. Das Fleisch wie für Gulasch in Würfel schneiden, mit kaltem Wasser ansetzen, salzen, würzen, die gespickten Zwiebeln dazugeben, zum Kochen bringen und abgedeckt eine Stunde sacht kochen lassen. Dann die Gerstengraupen und die Gemüse zum Fleisch geben, alles gut vermengen, kurz aufkochen und etwa 20 Minuten köcheln lassen. Zuletzt die gespickten Zwiebeln herausnehmen, den fertigen Eintopf abschmecken, anrichten, mit Petersilie bestreuen und sehr heiß servieren.

Lammfleischeintopf mit Gemüse

1 kg	*Lammfleischwürfel, Lammknochen*
je 250 g	*Möhren, Sellerie, Porree und Weißkohl*
100 g	*Bauchspeckwürfel*
	Salz, Pfeffer
	Knoblauch
	Thymian
	Zucker
	Kräuter, gehackt

Zuerst von den Lammknochen Brühe zubereiten. Inzwischen die Möhren und den Sellerie in Würfel, den Porree in Ringe und den Weißkohl in Würfel schneiden. Die Bauchspeckwürfel in einen geeigneten Topf geben, auslassen und leicht bräunen. Das Lammfleisch dazugeben und unter häufigem Rühren drei Minuten anschwitzen. Dann die Brühe darüber geben, zum Kochen bringen, würzen und etwa 30 Minuten simmern lassen. Den sich an der Oberfläche bildenden Schaum mehrmals abschöpfen. Die Gemüse dazugeben, nachwürzen und alles nochmals ca. 10 Minuten köcheln lassen. Zuletzt abschmecken, anrichten und mit reichlich gehackten, frischen Kräutern überstreuen. Dazu schmeckt z. B. frisches Land- oder Kräuterbrot.

Lammfleischeintopf mit grünen Bohnen

800 g	*Lammfleisch ohne Knochen*
600 g	*Kartoffelwürfel*
1 kg	*grüne Bohnen, geputzt, in etwa 2 cm lange Stücke geschnitten*
1	*Zwiebel, in feine Würfel geschnitten*
	Salz, Pfeffer
1	*Knoblauchzehe*
	Bohnenkraut
1 l	*Fleischbrühe*
1 Bund	*Petersilie, fein gehackt*

Das Fleisch in Würfel schneiden, dann mit Kartoffeln und Bohnen in eine gut schließende Kasserolle oder Mikrowellengeschirr geben, würzen, mit etwas Fleischbrühe oder Wasser bedecken, Deckel schließen, zum Dünsten bringen und etwa 30 Minuten bei reduzierter Energie fertig garen. Zuletzt pikant abschmecken, mit Petersilie überstreuen und servieren.

Stehen Knochen zur Verfügung, vorher eine Brühe zubereiten und zum Angießen verwenden.

Nudeltopf mit Hackfleisch

250 g	Hörnchen, Spirelli oder Bandnudeln
600 g	Hackfleisch, gewürzt
1 EL	Zwiebelwürfel
40 ml	Öl
1 l	Rinderkraftbrühe (s. Rezept S. 58)
200 g	Möhrenwürfel
1 TL	Paprikapulver edelsüß
	Salz, weißer Pfeffer aus der Mühle
	Muskatnuss, frisch gerieben
4 EL	Tomatenmark
200 g	grüne Erbsen(Konserve
	Kräuter, gehackt

Die Nudeln in Salzwasser blanchieren. Das Hackfleisch zusammen mit den Zwiebeln in kleinen Flocken in heißes Öl geben und unter häufigem Rühren anbraten und dabei öfters mit zwei Holzlöffeln zerpflücken, da sich keine großen Hackfleischklumpen bilden dürfen. Die Rinderbrühe angießen, die Möhrenwürfel dazugeben, würzen, alles aufkochen und zugedeckt zehn Minuten sacht kochen lassen. Dann Tomatenmark, grüne Erbsen und Nudeln hinzugeben, alles gut vermengen, würzen, aufkochen und drei Minuten weiter kochen. Zuletzt abschmecken, anrichten und mit gehackten Kräutern überstreuen.

Ochsenschwanztopf

etwa 1,5 kg	Ochsenschwanz
60 g	Schweineschmalz
2 EL	Zwiebelwürfel
2 EL	Mehl
250 ml	Rotwein
1 l	Fleischbrühe
	Salz, Pfeffer
2	Lorbeerblätter
800 g	Kartoffelwürfel
600 g	mariniertes Gemüse, wie Perlzwiebeln, Gurken, rote Gemüsepaprikas, Sellerie
1 Prise	Chilipulver
	Nelkenpulver
2 EL	Tomatenketchup
4	Thymian-, Rosmarin- oder Liebstöckelzweige

Den Ochsenschwanz waschen, abtupfen und die einzelnen Stücke im Gelenk durchtrennen. Das Schweineschmalz in einem Suppentopf erhitzen und die Ochsenschwanzstücke darin rundum kräftig anbraten. Die Zwiebelwürfel und das Mehl dazugeben, unter Rühren mit anbräunen, mit Rotwein ablöschen und mit Fleischbrühe auffüllen. Salz und Lorbeerblätter dazugeben, alles gut verrühren, aufkochen, abdecken und etwa zwei Stunden sacht weiter kochen lassen. Die Ochsenschwanzstücke dann nach und nach, je nach Garpunkt, aus der Brühe nehmen. In der Küchenfachsprache heißt das ausstechen. Zuletzt die Lorbeerblätter entnehmen. Die Kartoffelwürfel in die Brühe geben und etwa 15 Minuten sacht kochen. Das Fleisch inzwischen von den Ochsenschwanzstücken ausbrechen und in gleich große Würfel schneiden. Anschließend auch das Essiggemüse in gleich große Stücke schneiden. Die Perlzwiebeln ganz lassen. Kurz vor Ende der Garzeit die Fleischwürfel und das Gemüse in die Suppe geben, alles gut vermengen, kräftig abschmecken, kurz aufkochen und drei Minuten ziehen lassen. Den Ochsenschwanztopf in geeigneten Schüsseln anrichten und mit frischen Kräuterzweigen garnieren. Dazu beispielsweise Stangenweißbrot servieren.

Beim Anbraten der Ochsenschwanzstücke etwas Zucker dazugeben. Zucker gilt als der „süße Zauberer" in der Küche. Die Zauberprise bewirkt eine kräftigere Farbgebung.

Paprika-Reis-Eintopf

600 g	*Rindfleisch*
200 g	*Zwiebelwürfel*
60 g	*Schweineschmalz*
2 EL	*Paprikapulver edelsüß*
750 ml	*Fleischbrühe*
	Salz, weißer Pfeffer
1 Prise	*Cayennepfeffer*
1 Prise	*Knoblauchpulver*
1 kg	*Gemüsepaprika rot, grün und gelb*
400 g	*Reis, gekocht*
1 EL	*Kräuter, grob gehackt*

Das Rindfleisch in Würfel schneiden und zusammen mit den Zwiebelwürfeln in heißem Schweineschmalz hellgelb braten. Die zwei Esslöffel edelsüßen Paprika dazugeben und kurz mit anschwitzen. Alles mit Fleischbrühe ablöschen, würzen, zum Kochen bringen und zugedeckt 45 Minuten schmoren. Den Gemüsepaprika waschen, putzen, in Rhomben schneiden, zum Fleisch geben und zugedeckt zehn Minuten garen. Fünf Minuten vor dem Ende der Garzeit den Reis dazugeben, alles gut vermengen, kräftig abschmecken und fertig garen. Den pikanten Paprika-Topf in geeigneten Terrinen anrichten und mit grob gehackten Kräutern überstreuen.

Anstelle von Reis ebenso Eiergraupen oder Hirse verwenden.

Pastinaken-Spitzkohltopf mit Rauchfleisch

600 g	*Rauchfleisch, z. B. Kasselerkamm*
200 g	*Zwiebelwürfel*
60 ml	*Öl*
	Salz, weißer Pfeffer
1	*Lorbeerblatt*
	Piment
	Kreuzkümmel
	Kräuteressig
	Ingwerpulver
1 kg	*Pastinaken*
1 kg	*Spitzkohl*
200 g	*Möhrenstreifen*
	Petersilie, grob gehackt

Das Rauchfleisch in grobe Würfel schneiden, mit den Zwiebeln in heißem Öl anschwitzen, mit Wasser ablöschen, würzen und zum Kochen bringen. Die Pastinaken waschen, schälen, in Würfel schneiden und dazugeben. Nach etwa zehn Minuten den geputzten und grob geschnittenen Spitzkohl dazugeben. Alles vermengen und etwa 15 Minuten kochen. Dann pikant abschmecken, mit reichlich Petersilie anrichten.

Pastinaken, das längliche Wurzelgemüse, war bei unseren Vorfahren ein wichtiges Nahrungsmittel, bis es im 18. Jahrhundert nach und nach von der Kartoffel verdrängt wurde.

Pilzeintopf mit geschnetzeltem Schweinefilet

600 g	*Kartoffelwürfel*
1 l	*Rinderbouillon*
1 EL	*Zwiebelwürfel*
80 g	*Butter oder Margarine*
600 g	*Schweinefilet, geschnetzelt*
1 kg	*frische Pilze (z. B. Champignons, Austernpilze, Maronen oder Steinpilze), küchenfertig*
	Salz, weißer Pfeffer
	Kräuteressig
	Thymian
100 g	*Crème fraîche*
1 EL	*Petersilie, gehackt*

Zuerst die Kartoffelwürfel in der Rinderbouillon etwa zwölf Minuten köcheln lassen. Dann die Zwiebelwürfel in heißem Fett anschwitzen, die Filetstreifen dazugeben und bei starker Hitze darin anbraten. Die gleichmäßig geschnittenen Pilze zum Fleisch geben, mit anschwitzen, würzen und etwa zehn Minuten zugedeckt schmoren lassen. Dann die Kartoffelwürfel mit der Bouillon dazugeben, alles behutsam vermengen, evtl. nachwürzen und zugedeckt in fünf Minuten fertig garen. Zuletzt die Crème fraîche dazugeben, abschmecken, nochmals erhitzen, anrichten, mit Kräutern bestreuen und sehr heiß servieren. Dazu schmeckt z. B. frisches Butterbrot oder geröstete Roggenbrotcroûtons.

Statt der Kartoffelwürfel ebenso Reis oder Teigwaren verwenden. Pilzeintopf ebenso aus Mischpilzen bereiten. Dann müssen jedoch die unterschiedlichen Garzeiten der Pilze beachtet werden.

Für Eilige: Pilzeintopf mit Kartoffelpüreepulver binden, so schmeckt der außergewöhnliche Eintopf besser und ist in kurzer Zeit fertig. Zur optischen Verbesserung einige Tomatenfleischstreifen dazugeben.

Rindfleisch-Gemüse-Topf

800 g	*Rindfleisch*
100 g	*Zwiebelwürfel*
60 ml	*Öl*
1 l	*Fleischbrühe*
1	*Knoblauchzehe, mit Salz zerdrückt*
	Salz, weißer Pfeffer
2	*Lorbeerblätter*
1 Prise	*Nelkenpulver*
1 Prise	*Zucker*
je 200 g	*Möhren-, Sellerie- und Kohlrabiwürfel*
je 300 g	*Erbsen und Blumenkohlröschen*
1 Bund	*Petersilie, gehackt*

Das Fleisch in Würfel schneiden, die Zwiebelwürfel in heißem Öl anschwitzen, das Fleisch dazugeben und alles leicht anbraten. Dann mit Fleischbrühe auffüllen, salzen, die Gewürze dazugeben, aufkochen lassen und zugedeckt etwa 40 Minuten sacht kochen. Dann die Gemüse entsprechend der Garzeit dazugeben. Zuerst die Möhren- und Selleriewürfel, fünf Minuten später Kohlrabiwürfel und Blumenkohlröschen. Nach weiteren fünf Minuten die Erbsen dazugeben, den Eintopf gut vermengen, nachwürzen und fertig garen lassen. Den Eintopf pikant abschmecken, anrichten und mit gehackter Petersilie überstreuen.

Die Zugabe der Gemüse beliebig variieren. Dabei saisonale Angebote beachten.

Rosenkohleintopf mit Rauchfleisch

1 EL	*Zwiebelwürfel*
400–600 g	*Rauchfleischwürfel*
60 g	*Butter oder Margarine*
800 g	*Rosenkohl, küchenfertig*
1 l	*Fleischbrühe*
400 g	*Kartoffelwürfel*
400 g	*Möhrenwürfel*
	Salz, Pfeffer aus der Mühle
	Muskatnuss, frisch gerieben
1 EL	*Petersilie, grob gehackt*

Die Zwiebel- und Rauchfleischwürfel in heißem Fett anschwitzen. Den Rosenkohl dazugeben und unter häufigem Umrühren mit anschwitzen. Dann die Fleischbrühe angießen, Kartoffel- und Möhrenwürfel dazugeben, würzen, kurz aufkochen lassen und 15 Minuten sacht garen. Den fertigen Eintopf abschmecken, anrichten, mit Petersilie bestreuen und sehr heiß servieren.

Sauerkraut-Eintopf mit Rauchfleisch

80 g	*Zwiebelwürfel*
60 g	*Schweineschmalz*
800 g	*Sauerkraut*
	Kümmel
500 ml	*Fleischbrühe*
600 g	*geräucherter Schweinebauch, in Scheiben geschnitten*
600 g	*Kartoffelwürfel*
	Salz, weißer Pfeffer, Estragonessig
1 EL	*Schnittlauchröllchen*

Die Zwiebelwürfel in heißem Schweineschmalz blondieren. Das Sauerkraut kurz schneiden, zu den Zwiebelwürfelchen geben und fünf Minuten anschwitzen lassen. Dann mit Kümmel würzen, die Fleischbrühe auffüllen, Schweinebauchscheiben hinzugeben und abgedeckt 30 Minuten sacht kochen lassen. In der Zwischenzeit die Kartoffelwürfel 15 Minuten in Salzwasser kochen und dann die Kartoffelwürfel in das Sauerkraut mischen. Die Fleischscheiben dabei unterrühren. Den Eintopf pikant abschmecken, anrichten und mit Schnittlauchröllchen überstreuen. Dazu kann man beispielsweise frisches Landbrot reichen.

Der pikante Sauerkrauteintopf ist vielfach zu variieren, z. B. mit:

- *Mettwurstklößchen und roter Gemüsepaprika*
- *geräucherter Gänsebrust*
- *gepökeltem Eisbein*
- *Kasseler- oder Pökelrippchen*
- *Schweinekopf oder Spitzbein*
- *gepökelten Entenkeulen*

Sauerkraut ist reich an Vitaminen, Mineralstoffen und Milchsäure. Auf den Speisekarten internationaler Feinschmecker-Restaurants hat Sauerkraut seinen festen Platz, sogar in Verbindung mit Austern, Ananas, Fasan, Wein und Champagner. Sauerkraut sollte nicht gewaschen werden, denn dabei gehen viele Inhaltsstoffe verloren. Wenn der Geruch des Krautes zu streng ist, sollte es jedoch ausgedrückt werden.

Schwarzwurzel-Borschtsch mit geräucherter Schweinshaxe

1,2 kg	*geräucherte Schweinshaxe, in Stücke gesägt*
1	*gespickte Zwiebel*
1,2 kg	*Schwarzwurzeln, frisch oder 1 kg als Konserve*
100 g	*Sellerie, küchenfertig*
100 g	*Möhren, küchenfertig*
400 g	*Rote Bete, küchenfertig*
100 ml	*Rotwein*
	Weinessig
	Salz, Pfeffer aus der Mühle
	Zucker
1 Bund	*Petersilie, grob gehackt*
200 g	*saure Sahne oder Schmant*

Die Schweinshaxe in einem entsprechenden Suppentopf reichlich mit kaltem Wasser bedecken und zum Kochen bringen. Die gespickte Zwiebel dazugeben und etwa zwei Stunden köcheln lassen. Die Schwarzwurzeln waschen, unter fließendem Wasser abspülen, in Stücke schneiden und sofort in kaltes Essigwasser legen. Der Schälvorgang muss schnell erfolgen, da die Schwarzwurzeln sich nicht verfärben dürfen. Sellerie und Möhren in Scheiben schneiden und mit den Schwarzwurzeln nach etwa 90 Minuten Garzeit zur Schweinshaxe geben und mitgaren. Die Rote Bete in gleich große Scheiben schneiden, wie die anderen Gemüse mit etwas Schmalz anschwitzen, mit Rotwein und Essig ablöschen, mit Salz, Zucker und Pfeffer würzen und zugedeckt 20 Minuten köcheln lassen. Die Schweinshaxe aus der Suppe nehmen, abkühlen lassen, auslösen und in mundgerechte Stücke schneiden. Die gespickte Zwiebel entfernen. Die Fleischwürfel, die Rote Bete und die Petersilie zur Suppe geben, gut vermengen, pikant abschmecken, aufkochen und fünf Minuten durchziehen lassen. Den rustikalen Eintopf mit saurer Sahne oder Schmant anrichten oder dieses gesondert reichen. Dazu passt z. B. frisches Roggenbrot.

Diese Variation des russischen Borschtsch (Rote Bete und saure Sahne sind typisch) lässt sich ebenso mit geräuchertem Schweinebauch, Entenfleisch oder geräuchertem Gänsefleisch zubereiten.

Bei Verwendung von konservierten Schwarzwurzeln, diese zuletzt zur Suppe geben und fünf Minuten köcheln lassen.

Sellerieeintopf mit Kalbfleisch

600 g	*Kalbfleisch*
2	*Möhren, geschält*
2	*Zwiebeln, geschält*
400 g	*Kartoffeln, geschält*
800 g	*Staudensellerie*
	Salz, Pfeffer
1 l	*Fleischbrühe*
60 g	*Butter*
1 EL	*Petersilie, gehackt*
	Schmalzteigstreifen zum Abdichten bzw. Versiegeln

Kalbfleisch, Möhren und Zwiebeln in dünne Scheiben schneiden, die Kartoffeln je nach Größe halbieren und ebenfalls in Scheiben schneiden. Den Sellerie putzen, waschen und rhombenförmig schneiden. Fleisch, Gemüse und Kartoffeln kräftig würzen, grob vermengen und in eine gebutterte, feuerfeste Form füllen. Fleischbrühe dazugeben, Butterflöckchen und Petersilie darüber verteilen, die Form mit einem Teigstreifen fest verschließen und in die Bratröhre geben. Bei mittlerer Hitze benötigt der Eintopf etwa eine Stunde Garzeit. Den Eintopf erst am

Tisch öffnen. Der unvergleichliche Duft der Aromastoffe entschädigt den hohen Zubereitungsaufwand.

Auf gleiche Weise Gemüseeintopf jeder Art mit zartem Fleisch oder Geflügel zusammenstellen.

Dieser Eintopf kann in vielen Varianten in der Mikrowelle garen. Der Zeitaufwand reduziert sich so auf etwa 25 %. Die Zubereitung im Schnellkochtopf ist ebenfalls zeitsparend.

Sojakeim-Eintopf mit Rindfleisch und Nudeln

600 g	Rindfleisch
1 l	Rinderbrühe
	Salz, Pfeffer
100 g	Porreegrün, in Ringe geschnitten
100 g	Möhren, in Julienne geschnitten
150 g	Bandnudeln, blanchiert, abgetropft
600 g	Sojakeime (Konserve)

Das Rindfleisch in Würfel schneiden und in einen geeigneten Topf geben. Mit kalter Brühe übergießen, würzen, zum Kochen bringen und langsam garen. Kurz vor Ende der Garzeit die Gemüse untermengen und etwa acht Minuten simmern lassen. Dann Sojakeime und Nudeln dazugeben, alles vorsichtig vermengen und zum Kochen bringen. Zuletzt nochmals abschmecken und anrichten.

Spinateintopf mit Rindfleisch

600 g	Rindfleischwürfel
	Salz
2	gespickte Zwiebeln
600 g	geschälte Kartoffeln, in Würfel geschnitten
800 g	Spinat
	Salz, weißer Pfeffer
	Muskatnuss, frisch gerieben

Die Rindfleischwürfel mit etwa einem Liter kaltem Wasser, Salz sowie den gespickten Zwiebeln etwa 90 Minuten sacht kochen und währenddessen mehrmals abschäumen. Nach einer Stunde Garzeit die Kartoffelwürfel dazugeben. Den Spinat putzen, gründlich waschen, in einem Topf mit kochendem Wasser kurz blanchieren, abtropfen lassen, grob hacken und zehn Minuten vor Ende der Garzeit in den Eintopf geben. Den fertigen Eintopf pikant abschmecken und beispielsweise mit frischem Land- oder Bauernbrot servieren.

Die Zugabe von frischen Kräutern oder Crème fraîche ist nicht nötig, denn wird die Garzeit eingehalten, schmeckt dieser Spinateintopf ohne weitere Zugaben.

Den Spinat in reichlich Salzwasser zu blanchieren ist nicht mehr zeitgemäß, dafür die Spinatblätter in wenig Wasser, zerlassener Butter oder – noch besser – in der Mikrowelle zusammenfallen lassen und weiter verarbeiten. Jungen Spinat dünsten und als Blattgemüse servieren oder aber auch roh als Salat mit verschiedenen Dressings. Die Inhaltsstoffe bleiben so am besten erhalten.

Spinat schmeckt jedoch auch kalt. Dafür den Spinat blanchieren, abtropfen und abkühlen lassen. Mit Salz und Pfeffer würzen und mit Öl und Zitronensaft beträufeln. Anschließend mit geriebenem Parmesankäse bestreuen.

Tomateneintopf mit Hackfleisch

2 EL	Zwiebelwürfel
80 ml	Öl
600 g	Hackfleisch, gewürzt
2 EL	Paprikapulver edelsüß
750 ml	Rindsbouillon
100 g	Tomatenmark

je 1	*gelbe, grüne und rote Gemüsepaprika, geputzt und in feine Würfel geschnitten*
1,5 kg	*reife Tomaten*
	Salz, Pfeffer aus der Mühle
1 Prise	*Cayennepfeffer*
4	*Kräuterzweige*

Die Zwiebelwürfel in heißem Öl anbraten. Das Hackfleisch nach und nach dazugeben und mitbraten. Dabei häufig umrühren, damit sich keine größeren Klößchen bilden. Das Paprikapulver dazugeben und kurz mitbraten. Dann mit Rindsbouillon ablöschen, Gewürze und Tomatenmark dazugeben, kurz aufkochen, die Gemüsepaprikawürfel zufügen und fünf Minuten weiter köcheln lassen. Die Tomaten überbrühen, häuten, vierteln, entkernen und nochmals zerteilen. Die Tomatenachtel in den Eintopf geben, kurz aufkochen, abschmecken und maximal fünf Minuten fertig garen. Den würzigen Eintopf anrichten und mit Kräuterzweigen garnieren. Dazu schmecken z. B. Knoblauchcroûtons und trockener Weißwein.

Tomateneintopf mit Rindfleisch

600 g	*mageres Rindfleisch*
60 g	*Schweineschmalz*
3 EL	*Zwiebelwürfel*
1 EL	*Pprikapulver edelsüß*
1 l	*Fleischbrühe*
	Salz
	Chilipulver
400 g	*grüne Gemüsepaprika*
1 kg	*Tomaten*
4	*Eier*
1 EL	*Petersilie, grob gehackt*

Das Rindfleisch in etwa einen Zentimeter große Würfel schneiden und in heißem Fett anbraten. Die Zwiebelwürfel dazugeben und mit anbraten. Gewürzpaprika darüber streuen, alles kurz verrühren, mit etwa einem Liter Fleischbrühe ablöschen, würzen und 40 Minuten sacht kochen. Inzwischen die Gemüsepaprika waschen, halbieren, putzen und in Würfel schneiden. Die Tomaten überbrühen, häuten, achteln und die Stängelansätze entfernen. Gemüsepaprikawürfel und Tomatenachtel zum Fleisch geben, würzen und zehn Minuten mitkochen. Die Eier mit etwas Wasser oder Milch verquirlen, in den Tomatentopf geben und unter häufigem Rühren binden. Den Tomatentopf kräftig abschmecken, anrichten, mit grob gehackter Petersilie überstreuen und evtl. mit frischem Landbrot servieren.

Dieser Tomatentopf schmeckt auch mit körnig gekochtem Reis. Reis gesondert kochen und zuletzt unter den Tomatentopf rühren.

Tomatentopf ebenso mit Lammfleisch zubereiten. Dann zusätzlich mit etwas Knoblauch und Zitronensaft würzen und die Eier weglassen. Den Reisanteil entsprechend erhöhen oder mit Kartoffeln zubereiten.

Tomaten-Reis-Eintopf mit Fleischklößchen

Klößchen:

400 g	*Hackfleisch, gewürzt*
1–2	*Eier (je nach Güteklasse)*
2	*Scheiben Toastbrot, eingeweicht, ausgedrückt*
2 EL	*Sahne*
	Salz, weißer Pfeffer
1 l	*Fleischbrühe*
200 g	*Langkornreis*
2 EL	*Zwiebelwürfel*
50 ml	*Öl*
1	*rote Gemüsepaprika, in Würfel geschnitten*

	Paprikapulver edelsüß
1 kg	*Tomaten*
4 EL	*Tomatenmark*
	Salz
	Tabasco
	Essig
	Zucker
4 EL	*Crème fraîche*
2 EL	*Kräuter, gehackt*

Zuerst die Klößchen zubereiten, dafür Hackfleisch, Ei, Toastbrot, Sahne und Gewürze zu einer Masse verkneten. Aus der Fleischmasse kleine Klößchen von etwa 30 Gramm formen und in der Fleischbrühe gar ziehen lassen.
Für den Eintopf den Reis waschen und wie üblich in Salzwasser kochen. Die Zwiebelwürfel in heißem Öl anschwitzen, die Gemüsepaprikawürfel sowie Edelsüßpaprika dazugeben, ebenfalls anschwitzen und mit der Fleischklößchenbrühe ablöschen, auffüllen und aufkochen. Die Tomaten mit kochendem Wasser überbrühen, abziehen, je nach Größe sechsteln oder achteln und die Kerne entfernen. Tomatenecken und den Reis in die Suppe geben, kurz aufkochen, pikant abschmecken, die Fleischklößchen dazugeben und darin erhitzen. Den fertigen Eintopf anrichten. Jede Portion mit einem Esslöffel Crème fraîche und gehackten Kräutern vervollständigen.

Weißkohl-Eintopf mit Lammfleisch

800 g	*Lammfleisch*
800 g	*Weißkohl*
400 g	*Kartoffelwürfel*
200 g	*Zwiebeln, geschält, in Scheiben geschnitten*
200 g	*Möhren, geschält, in Scheiben geschnitten*
	Salz, schwarzer Pfeffer aus der Mühle
2 TL	*Kümmel*
1	*Lorbeerblatt*
750 ml	*Fleischbrühe*
1 EL	*Petersilie, grob gehackt*

Das Fleisch in kleine Würfel schneiden. Den Weißkohl putzen, vierteln, die Strünke herausschneiden und dann den Kohl in Würfel schneiden. Kartoffeln, Fleisch und Gemüse schichtweise in einen gut schließenden Topf geben. Jede Schicht salzen, pfeffern und mit reichlich Kümmel würzen. Das Lorbeerblatt fein mahlen oder zerreiben und dazugeben. Den Eintopf mit Fleischbrühe knapp bedecken, abdecken und bei mittlerer Hitze etwa 45 Minuten sacht kochen. Den Topf während des Garprozesses nicht öffnen und nicht umrühren.

Bei diesem Eintopf ist das gut dosierte und ausreichende Würzen zu beachten, damit nicht nachgewürzt werden muss. Den fertigen Eintopf nach Möglichkeit so ausstechen, dass die einzelnen Schichten auf den Tellern erkennbar sind. Mit gehackter Petersilie bestreuen und sehr heiß servieren.
Dieses Rezept ist eine Abwandlung von Irish Stew, einem irischen Hammeleintopf, der mit Zwiebeln und Kartoffeln zubereitet wird.
Weißkohleintopf auf gleiche Weise mit Kalbfleisch, Zwiebeln und Roter Bete zubereiten. Durch die rote Farbgebung und den typischen Geschmack der Roten Bete ist der Eintopf eine kulinarische Novität.
Besonders kräftig schmeckt Weißkohl in Verbindung mit Ochsenschwanz und Kräutern.

Wirsing-Eintopf mit Schinkenklößchen

800 g	Schinkenknochen, Schwarten von rohem Schinken oder Kasselerknochen
	Salz
1	gespickte Zwiebel
1,2 kg	Wirsing
200 g	Möhrenwürfel
400 g	Kartoffelwürfel
	Schinkenbrühe
	Salz, schwarzer Pfeffer aus der Mühle
	Muskatnuss, frisch gerieben
1 Prise	Kümmel, gemahlen
1 EL	Petersilie, gehackt

Schinkenklößchen:

200 g	Kochschinken
100 g	rohen Schinken
1–2	Eier (je nach Güteklasse)
1 EL	Sahne
3 EL	Semmelmehl, sehr fein gemahlen
	Salz, weißer Pfeffer aus der Mühle

Die Knochen oder Schwarten fein hacken, mit etwa 1,5 Liter Wasser, etwas Salz und der gespickten Zwiebel zum Kochen bringen und etwa 45 Minuten köcheln lassen. Inzwischen den Wirsing putzen, vierteln, vom Strunk befreien und in grobe Würfel schneiden. Die Gemüse und Kartoffeln in einen Suppentopf geben, die Schinkenbrühe passieren und dazugießen. Den Eintopf würzen, aufkochen und etwa 20 Minuten fertig garen. Das Gemüse soll leicht bissfest bleiben.

Für die Klößchen den Schinken fein wolfen und mit den anderen Zutaten zu einer dicken Masse vermengen. Aus der Masse runde Klößchen formen, in siedendes Salzwasser geben und gar ziehen lassen. Der Garpunkt ist erreicht, wenn die Klößchen an der Oberfläche zu schwimmen beginnen. Den fertigen Eintopf abschmecken, in geeigneten Terrinen anrichten, mit Petersilie bestreuen und die Klößchen darauf geben.

Wirsing-Eintopf schmeckt besonders gut mit Lammfleisch. Das zarte Fleisch in feine Würfel schneiden und zusammen mit dem Wirsing garen. Den Eintopf dann mit etwas Knoblauch, Majoran und Muskat würzen.

Wirsing-Hackfleisch-Topf

2	Zwiebeln, in Ringe geschnitten
60 ml	Öl
750 ml	Fleischbrühe
500 g	gemischtes Hackfleisch
1 kg	Wirsing, in Würfel geschnitten
200 g	Zucchinischeiben
	Salz, Pfeffer
	Muskatnuss, frisch gerieben
1 Prise	Kümmel, gemahlen
200 g	gehäutete Tomatenachtel
1 EL	Petersilie, gehackt

Die Zwiebelringe in heißem Öl blondieren und mit 750 ml Fleischbrühe ablöschen. Das Hackfleisch als kleine Klößchen in die Brühe geben und ansteifen. Sofort Wirsing und Zucchini dazugeben, würzen und etwa 20 Minuten sacht kochen lassen. Dann die Tomatenachtel dazugeben und weitere fünf Minuten köcheln. Den fertigen Eintopf abschmecken, anrichten und mit gehackter Petersilie bestreuen. Dazu schmeckt beispielsweise frisches Roggenbrot.

Zucchini-Eintopf mit Rauchfleisch

600 g	*Kasseler, ohne Knochen*
2 EL	*Zwiebelwürfel*
60 g	*Butter oder Margarine*
750 ml	*Rindsbouillon*
800 g	*Zucchini*
200 g	*Kartoffelwürfel*
200 g	*Möhrenwürfel*
	Salz, weißer Pfeffer
je 1 Zweig	*Thymian und Oregano*
1 EL	*Kräuter, grob gehackt*

Das Fleisch wie für Gulasch in Würfel schneiden. Die Zwiebelwürfel in heißem Fett anschwitzen. Die Fleischwürfel dazugeben, kurz anbraten, mit Rindsbouillon auffüllen, aufkochen und sacht weiter kochen lassen.

Inzwischen die Zucchini waschen, putzen und in Scheiben schneiden. Nach 20 Minuten Garzeit die Kartoffel- und Möhrenwürfel zu dem Fleisch geben, würzen und sacht weiter kochen. Nach weiteren zehn Minuten die Zucchiniwürfel und Kräuterzweige dazugeben, alles vermengen und in etwa fünf Minuten fertig garen. Den pikanten Eintopf zuletzt abschmecken und mit grob gehackten Kräutern anrichten. Dazu schmeckt beispielsweise frischer Buttertoast.

Auf gleiche Weise Eintopf mit Gurken, Patisson, Fenchel oder Staudensellerie bereiten. Die unterschiedlichen Garzeiten der Gemüse sind dabei zu beachten.

Eintöpfe mit Geflügel

Enten-Gemüsetopf mit Backpflaumen

etwa 1 kg	*Entenbrust, gepökelt*
2 l	*Geflügelbrühe*
	Gewürzbeutel mit Lorbeerblatt, Pfefferkörnern, Gewürznelken, getrockneter Ingwer und einem Petersilienstängel
je 500 g	*Wirsing, Möhren und Lauch*
4	*Zwiebeln, geschält*
150 g	*geweichte Backpflaumen ohne Stein*
	Salz, Pfeffer aus der Mühle
	Muskatnuss, frisch gemahlen
1 EL	*Petersilie, fein gehackt*

Die Entenbrust in der Geflügelbrühe mit dem Gewürzbeutel zum Kochen bringen und sacht weiter kochen lassen. Den sich an der Oberfläche bildenden Schaum mehrmals abschöpfen. Inzwischen die Gemüsesorten putzen, die Zwiebeln und den Wirsing in Streifen, sowie die Möhren und den Lauch in Scheiben schneiden. Nach 45 Minuten die Gemüse und Backpflaumen in die Brühe geben, würzen, den Eintopf zudecken und 15 Minuten gar ziehen lassen. Dann die Entenbrust herausnehmen, etwas abkühlen lassen, auslösen, in mundgerechte Stücke schneiden und anschließend in den Eintopf geben. Den Gewürzbeutel ebenfalls herausnehmen. Den Eintopf zuletzt pikant abschmecken, nochmals kurz aufkochen, mit Petersilie bestreuen und rasch auftragen.

Diesen pikanten Eintopf ebenso mit Gänsefleisch oder Kasseler zubereiten. Der besondere Geschmack wird durch die Backpflaumen und den Ingwer unterstrichen.

Fasan-Linsen-Eintopf mit Rauchfleisch

1,5 kg	*Fasan, zerteilt*
	Salz, Pfeffer
80 g	*Butter oder Margarine*
2	*Zwiebeln, fein gehackt*
4	*dicke Scheiben Bauchspeck*
400 g	*Linsen, eingeweicht*
1–2 l	*Geflügelbrühe*
	Lorbeerlaub
	abgeriebene Zitronenschale
60 g	*Mehl*
	Öl zum Anschwitzen
100 g	*saure Sahne*
	Petersilie, gehackt

Fasanenstücke würzen, in heißem Fett auf allen Seiten scharf anbraten und herausnehmen. Im Bratsatz Zwiebelwürfel und Speckscheiben leicht bräunen, die Linsen dazugeben, kurz anschwitzen und mit Geflügelbrühe gerade bedecken. Fasane, Lorbeerblatt und Zitronenschale dazugeben und alles abgedeckt etwa 1,5 Stunden garen, bis Fleisch und Linsen weich sind. Mehl im Öl leicht bräunen. Die so entstandene Roux unter die Linsen rühren, leicht köcheln lassen und nochmals mit Salz und Pfeffer abschmecken. Linsen auf tiefen Tellern anrichten, mit entbeintem Fasan und Speckscheiben belegen und mit saurer Sahne sowie gehackter Petersilie verfeinern.

Linsen nach Belieben etwas süßsauer abschmecken oder Essig und Zucker gesondert dazugeben. Statt Fasan eignet sich für diese Zubereitungsart auch Rebhuhn, Auerhahn und Wildenten, ebenfalls Huhn und Ente.

Gänsetopf mit Gemüse

600 g	*Gänsefleisch von Brust oder Keule*
1 EL	*Zwiebelwürfel*
40 ml	*Öl*
	Salz, Pfeffer
	Majoran
	Rosmarin
300 g	*Selleriewürfel*
400 g	*Möhrenscheiben*
300 g	*Lauchstücke*
400 g	*Kartoffelwürfel*
	Petersilie, grob gehackt

Das Gänsefleisch in Würfel schneiden. Dann die Zwiebelwürfel in heißem Öl anschwitzen, das Fleisch dazugeben, hellbraun braten, mit 1,5 Liter Wasser auffüllen, würzen, aufkochen und je nach Fleischqualität etwa 40 Minuten sacht kochen. Etwa 15 Minuten vor dem Garpunkt das Gemüse und die Kartoffelwürfel dazugeben, würzen und abgedeckt fertig garen. Den würzigen Eintopf abschmecken, anrichten und mit Petersilie überstreuen.

Ebenso Eintopf mit Enten- oder Hühnerfleisch zubereiten.
Diese Zubereitungsart ist besonders gut für Mikrowellengeräte geeignet, dafür das Fleisch im Bräunungsgeschirr ansetzen.

Geflügel-Rüben-Eintopf

1	*Suppenhuhn*
	Salz
2	*Zwiebeln*
2	*Petersilienwurzeln*
	Gewürzkörner
	Lorbeerblatt
je 350 g	*Möhren, Steckrüben, Teltower Rübchen und Kartoffeln*
	Petersilie, gehackt

Das Huhn in kochendem Salzwasser mit Zwiebeln, Petersilienwurzel und Gewürzen etwa eine Stunde kochen. Dabei öfter den sich bildenden Schaum abschöpfen. Die Möhren in Scheiben, die Rüben in Streifen und die Kartoffeln in Würfel schneiden. Alles zum Huhn geben und garen. Das Huhn herausnehmen, entbeinen, in mundgerechte Stücke zerpflücken und dann wieder zur Suppe geben. Zwiebeln und Gewürze entnehmen, den pikanten Eintopf anrichten und mit frisch gehackter Petersilie bestreuen.

Hühner-Mais-Tomatentopf

600 g	*geschnetzelte Hühnerbrust, ohne Haut*
2 EL	*Zwiebelwürfel*
60 g	*Butter oder Margarine*
1,5 l	*Fleischbrühe*
800 g	*Maiskörner (Konserve)*
	Salz, weißer Pfeffer
1 Prise	*Cayennepfeffer*
600 g	*Tomatenfleischstreifen*
	Kräuter, fein gehackt
1–2 EL	*Sherryessig*
1 EL	*Fines herbes*

Die Fleischstreifen zusammen mit den Zwiebelwürfeln in heißem Fett hellbraun anbraten, mit Fleischbrühe ablöschen, auffüllen, aufkochen lassen und fünf Minuten sacht kochen. Dann die Maiskörner dazugeben, würzen und acht Minuten weiter köcheln lassen, die Tomatenfleischstreifen dazugeben, alles gut vermengen und fünf Minuten fertig garen. Den Eintopf pikant abschmecken, anrichten und mit fein gehackten Kräutern bestreuen.

Hühnertopf Gärtnerin Art

1,5 kg	*Suppenhuhn*
1	*gespickte Zwiebel*
	Salz, weißer Pfeffer
1,2 kg	*Gemüse, geschnitten oder zerteilt zu gleichen Teilen (Möhren, Blumenkohl, Wirsing, Bohnen, Kohlrabi, Weißkohl, Rosenkohl, Erbsen usw.)*
400 g	*Kartoffelwürfel*
1 Bund	*Kräuter*

Das Huhn putzen, waschen, in einen passenden Topf geben, mit kaltem Wasser bedecken und zum Kochen bringen. Den sich auf der Oberfläche bildenden Schaum mit einem Schöpflöffel entfernen. Die Kochstufe sofort herunterschalten, Zwiebel und Salz dazugeben und fertig garen. Huhn und Zwiebel herausnehmen, Gemüse und Kartoffeln entsprechend der Garzeit in die Brühe geben, zum Kochen bringen und bissfest fertig köcheln. Inzwischen das Huhn enthäuten, ausbrechen, in mundgerechte Stücke schneiden, in den Eintopf geben und nochmals erhitzen. Zuletzt abschmecken, in entsprechenden Gefäßen anrichten und mit reichlich gehackten Kräutern überstreuen.

Hühner-Zucchinitopf

600 g	*Hühnerbrust*
60 ml	*Öl*
750 ml	*Hühnerbrühe*
	Salz, weißer Pfeffer
1	*Knoblauchzehe, mit Salz zerdrückt*
	Zitronensaft
	Oregano
1,2 kg	*Zucchini*
400 g	*Tomatenfleischstreifen*
4 TL	*Crème fraîche mit Knoblauch*
4	*Dillzweige*

Das Fleisch wie für Hühnergeschnetzeltes in Streifen schneiden, in heißem Öl hellgelb anbraten, mit der Brühe ablöschen, würzen, aufkochen und fünf Minuten abgedeckt sacht kochen. Die Zucchini waschen, putzen, je nach Durchmesser längs vierteln oder sechsteln und in Scheiben schneiden. Zucchinistücke zu dem Hühnerfleisch geben, würzen und abgedeckt zehn Minuten garen. Drei Minuten vor dem Ende der Garzeit die Tomatenfleischstreifen darunter mengen. Den fertigen Eintopf kräftig abschmecken, anrichten und Crème fraîche mit Knoblauch und Dillzweig darüber geben.

Eintöpfe mit Wild/Hase

Eintopf von weißen Bohnen mit Hasenfleisch

100 g	Bauchspeck, in feine Würfel geschnitten
2	große Zwiebeln, fein gehackt
4	Hasenläufchen, zerteilt
250 g	weiße Bohnen, 12 Stunden geweicht und abgetropft
	Fleischbrühe
200 g	Möhren, fein gewürfelt
200 g	Porree, grün, in feine Streifen geschnitten
400 g	Kartoffelwürfel
	Salz, Pfeffer
	Chili
2	Knoblauchzehen
2 cl	Weinessig
	Zucker
1 Bund	Petersilie, fein gehackt

Bauchspeck und Zwiebelwürfel anschwitzen, die Hasenläufchen sowie die Bohnen dazugeben und alles hellbraun rösten. Sofort mit etwa einem Liter Fleischbrühe auffüllen und eine Stunde leicht kochen. Dann Möhren-, Porree- und Kartoffelwürfel dazugeben, kräftig würzen und etwa 20 Minuten ziehen lassen. Die Hasenläufchen herausnehmen, entbeinen, Fleisch in Würfel schneiden und wieder dazugeben. Eintopf pikant mit Weinessig und Zucker abschmecken, entsprechend anrichten und mit gehackter Petersilie bestreuen.

Der Bohneneintopf wirkt besonders attraktiv, wenn man zu gleichen Teilen weiße, braune und rote Bohnen verwendet.

Hasentopf, im eigenen Saft gedünstet

1	mittelgroßer Hase, Fleisch entbeint und in feine Würfel geschnitten – Rücken, Leber und Herz werden für die weitere Verwendung zurückgelegt
80 g	Bauchspeck, in feine Würfel geschnitten
3	Zwiebeln, in feine Scheiben geschnitten
je 300 g	Weißkohl, Möhren, Sellerie und Porree, in Streifen geschnitten
400 g	Kartoffeln, in Würfel geschnitten
	Salz, Pfeffer aus der Mühle
80 g	Butter, als Flocken zerteilt
	Schmalzteigstreifen zum Abdichten

Hasenfleisch und Speckwürfel vermengen und zusammen mit den Zwiebeln, Gemüsesorten, etwas Wasser und Kartoffeln in ein geeignetes Gargefäß (z. B. Steinguttopf) mit fest schließendem Deckel geben, würzen und mit Butterflocken versehen. Deckel mit einem Schmalzteigstreifen rundherum fest verschließen bzw. versiegeln, damit während des Garprozesses kein Dampf entweichen kann. Dann das Gargefäß in einen größeren Topf mit kochendem Wasser auf einen entsprechenden Einsatz stellen. Das Gargefäß muss bis zu drei Viertel im Wasser stehen. Wasser etwa vier Stunden simmern lassen. Falls erforderlich, kochendes Wasser nachgießen. Das Gargefäß möglichst erst kurz vor dem Verzehr öffnen, da der Geruch von Hasenfleisch und Gemüse die Besonderheit dieser Eintopfzubereitung unterstreicht.

Für diese Zubereitungsart kann auch jede andere Wildbretart, Geflügel oder Kaninchen verwendet werden. Die Zusammenstellung der Gemüse muss dann variiert werden.

Kaninchen-Eintopf mit weißen Bohnen

300 g	*weiße Bohnen, eingeweicht*
600 g	*Kaninchenfleisch, in grobe Würfel geschnitten*
2	*Zwiebeln, fein gehackt*
100 g	*Möhren, in feine Würfel geschnitten*
400 g	*Kartoffeln, in Würfel geschnitten*
50 ml	*Öl*
	Weinessig
	Salz, Pfeffer
	Knoblauch
	Cayennepfeffer
	Petersilie, gehackt
	Zucker

Zuerst die Bohnen bissfest kochen, dann die Garflüssigkeit zur weiteren Verwendung abgießen. Kaninchenfleisch, Zwiebel-, Möhren- und Kartoffelwürfel mit Öl, Essig, Gemüse und Garflüssigkeit der Bohnen ansetzen und abgedeckt etwa 20 Minuten simmern lassen. Kurz vor Ende der Garzeit die Bohnen dazugeben, alles gut vermengen, kräftig würzen und kurz aufkochen. Anrichten, mit gehackter Petersilie bestreuen und nach Belieben mit Zucker süßsauer abschmecken.

Wildbret-Eintopf

800 g	*Wildfleisch, Wildbrühe*
	Rotwein zum Marinieren
	Lorbeerblatt
	Gewürznelke
	Pfeffer aus der Mühle
je 200 g	*Möhren, Sellerie, Lauch und Zwiebeln, klein geschnitten*
	Wildbrühe
	Salz
400 g	*Kartoffelwürfel*
1 Prise	*Zucker*
	Petersilie, gehackt

Das Fleisch in kleine Würfel schneiden und mit Rotwein, Lorbeerblatt, Gewürznelke und Pfefferkörnern zwölf Stunden marinieren. Das Fleisch gut abtropfen lassen und in einen Topf mit Zwiebelscheiben, Möhren, Sellerie und Lauch geben. Alles mit heißer Wildbrühe übergießen, salzen, pfeffern, zum Kochen bringen und etwa 20 Minuten simmern lassen. Währenddessen mehrmals abschäumen. Dann die Kartoffelwürfel dazugeben und alles fertig garen. Zuletzt mit Salz, Pfeffer und einer Prise Zucker abschmecken. In einer vorgewärmten Terrine anrichten und mit gehackter Petersilie bestreuen.

Eintöpfe mit Fisch

Altköpenicker Aaltopf

etwa 1 kg	*Suppenaal*
	Salz, Essig, Zitronensaft
60 g	*Butter*
2	*Zwiebeln, in Scheiben geschnitten*
400 g	*Selleriewürfel*
400 g	*Möhrenwürfel*
2 Bund	*Suppengrün*
300 g	*Tomatenstücke*
2	*Eigelb*
100 ml	*Sahne*
1 Bund	*Kräuter, gehackt*

Den Aal ausnehmen, filetieren, in zwei bis drei Zentimeter lange Stücke schneiden und mit Salz, Essig und Zitronensaft würzen. Inzwischen Butter zerlassen, Aalstücke, Zwiebeln, Sellerie- und Möhrenwürfel dazugeben und goldgelb braten. Wasser aufgießen, geschnittenes Suppengrün und Tomatenstücke zugeben, alles leicht vermengen, gut würzen und zum Kochen bringen. Den sich auf der Oberfläche bildenden Schaum abschöpfen, Gefäß abdecken und alles etwa 15 Minuten köcheln lassen. Eigelb und Sahne verrühren, in die Suppe geben und etwa fünf Minuten ziehen lassen. Zuletzt abschmecken, mit gehackten Kräutern überstreuen und z. B. mit frischem Toast servieren.

Aaltopf mit einigen Streifen von grünen Salatgurken vermengen, dann schmeckt er besonders pikant.

Fischtopf mit Tomaten

500 g	*Fischabschnitte*
1	*gespickte Zwiebel*
	Salz, Pfeffer
800 g	*Kartoffelwürfel, roh*
800 g	*Fischfilet, wie für Gulasch in Würfel geschnitten*
	Saft einer Zitrone
1 EL	*Zwiebelwürfel*
60 g	*Olivenöl*
400 g	*Tomatenfleischwürfel*
1	*Röhrchen Kapern*
	Salz, weißer Pfeffer
1 Prise	*Safran*
1 EL	*Kräuter, grob gehackte*

Die Fischabschnitte waschen, mit der gespickten Zwiebel, Salz und Pfefferkörnern in etwa 1,5 Liter Wasser zum Kochen bringen und eine Stunde köcheln lassen. Die Kartoffelwürfel in kochendes Wasser geben, aufkochen, in 15 Minuten fertig garen und abgießen.
Die Fischfiletwürfel mit Zitronensaft marinieren, in heißem Öl unter häufigem Schwenken rundherum anbraten, die Tomatenwürfel, Kartoffelwürfel, Kapern und Gewürze dazugeben und kurz zusammen anschwenken. Die Fischbrühe passieren, in den Eintopf gießen, alles gut vermengen, zum Kochen bringen und drei Minuten köcheln lassen. Den fertigen Eintopf pikant abschmecken, anrichten und mit gehackten Kräutern bestreuen. Dazu schmeckt z. B. ofenfrisches Weißgebäck und herber Tischwein.

Diesen Eintopf ebenso aus speziellen Fischen zubereiten, z. B. Karpfen. Aufwändig ist das Entgräten und Schuppen, da die Haut auf jeden Fall am Filet bleiben muss.

Kabeljau-Topf mit Gemüse

2 EL Zwiebelwürfel
60 g Butter oder Margarine
250 g Möhrenscheiben
250 g Lauchringe
250 g Selleriewürfel
Salz, weißer Pfeffer
600–800 g Kabeljaufilet
200 g Erbsen, gefroren
je 1 Prise Curry und Cayennepfeffer
1 EL Zitronensaft
125 ml Weißwein
4 EL Crème fraîche
1 EL Petersilie, grob gehackt

Die Zwiebelwürfel in heißem Fett anschwitzen, Möhren, Lauch und Sellerie dazugeben, drei Minuten mit anschwitzen, mit 500 ml Wasser auffüllen, würzen und abgedeckt etwa zehn Minuten sacht kochen. Inzwischen das Fischfilet in mundgerechte Würfel schneiden und zusammen mit den Erbsen zum Gemüse geben, Gewürze und Weißwein ebenso. Den Fischtopf dann abgedeckt etwa zehn Minuten fertig garen. Zuletzt pikant abschmecken und anrichten. Jede Portion mit einem Esslöffel Crème fraîche behäufen und mit grob gehackter Petersilie überstreuen.

Diesen pikanten Fischeintopf ebenso mit Filet von anderen Fischen zubereiten. Besonders eignet sich für diese Variante küchenfertiger Kalmar.

Maistopf mit Thunfisch

2 EL Zwiebelwürfel
40 g Butter oder Margarine
600 g Tomatenfleischwürfel
1 l Gemüsebrühe (Instant)
1 kg Zuckermais (Konserve)
2 Dosen Thunfisch, naturell
Salz
Cayennepfeffer
Paprikpulver edelsüß
Limettenessig
4 EL Crème fraîche
1 EL Kräuter, grob gehackt

Die Zwiebeln in heißem Fett blondieren. Die Tomatenwürfel dazugeben, kurz anschwitzen und sofort mit Gemüsebrühe auffüllen. Dann Maiskörner, Thunfisch und Gewürze dazugeben, alles gut vermengen, aufkochen und fünf Minuten sacht weiterkochen. Die fertige Suppe pikant abschmecken, mit Crème fraîche anrichten und mit Kräutern bestreuen.

Sauerkraut-Eintopf mit Fischklößchen

800 g Sauerkraut
2 EL Zwiebelwürfel
40 ml Olivenöl
je 200 g Sellerie- und Kartoffelwürfel
je 200 g Möhren- und Lauchstreifen
1 l Gemüsebrühe
Salz, weißer Pfeffer aus der Mühle
Wacholderbeeren, grob gemahlen
1 EL Petersilie, gehackt

Fischklößchen:
250 g Fischfilet (Zander oder Hecht)
100 g Crème fraîche
1 Eiweiß
Meersalz, weißer Pfeffer

Das Sauerkraut zerzupfen oder fein schneiden. Die Zwiebelwürfel in heißem Öl blondieren, das Gemüse dazugeben und ebenfalls anschwitzen. Mit Gemüsebrühe auffüllen, das Sauerkraut dazugeben, alles aufkochen, würzen und etwa 15 Minuten sacht weiterkochen lassen.
Für die Fischklößchen das Fischfilet fein pürieren, durch ein Sieb streichen und in eine Schüssel mit Wasser und Eiswürfel stellen. Crème fraiche und Eiweiß unter die Fischfarce rühren, würzen und 30 Minuten zum Abbinden kalt stellen. Dann von der Fischfarce Klößchen in siedendes Salzwasser abstechen und darin gar ziehen lassen. Den Eintopf pikant abschmecken und mit abgetropften Fischklößchen und gehackter Petersilie anrichten.

Sauerkraut sollte immer kurz geschnitten werden. Es isst sich schlecht, wenn Sauerkraut oder Gemüsejulienne beim Essen über den Löffel hängen.

Suppentopf mit frischem Aal

1 kg	*Aal, küchenfertig*
	Salz
800 g	*Kartoffelwürfel*
300 g	*Möhrenstreifen*
200 g	*Zwiebelscheiben*
200 g	*Lauchringe*
	Essig
	Lorbeerblatt
	Nelkenpulver
	Piment
	Pfeffer aus der Mühle
1 l	*Fischbrühe*
	Kräuter, gehackt (Dill, Petersilie, Kerbel)

Den Aal in Stücke schneiden, salzen und zusammen mit den Kartoffelwürfeln, Gemüse und Gewürzen in einen passenden Topf geben. Alles leicht vermengen und mit Brühe oder kaltem Wasser gerade bedecken, zum Kochen bringen und zehn bis 15 Minuten sieden lassen. Die Suppe abschmecken, in einer geeigneten Suppenterrine anrichten, mit gehackten Kräutern überstreuen und sehr heiß beispielsweise mit frischem Weißgebäck oder Bauernbrot servieren.

Aale bis etwa 400 Gramm müssen nicht gehäutet werden. Für diesen Suppentopf eignen sich besonders fingerdicke Aale.

Das Häuten der Aale ist nicht schwer: Zuerst die Haut hinter dem Kopf rundum einschneiden und abziehen. Den Aal dazu fest an einem Haken aufhängen. Aale sind „aalglatt“. Um sie richtig in den Griff zu bekommen, sind sie einfach mit grobem Salz einzureiben.

Eintöpfe mit Gemüse

Grünkern-Gemüseeintopf mit pochiertem Ei

1 l	Gemüsefond (Instant)
100 g	Grünkern, in kaltem Wasser geweicht
1 Bund	Frühlingszwiebeln, in Ringe geschnitten oder die gleiche Menge Lauch
40 g	Butter oder Margarine
400 g	Kohlrabi, in Stifte geschnitten
400 g	Erbsen, tiefgefroren
400 g	Möhren, in Stifte geschnitten
	Salz, Pfeffer
	Muskatnuss, frisch gerieben
1 TL	Paprika, edelsüß
	Essig
4	Eier
	Petersilie, grob gezupft
4 EL	saure Sahne (Magerstufe)

Die Gemüsebrühe zum Kochen bringen, die Grünkernkörner dazugeben und etwa 30 Minuten darin garen. Inzwischen die Frühlingszwiebeln in heißem Fett andünsten, mit den anderen Gemüsesorten zum Eintopf geben, würzen, aufkochen und etwa zehn Minuten köcheln lassen.
Für die pochierten Eier Wasser mit Essig in einem flachen Topf aufkochen, nacheinander vier Eier in eine Schöpfkelle oder Tasse aufschlagen, vorsichtig in das Wasser gleiten und drei bis vier Minuten gar ziehen lassen. Den Vollwerteintopf zuletzt abschmecken, anrichten, mit Petersilie bestreuen und jede Portion mit einem pochierten Ei und einem Esslöffel saure Sahne krönen.

Grünkern ist vorzeitig geernteter Dinkel, also eine alte Kulturform des Weizens. Durch Trocknen erhält Grünkern sein arteigenes, besonders würziges Aroma.

Bei vegetarischen Eintöpfen dominiert das Gemüse – die ohnehin wichtigste Zutat eines guten Eintopfes. Ergänzt wird es durch Grünkern, Hirse, Reis usw. Es fehlt also die Fleisch-, Geflügel- oder Wurstzugabe. Doch darauf sollte man verzichten können, denn jeder Löffel Eintopf bietet vitaminreiche und gesunde Kost.

Hirse-Gemüseeintopf

1 EL	Zwiebelwürfel
60 g	Butter oder Margarine
1 l	Gemüsebrühe
250 g	Hirse
je 2	rote und grüne Gemüsepaprikas
500 g	Zucchini
	Salz, Pfeffer
1 TL	Curry
2 TL	Paprikapulver edelsüß
1 EL	Schnittlauchröllchen

Die Zwiebelwürfel in heißem Fett andünsten, mit Gemüsebrühe ablöschen, die Hirse dazugeben, alles gut verrühren und bei geringer Hitze abgedeckt 20 Minuten quellen lassen.
Inzwischen die Gemüsepaprikas waschen, vierteln und in Streifen schneiden. Die Zucchini waschen, längs halbieren, mit der Schnittfläche auf das Arbeitsbrett legen und in Scheiben schneiden. Die Hirse mit zwei Gabeln auflockern, die Gemüsesorten dazugeben, alles kräftig würzen und etwa zehn Minuten zugedeckt bei schwacher Hitze fertig garen. Den ve-

getarischen Eintopf zuletzt abschmecken und mit Schnittlauch bestreut servieren. Dazu schmeckt z. B. frisches Käsegebäck.

Hirse ist sehr mineralstoffreich, sie hat von allen Getreidearten den höchsten Mineralstoffgehalt. Hirse lässt sich vielfältig, vergleichbar mit Reis, pikant oder auch süß zubereiten. Zu beachten ist, dass sie stark aufquillt. Deshalb wird fein gemahlene Hirse gern für Aufläufe, Puddings und Flans verwendet.

Hirse und Garflüssigkeit immer im Verhältnis 3:1 verwenden. Die Garzeit beträgt je nach Mahlgrad 10–20 Minuten.

Nach dem Motto „Locker vom Flocker" ist in der Vollwertküche die Anschaffung einer Flocker-Kornquetsche eine lohnenswerte Überlegung. Es gibt eine große Auswahl als Hand- oder Elektrogeräte im Naturkosthandel.

Kartoffel-Gemüsetopf mit Grünkernklößchen

800 g	Kartoffeln, geschält
je 200 g	Porree, Rosenkohl, Möhrenwürfel, Steckrübenwürfel
1 l	Gemüsebrühe
	Meeressalz, weißer Pfeffer
	Muskatnuss, frisch gerieben
1 EL	Kräuter, gehackt

Grünkernklößchen:

40 g	Grünkernmehl
125 ml	Gemüsebrühe
1	Ei
1 EL	Sahne
	Meersalz

Die Kartoffeln in Würfel, den Porree schräg in Stücke schneiden. Alle Gemüsesorten in einen Suppentopf geben, mit Gemüsebrühe auffüllen, würzen, aufkochen lassen und abgedeckt fünf Minuten sacht weiter kochen.

Für die Klößchen Grünkernmehl in Gemüsebrühe einrühren, ausquellen und erkalten lassen. Dann Ei und Sahne darunter mengen und mit Meersalz würzen. Die Masse etwa 20 Minuten kalt stellen, dann mit einem Löffel Klößchen in kochendes Salzwasser abstechen und darin gar ziehen lassen.

Die Kräuter in den fertigen Eintopf geben, gut verrühren, pikant abschmecken und anrichten. Zuletzt die Grünkernklößchen abtropfen lassen und auf den Eintopf verteilen.

Kartoffeln machen einen Eintopf so richtig rund. Die „tolle Knolle" gibt es in verschiedenen Sorten. Zu Eintöpfen eigenen sich am besten die vorwiegend fest kochenden Sorten wie Maja, Hella oder Clivia.

Kichererbsen-Gemüseeintopf

200 g	Kichererbsen
2 EL	Zwiebelwürfel
60 ml	Olivenöl
1 l	Rindsbouillon
400 g	Tomatenfleischwürfel
2	grüne Gemüsepaprika, in feine Würfel geschnitten
1	kleine Aubergine, in Würfel geschnitten
1	Zucchini, längs geviertelt in Stücke geschnitten
	Salz, weißer Pfeffer
1	Knoblauchzehe, mit Salz zerrieben
1 El	Kräuter, grob gehackt

Die Kichererbsen 12 Stunden in kaltem Wasser einweichen. Am nächsten Tag mit dem Einweichwasser zum Kochen bringen und etwa 1,5 Stunden garen. Vor der weiteren Verarbeitung das Kochwasser abgießen. Die Zwiebelwürfel in Olivenöl blondieren, mit Brühe ablöschen, die vorbereiteten Gemüsesorten, Kichererbsen und Gewürze dazugeben, alles gut vermengen, im geschlossenen Suppentopf zum Kochen bringen und bei mittlerer Hitze zehn Minuten köcheln lassen. Den fertigen Eintopf pikant abschmecken und mit Kräutern überstreut servieren.

Kichererbsen ebenso mit Kartoffeln oder Suppennudeln kombinieren. Die Zugabe von Tomaten oder Tomatenmark, Knoblauch und frischen Kräutern unterstreicht das typische Aroma der Kichererbsen.

Kichererbsen werden meist zu Suppen verarbeitet. Lässt man sie keimen, müssen sie blanchiert werden. Kichererbsen benötigen mindestens 12 Stunden Quell- und 1,5 Stunden Garzeit. Wegen des hohen Eiweißgehaltes sind Kichererbsen sehr nahrhaft. Sie enthalten weiterhin reichlich Vitamine des B-Komplexes, Eisen, Calcium, Mangan und Phosphor.

Reiseintopf mit Morcheln und Gemüse

je 300 g	*grüne Erbsen, Möhrenwürfel und Lauchstreifen*
1 l	*Gemüsebrühe (Instant)*
800 g	*Reis, gekocht*
20 g	*getrocknete Spitzmorcheln, geweicht*
	Salz, Pfeffer,
	Muskatnuss, frisch gerieben

Die Gemüse in der Brühe bissfest garen. Dann Reis, Morcheln und Gewürze dazugeben und fünf Minuten köcheln lassen. Zuletzt abschmecken und sehr heiß anrichten.

Vegetarischer Gemüseeintopf

1,6 kg	*Gemüsemischung, frisch oder tiefgekühlt*
400 g	*Kartoffeln, rhombenförmig geschnitten*
1 l	*Gemüsebrühe (Instant)*
	Pfeffer, Meersalz
	Muskatnuss, frisch gerieben
	Sojasauce
2 EL	*Kräuter, gehackt*

Gemüse und Kartoffeln mit der Brühe und den Gewürzen aufkochen und etwa zehn Minuten köcheln lassen. Das Gargefäß dabei gut abdecken. Der Eintopf kann beispielsweise mit Vollkornbrot angerichtet werden.

Vegetarischer Kartoffel-Gemüsetopf

1 EL	*Zwiebelwürfel*
800 g	*Kartoffelwürfel, roh*
75 g	*Buchweizen, vorgegart*
2	*Knoblauchzehen, mit Salz zerdrückt*
1 l	*Gemüsebrühe, fettfrei*
	Meersalz
je 1 TL	*Paprika- und Currypulver*
400 g	*Lauch, in Scheiben geschnitten*
je 1	*gelbe und rote Gemüsepaprika, in Streifen geschnitten*
6 EL	*Fleischtomatenwürfel*
200 g	*Teltower Rübchen – oder Möhrenwürfel*
je 2	*Majoran- und Thymianzweige*
	Petersilie, grob gehackt

Die Zwiebelwürfel in einem heißen Topf ohne Fett unter ständigem Rühren dünsten, Kartoffelwürfel sowie Buchweizen und Knoblauch dazugeben, die Brühe aufgießen, aufkochen, würzen und zehn Minuten köcheln lassen. Dann die Gemüse sowie die Kräuter dazugeben und alles nochmals zehn Minuten köcheln lassen. Sehr heiß anrichten und mit grob gehackter Petersilie bestreuen.

Spinateintopf mit pochiertem Ei

1 kg	*Blattspinat*
	Salz
100 g	*Zwiebelwürfel*
100 g	*Margarine oder Butter*
1 l	*Fleischbrühe*
500 g	*Kartoffeln, geschält, in feine Würfel geschnitten*
	Salz, weißer Pfeffer, frisch aus der Mühle
2 EL	*Essig*
4	*Eier*
	Muskatnuss, frisch gerieben

Den Spinat putzen, sorgfältig waschen und tropfnass in eine große, flache Kasserolle geben, salzen und zugedeckt bei mittlerer Hitze zusammenfallen lassen. Nach drei Minuten in einen Durchschlag geben. Die Zwiebelwürfel in heißem Fett blanchieren, mit Fleischbrühe ablöschen, Kartoffelwürfel und Gewürze dazugeben und zum Kochen bringen. Inzwischen den Spinat fein hacken, dazugeben und zehn Minuten fertig garen. Für die pochierten Eier in einem flachen breiten Topf etwa einen Liter Wasser mit Essig aufkochen. Die Eier einzeln in eine Tasse aufschlagen, in das Wasser gleiten lassen und drei bis vier Minuten pochieren. Das Eigelb soll im Kern flüssig bleiben. Zuletzt den Eintopf abschmecken, je nach Belieben mit etwas Essig und geriebener Muskatnuss, abschmecken und auf jeden Teller ein pochiertes Ei legen.

Dieser ungewöhnliche Eintopf wirkt noch attraktiver, wenn man das pochierte Ei mit erhitztem Schmant überzieht und mit angebratenen Schinkenstreifen überstreut.

Weiße-Bohnen-Eintopf mit Dilljoghurt

250 g	*weiße Bohnen*
	Salz, weißer Pfeffer
200 g	*Speckwürfel*
100 g	*Zwiebelwürfel*
je 100 g	*rote und grüne Gemüsepaprika*
200 g	*Tomatenfleischwürfel*
200 g	*Gurken*
	Essig
	Knoblauch
1,5 l	*Fleischbrühe*
1–2 Bund	*Dill*
4 EL	*Joghurt*

Die Bohnen etwa 12 Stunden in Wasser einweichen, in einem Liter Wasser aufkochen, abschäumen und in etwa 90 Minuten bei mittlerer Hitze zugedeckt garen. Zuletzt mit Salz und Pfeffer würzen. Inzwischen die Speckwürfel auslassen und leicht bräunen. Dann die Zwiebelwürfel dazugeben, kurz anschwitzen. Ebenso das restliche Gemüse dazugeben, würzen, mit Fleischbrühe auffüllen und etwa fünf Minuten köcheln lassen. Das Gemüse dann unter die Bohnen heben, würzen und zehn Minuten durchziehen lassen. Währenddessen Dill hacken, unter den Joghurt mischen und pikant abschmecken. Den bunten Bohneneintopf auf vorgewärmten Tellern anrichten und mit Dilljoghurt überziehen.

Weiße-Bohnen-Tomatentopf

2	EL	*Zwiebelwürfel*
4	EL	*Olivenöl*
800	g	*sehr kleine Tomaten, in Scheiben geschnitten*
200	g	*Zucchini, längs halbiert, in Scheiben geschnitten*
500	ml	*Gemüsebrühe (Instant)*
		Meersalz, weißer Pfeffer
2		*Knoblauchzehen, mit Salz zerdrückt*
		Balsamico-Essig
800	g	*weiße Bohnen (Konserve)*
		Kräuter, gezupft (z. B. Petersilie, Bohnenkraut, Basilikum)
4	EL	*Parmesankäse, gerieben*

Zwiebeln in Öl anschwitzen, die Gemüse dazugeben, mit Brühe auffüllen, würzen und fünf Minuten kochen. Die abgespülten Bohnen dazugeben, zusammen aufkochen lassen, abschmecken und auf Tellern anrichten. Die Suppe mit Kräutern und Parmesankäse bestreuen und sehr heiß servieren.

Zucchini-Eintopf mit Parmesan

1	kg	*Zucchini*
1	EL	*Zwiebelwürfel*
80	g	*Butter oder Margarine*
750	ml	*Gemüsebrühe (Instant)*
200	g	*Lauchstreifen*
		Salz, weißer Pfeffer
		Oregano
1	TL	*Currypulver*
500	g	*Tomatenfleischwürfel*
1	EL	*Kräuter, grob gehackt*
150	g	*Parmesan, gerieben*

Die Zucchini waschen, längs halbieren und in Stücke schneiden. Die Zwiebelwürfel in heißem Fett blondieren, mit Gemüsebrühe ablöschen, die Lauchstreifen dazugeben und etwa fünf Minuten darin köcheln lassen. Dann die vorbereiteten Zucchini dazugeben, würzen und alles zusammen weiter köcheln lassen. Nach etwa fünf Minuten die Tomatenfleischwürfel und die Kräuter zufügen und in fünf Minuten fertig garen. Dann den pikanten Gemüseeintopf anrichten, mit geriebenem Parmesankäse überstreuen und sehr heiß servieren. Dazu schmeckt z. B. frisches Roggenbrot, aber auch frisch gekochte Pellkartoffeln aus neuer Ernte.

Statt Parmesan ebenso Schnittkäse frisch über den Eintopf reiben.

Kohleintopf einmal anders

2	EL	*Zwiebelwürfel*
2		*Knoblauchzehen, mit Meersalz zerdrückt*
3–4	EL	*Olivenöl*
200	g	*Möhrenwürfel*
je 1		*gelbe und rote Paprika, enthäutet, in Würfel geschnitten*
1	Stange	*Staudensellerie, rhombenförmig geschnitten*
200	g	*Brechbohnen*
600	g	*Weißkohlblätter, fein gezupft*
1	l	*Gemüsebrühe (Instant)*
		Meersalz
		Tabasco
		weißer Balsamico-Essig
2		*Strauchtomaten, enthäutet, in Würfel geschnitten*
		Kräuter, gehackt (Thymian, Basilikum, Salbei, Petersilie)
2	EL	*schwarze Oliven, entsteint*
1	EL	*Sardellenfilets, fein gehackt*

Die Zwiebelwürfel und den Knoblauch in Olivenöl anschwitzen, die Gemüse (Möhren, Paprika, Sellerie, Bohnen) nacheinander dazugeben und mit anschwitzen. Als letztes den Weißkohl dazugeben. Sofort mit der Brühe auffüllen, würzen und etwa zehn Minuten köcheln lassen. Dann Tomaten und Kräuter dazugeben und nochmals drei bis fünf Minuten köcheln lassen. Zuletzt die Sardellen und Oliven untermengen und pikant abschmecken.

Fachbegriffe (Glossar)

Fachbegriff	Erläuterung
Abbrennen	Teig solange mit einem Holzlöffel bearbeiten, bis er sich vom Topfboden löst (z. B. Brandteig)
Ablöschen	Bratsatz vom Fleisch oder Geflügel, Speck- und Zwiebeln oder Mehlschwitze mit Brühe, Wein, Wasser oder Milch ablöschen, damit der Röst- oder Bratprozess sofort beendet ist und sich der Bratsatz vom Boden löst
Abgänge (Parüren)	Abschnitte, die beim Zuschneiden von Fisch, Fleisch oder Geflügel entstehen (Sehnen, Flechsen, Häute, Kleinfleisch usw.)
Abfrischen – Abschrecken	Heißes, gekochtes oder blanchiertes Kochgut in kaltes Wasser geben oder mit kaltem Wasser übergießen. Der Garvorgang wird damit abgebrochen. Bei sehr zarten Gemüse Eiswasser verwenden.
Abschäumen	Suppen, Brühen und Saucen mit einem Schaumlöffel vom aufsteigenden Schaum und Fett befreien. Damit soll eine Trübung vermieden werden.
Absteifen	Speziell Austern oder Muscheln in heißer Flüssigkeit (Wein) außen fest bzw. steif werden lassen. Innen sollen sie weich bleiben.
Abziehen	Suppen, Kaltschalen oder Saucen mit Mehl oder Stärkemehl binden, damit sie sämiger und dicklicher werden.
Aromatisieren (Parfümieren)	Durch Aromen, Würzmittel, Essenzen oder Liköre Speisen aromatisieren und ihnen damit einen besonderen Geruch und Geschmack verleihen.
Aufgießen/Auffüllen	Gargut mit Flüssigkeit halb bzw. ganz aufgießen.
Aufmontieren (Montieren)	Suppen oder Saucen mit sehr kalter Butter aufschlagen. Sie werden dadurch sämig und voluminöser.
Beurre manier	siehe Mehlbutter
Bisque	Cremesuppe von Krustentieren, bei der die halbsteif geschlagene Sahne erst vor dem Anrichten untergezogen wird.
Blanchieren	Zutaten kurz in kochendes Wasser geben, um • eine starke Geschmacksnote oder Bitterstoffe zu beseitigen (z. B. Grünkohl) • Schalen oder Häute leichter zu entfernen (z. B. Kalbsbries, Hirn, Tomaten) • nach sofortigem Abschrecken die Farbe zu erhalten (z. B. Brokkoli)

Blondieren	In heißem Fett leicht bräunen oder hellbraun (blond) werden lassen (z. B. Zwiebelwürfel)
Bouillon (Fleischbrühe)	Wird aus fleischigen Rinderknochen und Rindfleischabschnitten hergestellt. Bouillon ist die Grundlage für die Kraftbrühe (frz.: Consommé)
Bouquet garni	Bündel oder Sträußchen von verschiedenen Kräutern (z. B. Estragon, Petersilie, Thymian und Lorbeer) zum Mitkochen in Suppen und Saucen
Brunoise	Kleinste Gemüsewürfelchen (aus Möhren, Sellerie usw.) als Suppeneinlage oder Garnitur (z. B. für Cocktails)
Carcasse	siehe Karkasse
Chiffonade	Feinste Streifen (von Kopfsalat, Spinat, Sauerampfer usw.) als Suppeneinlage oder zum Auslegen von Cocktailgläsern
Célestines	Feine Streifen von Eierpfannkuchen als Suppeneinlage (mit gehackten Kräutern)
Concassé (Konkasse)	Kleine Würfel (z. B. Tomatenfleischwürfel)
Consommé	besonders kräftige, klare Fleischbrühe. Das Verhältnis zwischen Fleisch und Brühe sollte 1:5 betragen. Bei Consommé double 2:5. Zubereiten mit gewolftem Rindfleisch, Eiweiß, Wurzelgemüse und kalter, entfetteter Fleischbrühe
Crème double	Doppelrahm bzw. Creme (Mindestfettgehalt 40 %) zur Verfeinerung besonders sämiger und cremiger Suppen und Saucen
Crème fraîche	Dicker, zähflüssiger, säuerlicher Rahm mit einem Fettgehalt von 30 %
Durchstreichen	Durch ein Haarsieb streichen. Meist werden Pastetenmassen, Gemüsepürees und feine Suppen durchgestrichen.
Eischnee (Eierschnee)	Steifgeschlagenes Eiklar. Je nach Verwendungszweck mit oder ohne Zucker
Etamine	Passiertuch aus besonderem Leinengewebe zum Passieren von Suppen und Saucen
Farce	Sehr feine Mischung von Fleisch oder Fisch, die mit anderen Zutaten zu Füllungen oder Klößchen verarbeitet wird
Filetieren	Ablösen der Filets von Knochen, Gräten oder Häuten
Fines herbes (feine Kräuter)	Mischung aus frischer Petersilie, Estragon, Kerbel und Schnittlauch – fein gehackt oder fein geschnitten. Mengenverhältnis variiert je nach Geschmack
Fleurons	Ungesüßte Blätterteigstückchen

Geklärte Butter	Von Milchrückständen, Wasser und Salz befreite Butter (Butter wird langsam erhitzt, bis sie schmilzt und zu schäumen beginnt. Der Schaum wird abgeschöpft und die goldig klare Butter abgegossen)
Gespickte Zwiebel	Eine mittelgroße geschälte Zwiebel mit einem Lorbeerblatt und ein bis zwei Nelken gespickt.
Gratinieren	Überbacken von Speisen
Julienne	Bezeichnung für etwa streichholzlange, in dünne Streifen geschnittenes Gemüse (meist als Suppeneinlage)
Karkasse (Carkasse)	Gerippe von rohem oder gegartem Geflügel, Wildgeflügel oder auch Krustentieren (zum Ansetzen von Fonds oder Saucen)
Kasserolle	Spezielles Kochgefäß oder Topf mit Stiel oder Henkel, meist aus Edelstahl mit dazu passendem Deckel
Klarkochen	Suppen, Brühen oder Saucen solange köcheln lassen, bis alle Unreinheiten in Form von Schaum oder Fett herausgekocht sind (Schaum und Fett ständig abschäumen)
Klärfleisch/ Klärmittel	Geschrotete Rinderhesse, Geflügelfleisch oder Hechtfilet mit Eiklar, Wurzelgemüse und gestoßenen Eiswürfeln vermengen. Mit kalter Brühe auffüllen und langsam – bis zum Siedepunkt – unter vorsichtigem Rühren erhitzen. Nach etwa 90 Minuten passieren.
Köcheln	Garen kurz unter dem Siedepunkt. Das Gargut darf nicht kochen
Läuterzucker	Gleiche Menge Zucker und Wasser solange kochen, bis das Zuckerwasser klar ist (zum Süßen von Kaltschalen, Obstsalat usw.)
Legieren	Binden oder Sämigmachen von Suppen und Saucen mit Sahne und Eigelb (verquirlt)
Makronen (Suppenmakronen)	Kleine Plätzchen aus Mandeln, Zucker und Eiklar (Garnitur für Süßspeisen und Kaltschalen)
Mazerieren	Mit wenig Flüssigkeit vorwürzen, durchtränken oder beizen (z. B. Früchte mit Alkohol mazerieren)
Mehlbutter (Beurre manie)	Mehl und Butter zu gleichen Teilen verkneten. Diese pastenartige Masse dient als schnelles Bindemittel für Sauce, Suppen und sonstige Speisen. (Um den Mehlgeschmack zu meiden, ist ein etwa zehnminütiges Köcheln erforderlich)
Mirepoix/ Röstgemüse	Mischung verschiedener, gerösteter Wurzelgemüse, um das Aroma von Suppen, Saucen oder Schmorgerichten zu verstärken (die klassische Mischung besteht aus Zwiebeln, Möhren, Sellerie und Lorbeerblatt)
Montieren	siehe Aufmontieren

Paprizieren	Würzen mit Paprikapulver
Panaché	Französische Bezeichnung für bunt, farbig, gemischt oder marmoriert, d. h. verschiedene Zutaten vermengen oder anrichten, z. B. Speck-, Zwiebel- und Tomatenwürfel
Panachieren	Verschiedene Materialien vermengen
Parfümieren	siehe Aromatisieren
Parüren	siehe Abgänge
Pochieren	In Flüssigkeit knapp unter dem Siedepunkt garen
Profiteroles	Backerbsen aus Eierkuchen oder Brandteigkügelchen, in der Friteuse gebacken
Reduzieren	Brühe oder Fond einkochen lassen, damit sich diese vermindern und gehaltvoller werden (die eingekochte Flüssigkeit wird als Reduktion bezeichnet)
Röstgemüse	siehe Mirepoix
Roux	Allgemeine Bezeichnung für Mehlschwitze (Roux brun – braune Mehlschwitze. Roux blanc – helle Mehlschwitze)
Salamander (Grillsalamander)	Elektrisches Gerät, das nur Oberhitze zum Gratinieren erzeugt. Ursprüngliche Bezeichnung für Eisenstab, der zur Farbgebung von Speisen (z. B. Omelette confiture) glühend gemacht wurde
Salpikon	Feines Ragout (fein geschnitten, fein gewürfelt)
Saucenkuchen	Industriell hergestellter Gewürzpfefferkuchen zum Färben und Binden von Saucen und Wildsuppen.
Schalotte	Zwiebelart mit mildem Geschmack
Schmalzteigstreifen/ (s. Versiegeln)	Hermetisches Abdichten eines Gefäßes mittels Teig, damit die Aromastoffe erhalten bleiben. Zubereitung für Auslegeteig: 250 g Mehl, 1 Ei, 100 g Butter, etwas Salz, wenig Wasser Zu festem glatten Teig verarbeiten. Mindestens eine Stunde ruhen lassen.
Schmant	Sahne oder Rahm mit hohem Fettgehalt
Simmern	Garen in leicht wallender Flüssigkeit kurz unter dem Siedepunkt. Das Gargut darf nicht kochen
Stövchen	Spezielles Tafelgerät mit Heizquelle, meist aus Porzellan, zum Heißhalten von Suppen und Speisen
Tranchen	Fingerdicke Fleisch- oder Fischschnitte bzw. -scheiben
Versiegeln	(siehe Schmalzteigstreifen)

Rezeptverzeichnis (alphabetisch)

A

B

C

(K) = Kaltschale (S) = Suppe (E) = Eintopf

D

E

F

G

(K) = Kaltschale (S) = Suppe (E) = Eintopf

H

I

J

K

L

(K) = Kaltschale (S) = Suppe (E) = Eintopf

M

N

O

P

(K) = Kaltschale (S) = Suppe (E) = Eintopf

(K) = Kaltschale (S) = Suppe (E) = Eintopf

T

U

V

W

(K) = Kaltschale (S) = Suppe (E) = Eintopf

Z

Folgende Fotos wurden von StockFood, München, gestellt: S. 21, 32, 69, 132, 189, 197, 227.

(K) = Kaltschale (S) = Suppe (E) = Eintopf